EVROPA

Maria Mies ist emeritierte Professorin für Soziologie. Sie ist seit vielen Jahren aktiv in der Frauen-, Ökologie- und Dritte-Welt-Bewegung und hat zahlreiche Artikel und Bücher zu diesen Themen veröffentlicht, u.a. *Patriarchat und Kapital* (1988), *Ökofeminismus* (1995, zus. mit Vandana Shiva), *Eine Kuh für Hillary: Die Subsistenzperspektive* (1997, zus. mit V. Bennholdt-Thomsen). Sie ist Mit-Initiatorin der Anti-MAI-Kampagne in Deutschland. Dazu hat sie zusammen mit Claudia v. Werlhof im Rotbuch Verlag 1998 herausgegeben: *Lizenz zum Plündern. Das multilaterale Abkommen über Investitionen »MAI«. Globalisierung der Konzernherrschaft und was wir dagegen tun können.*

MARIA MIES

Globalisierung von unten

Der Kampf gegen die Herrschaft der Konzerne

Europäische Verlagsanstalt

Informationen zu unseren Verlagsprogrammen finden Sie
im Internet unter www.europaeische-verlagsanstalt.de

Die Deutsche Bibliothek – CIP-Einheitsaufnahme

Ein Titeldatensatz für diese Publikation ist bei
Der Deutschen Bibliothek erhältlich

Umschlaggestaltung: projekt ®, Walter Hellmann
Umschlagfoto: Barry Sweet/AP
Signet: Dorothee Wallner nach Caspar Neher »Europa« (1945)
Druck und Bindung: Druckerei Himmer, Augsburg

Printed in Germany
ISBN 3-434-50545-8

Inhalt

Vorwort

Obwohl wir schon seit einigen Jahrzehnten die Folgen der Globalisierung erleben, herrscht immer noch Unklarheit über die Bedeutung des Begriffs. Gerard Greenfield, der langjährige Beobachter und Kritiker des Globalisierungsprozesses aus Hongkong, definiert Globalisierung schlicht als die Freiheit der Konzerne, zu tun, was sie wollen. Zur Untermauerung seiner These zitiert er Percy Barnevik, den Präsidenten der Asea-Brown-Bovery-Gruppe, einer der mächtigsten Konzerngruppen der Welt: »Ich definiere Globalisierung als die Freiheit unserer Firmengruppe, zu investieren, wo und wann sie will, zu produzieren, was sie will, zu kaufen und zu verkaufen, wo sie will, und alle Einschränkungen durch Arbeitsgesetze oder andere gesellschaftliche Regulierungen so gering wie möglich zu halten.« (Greenfield in: Senser 2000)

In diesem Zitat ist das Programm der *Globalisierung von oben* in wünschenswerter Klarheit zusammengefasst. Auf diesem Programm beruhen das Nordamerikanische Freihandelsabkommen (NAFTA), die EU-Verträge, das inzwischen gescheiterte Multilaterale Abkommen für Investitionen (MAI), die Welthandelsorganisation (WTO) und ihre Schwesterinstitutionen Weltbank und Internationaler Währungsfonds. In unserem Buch *Lizenz zum Plündern* (Mies/v. Werlhof 1998) haben wir dargestellt, wie der Versuch der Konzerne, ihre Freiheit im Sinne Barneviks durch das MAI zu erweitern und zu konsolidieren, am internationalen Widerstand scheiterte.

Dieser Widerstand, diese *Globalisierung von unten*, hat seither an Umfang, Kreativität und Dynamik zugenommen und stellt inzwischen eine weltweite neue soziale Bewegung gegen den Raubkapitalismus und die unbegrenzte transnationale Tyrannei der Konzerne (Susan George) dar. Diese Bewegung lehrt inzwischen Institutionen wie Weltbank, IWF und WTO das Fürchten.

Trotzdem weiß man in Deutschland wenig darüber. Ich habe

das vorliegende Buch geschrieben, um diese weltweite Bewegung hierzulande besser bekannt zu machen und dabei aufzuzeigen, dass sich Widerstand lohnt, ja, dass es keine Alternative zu diesem Widerstand gibt, wenn es noch eine menschenwürdige Zukunft für uns, unsere Kinder und Enkel, für die Erde und alle unsere Mitlebewesen geben soll.

Was mich bei diesem Unterfangen bestärkt und ermutigt hat, sind nicht nur viele einzelne Erfolge dieser Bewegung, sondern auch die Tatsache, dass inzwischen selbst manche Protagonisten der kapitalistischen Globalisierung zugeben, dass es dieser Bewegung gelungen ist, das Programm der Globalisierung von oben zu durchkreuzen. Zum Beispiel schreibt der *Economist*, die Hauptzeitschrift des britischen Kapitals, in seinem Editorial der Ausgabe vom 23. September 2000: »... die Protestierer haben Recht, dass die Flutwelle der Globalisierung zurückgedrängt werden kann, gleichgültig, wie stark die Triebkräfte sind, die sie vorantreiben.« Diese Tatsache, so der *Economist* weiter, »... macht die Protestbewegung, vor allem aber den Strang der öffentlichen Meinung, der mit ihr sympathisiert, so ungeheuer gefährlich«.

Ich möchte mit meinem Buch dazu beitragen, diesen »gefährlichen Strang der öffentlichen Meinung« auch in Deutschland zu stärken. Das ist gerade jetzt angesagt, wo der BSE-Skandal klarmacht, dass wir es nicht nur mit »verrückten Kühen« zu tun haben, sondern hauptsächlich mit einem »verrückten, ja selbstmörderischen Wirtschaftssystem«, das alles dem Profit opfert.

Dass ich überhaupt etwas über diese globale Protestbewegung weiß, verdanke ich vielen FreundInnen und MitstreiterInnen. Ihnen allen möchte ich an dieser Stelle danken. Mein Dank geht insbesondere an Terry Wolfwood (Kanada), Vandana Shiva und Shalini Bhutani (Indien), Farida Akhter und Farhad Mazhar (Bangladesch), Martin Khor (Malaysia), Walden Bello (Philippinen), Beth Burrows (USA), Margrete Strand-Rangnes (USA), Chris Keene (England), Colin Hines (England), Bente Madeira (England), Claudia von Werlhof (Österreich), Veronika Bennholdt-Thomsen (Deutschland), Susan George (Frankreich), Nico Verhagen (Belgien), den FreundInnen von *Corporate Europe Observatory* (CEO) (Holland), dem *Europäischen Netzwerk S.O.S.*

WTO-EU, den FreundInnen im *Deutschen Netzwerk gegen Konzernherrschaft und neoliberale Politik*, vor allem Saral Sarkar, Jürgen Crummenerl, Barbara Kleine, Justine Hauptmann, Paula Keller, Dorothea Liesegang, Andreas Rockstein, Ottmar Lattorf, Hermine und Fritz Karas. Ihnen allen gilt mein Dank.

Insbesondere möchte ich Eva May-Igelmund danken, die mit großer Geduld die oft schwierigen Schreibarbeiten übernommen und dabei auch mitgedacht hat. Zum Schluss danke ich Frau Dr. Sabine Groenewold und Frau Christina Knüllig vom EVA / Rotbuch Verlag für ihr großes Interesse an diesem Buchprojekt.

Köln, den 11. Januar 2001
Maria Mies

I. Seattle war eine Wasserscheide

Als ich im November 1999 an den Protesten in Seattle gegen die Ministerkonferenz der WTO, der World Trade Organisation (Welthandelsorganisation), teilnahm, hatte ich, wie viele Menschen, von Anfang an das Gefühl, dass ich an einem historischen Ereignis teilnahm. Schon während der großen Auftakt-Kundgebung der Gewerkschaften am 30.11. im Sportstadium von Seattle drückten mehrere Rednerinnen und Redner ein ähnliches Gefühl aus. Die Vizepräsidentin der AFL-CIO, dem amerikanischen Gewerkschaftsbund, die die Kundgebung moderierte, betonte: »Die WTO wird nach diesem Tag nie mehr das sein, was sie bisher war. Schon jetzt haben wir einen großartigen Sieg errungen. Unsere Geschichte, nicht die der WTO, wird in allen Zeitungen der Welt erscheinen.« »Es liegt Bewegung in der Luft«, sagte eine Pastorin der *Ökumenischen Kirchen für die arbeitenden Menschen*. »Wir können nicht mehr schweigen, wenn unsere Kinder die Hoffnung auf ein gerechtes, globales, ökonomisches System verlieren und stattdessen ein System vorfinden, das versucht, uns nach Rasse, Geschlecht, Nation und Kultur zu spalten. Wir lassen uns nicht mehr spalten. Wir werden die Ketten der Ungerechtigkeit zerreißen!«

Der Vorsitzende der *Teamsters*, der Transportarbeitergewerkschaft der USA, sagte: »Möchtet ihr heute irgendwo anders sein als hier, bei der ›Battle of Seattle‹ (der Schlacht von Seattle)? Wir sind gekommen, um dieses verrückte Handelssystem zu stoppen. Heute werden wir in die Geschichtsbücher einmarschieren ... Heute werden wir mit diesem Marsch beginnen. Dies ist der erste Tag ... Auf! Marschieren wir los!«

Vandana Shiva drückt das Gefühl des Aufbruchs in ihrer Einschätzung der »historischen Bedeutung« von Seattle folgendermaßen aus: »Seattle war eine Wasserscheide.« (Shiva 2000, S. 16–18)

Mir gefällt das Bild von der Wasserscheide aus verschiedenen

Gründen. Ehe ich jedoch darauf eingehe, möchte ich Sie, meine LeserInnen, bitten, eine Weile innezuhalten und darüber nachzudenken, was eine Wasserscheide ist.

Eine Wasserscheide ist ein topographisches Gebiet, auf dem höchsten Gipfel eines Gebirges oder Berges, wo sich die Wasser »entscheiden«, nach dieser oder jener Richtung zu fließen. Einige werden nach Norden, andere nach Süden fließen. Das Charakteristische an einer Wasserscheide ist, dass man nicht sofort erkennt, dass die kleinen Rinnsale und Bächlein jetzt in eine andere Richtung fließen. Oft ist eine Wasserscheide über ein weites, mooriges Gebiet verbreitet, auf dem zahllose Quellen entspringen. Nur aufmerksame Wanderer bemerken, dass der feste Boden unter ihnen wässrig geworden ist. Und erst nachdem sie den Gipfel oder Kamm überschritten und eine Weile in der »anderen« Richtung gegangen sind, stellen sie fest, dass die Wasser nun in eine andere Richtung fließen. Doch ehe sie es bemerken, sind viele Rinnsale schon zu kleinen Bächen zusammengeflossen. Erst jetzt ist der Kurswechsel der Wasser wirklich sichtbar. Doch auch die, die ihn bemerken, verstehen ihn häufig nicht. Wasser fließt ja in alle Richtungen, mögen sie denken. Was bedeuten die Rinnsale, Bächlein, Flüsschen schon im Vergleich zu den großen Strömen oder gar den Meeren und Ozeanen? Zum Glück, mögen sie denken, leben wir ja auf der Seite, wo es scheint, als wären alle Wasser der Welt zusammengeflossen.

Wenn wir jedoch verstehen, was eine Wasserscheide ist, wissen wir auch, dass alle großen Ströme aus solch kleinen, meist unsichtbaren Rinnsalen auf einer Wasserscheide entstanden sind. Eine solche Wasserscheide befindet sich z.B. bei Obersdorf in den Alpen. Einige der Bächlein fließen nach Norden und enden schließlich im Rhein und in der Nordsee. Andere fließen nach Süden und bilden die Donau, die nach vielen Umwegen ins Schwarze Meer mündet.

Eine andere Wasserscheide liegt in Tibet, nördlich des Himalaja, wo Indus und Brahmaputra entspringen. Der Indus fließt zuerst nach Westen und dann nach Süden und mündet in Pakistan in die Arabische See. Der Brahmaputra fließt zuerst hunderte Kilometer nach Osten, wendet sich dann nach Süden und mündet in Bangladesch als Padma in die Bucht von Bengalen. Das bedeutet, die Wasser, die sich auf einer Wasserscheide für eine bestimmte Richtung »entschieden« haben, halten diese Richtung nicht immer ein.

Mir gefällt die Metapher der Wasserscheide nicht nur, weil sie die Anfänge dessen, was ich »Globalisierung von unten« nenne, adäquat beschreibt: ihre vielfältigen unbemerkten, oft unbestimmten, diffusen, ja, anarchischen Anfänge in einem »Hochmoor« der sozialen Unzufriedenheit. Das Bild der Wasserscheide drückt auch aus, dass eine soziale Veränderung schon begonnen hat, ehe wir sie bemerken, und dass sie nicht mit einem großen Donnerschlag, einem »Big Bang«, daherkommt. Sicher ist auch, dass eine gesellschaftliche Wasserscheide, also die neue Richtung, die die »Gewässer« nehmen, die Gesellschaft gründlicher »revolutionieren«, als dies bei den bisherigen, gewaltsamen, patriarchalen Revolutionen der Fall war. Bei diesen Revolutionen hat meist ein Bund von rebellischen »Söhnen« die tyrannischen »Väter« gestürzt, um sich dann an ihre Stelle zu setzten. Doch vor allem kann sich eine »Globalisierung von unten« nicht bloß auf die Durchsetzung einer anderen Politik beschränken, vielmehr muss sie eine andere Richtung für die Wirtschaft insgesamt einschlagen. Das Wasser, das Element allen Lebens, fließt in eine andere Richtung, nicht mehr nur auf die Mühlen der großen Konzerne und in die riesigen Staudammprojekte der Weltbank, des IWF und der WTO, die aus allem Wasser, aus allem Leben Handelswaren und schließlich totes Geld für ihre Banken machen wollen.

Seattle war in der Tat solch eine globale Wasserscheide auf der Schwelle zum neuen Jahrtausend.

Allerdings begann dort nicht die *Jahrtausendrunde* der Konsolidierung und Expansion des globalen, konzerngesteuerten Freihandels, wie sie Sir Leon Brittan, der Außenhandelskommissar der EU-Kommission, in seiner *Millenniumrunde* angekündigt hatte (s. Anhang: Protesterklärung Nr. 1). Vielmehr erlebte die WTO in Seattle ein *Fiasko*, von dem sie sich bis heute nicht erholt hat. Die *global players*, die Manager der transnationalen Konzerne und Banken, die durch die WTO das Modell des ungebremsten Wirtschaftswachstums zum Vorteil einiger weniger langfristig festschreiben wollten, bemerkten nicht, dass sie sich schon auf sumpfigem Gelände befanden, auf einer Wasserscheide, dass der Boden unter ihren Füßen bereits nachgab. Sie hatten keine Ahnung von den vielen Strömungen sozialer Unzufriedenheit und sozialen Widerstandes in der ganzen Welt. Dieser verbindet nicht nur den Süden mit dem Norden, sondern auch die unterschiedlichsten Gruppen und Sektoren miteinander: Umweltschützer mit Arbeitern, Bauern mit Wissenschaftlern, Verbraucher mit Erzeugern, Studenten mit Gewerkschaftern, religiöse Gruppen mit Anarchisten.

Genau wie viele Berichterstatter konnten sie nicht glauben, dass die über 50 000 Menschen auf den Straßen Seattles von einer gemeinsamen Sache, nicht bloß einer Vielzahl individueller Interessen motiviert waren. Widersprach das nicht den Lehren ihrer neoliberalen Lehrmeister? Verfolgt der *homo oeconomicus* nicht stets nur sein bloß individuelles Interesse? Deswegen konnten sie nicht glauben, dass US-amerikanische Arbeiter nicht nur für ihre eigenen Jobs und ihre eigenen Arbeitsbedingungen auf die Straße gingen, sondern auch für die der mexikanischen ArbeiterInnen in den *Macquila*-Industrien jenseits der Grenze. Sie konnten sich nicht vorstellen, dass amerikanische Gewerkschaften je gemeinsame Sache mit Umwelt- und Tierschützern machen könnten.

Die im Convention Centre von Seattle versammelten Minister und die Beamten der WTO, allen voran die Vertreter der USA und der EU, vertrauten darauf, dass ihre alte koloniale Taktik des Teile-und-Herrsche auch in Seattle greifen würde: amerikanische Arbeiter gegen ArbeiterInnen in den Billiglohnländern, Bauern gegen Arbeiter, Junge gegen Alte, Umweltschützer gegen Arbeiter, Menschen aus dem Norden gegen Menschen aus dem Süden. Aber in Seattle, auf der Wasserscheide der globalen Ökonomie, traf diese Politik ins Leere.

Stattdessen ein Bild der Einheit: Am 30. November gab es eine riesige Demonstration, die allein von über 35 000 Gewerkschaftern aus Kanada und USA angeführt wurde. Dazu kamen zigtausende weiterer Umweltschützer, Menschenrechtler, Christen, Dritte-Welt-Aktivisten, Gentechnik-GegnerInnen und BürgerrechtlerInnen. Und auch am 2. Dezember wurde diese Teile-und-Herrsche-Politik zurückgewiesen, als es um Landwirtschaft und Proteste gegen Gentechnik und Industrienahrung ging.

Nicht nur in Seattle, sondern auch auf den weiteren Protestveranstaltungen des Jahres 2000 trat eine weltweite Allianz von oppositionellen Klein- und Mittelbauern, von Farmarbeitern, Biobauern, Verbrauchern, Arbeitern, Umweltschützern und Menschenrechtlern an die Öffentlichkeit, die alle die WTO und die konzerngesteuerte Globalisierung verantwortlich machten für die meisten Probleme, unter denen die Menschen im Süden wie im Norden leiden.

Viele Journalisten, die über Seattle berichteten, waren erstaunt über das gemeinsame Handeln solch heterogener Interessengruppen. Einige prägten den Begriff des »Seattle Man«, den sie entweder als Randalierer oder Moralisten denunzierten. Auf jeden Fall sprachen sie diesem »Seattle Man«, im Gegensatz zu den Politikern und den Konzernvertretern, jeden Sinn für Realpolitik und vor allem die demokratische Legitimierung ab, im Namen des »allgemeinen Interesses« zu sprechen. Dieselben Journalisten haben jedoch bis heute nicht gefragt, woher die transnationalen Konzerne, die zusammen mit der Weltbank, dem Internationalen Währungsfonds (IWF) und der WTO die nationale und globale Politik weitgehend bestimmen, ihre demokratische Legitimation beziehen. Sie fragen nicht, wieso diese nur ihrem eigenen Profitinteresse verpflichteten *global players* sich als Hüter des Allgemeinwohls verstehen.

Seattle hat gezeigt, dass die Demonstranten in den Straßen und Kirchen der Stadt sich stärker um das Gemeinwohl aller Menschen dieser Erde, um die Erde selbst und ihre Kreaturen sorgten als die angereisten Minister oder gar die WTO, die nur zum Schutz des internationalen Freihandels geschaffen worden ist.

Wenn wir uns die wichtigsten Themen der Proteste in Seattle und später in Washington, Genf, Melbourne, Prag und an anderen Orten ansehen, wird klar, wer heute die eigentlichen Verteidiger des globalen Allgemeinwohls sind. Der globale Freihandel wird nicht aus engstirnigen, protektionistischen Gründen angegriffen, sondern weil er:

- prinzipiell unvereinbar ist mit dem, was die Menschen überall unter *Demokratie* verstehen,
- weil er die hart erkämpften *Arbeiterrechte* und *Sozialstandards* unterminiert,

- weil er den Profit über *Umwelt, Gesundheit, Menschenrechte* und *Menschenwürde* stellt,
- weil er überall, besonders im Süden, zu mehr *Armut*, *Ungleichheit* und *Gewalt* geführt hat, und zuletzt,
- weil er alles Lebendige zur *Ware* macht, und zwar überall auf der Welt.

Vor allem wollen die Menschen die Kontrolle über ihre unmittelbaren Lebensbedingungen wieder zurückgewinnen. Die Neoliberalen verkünden überall, dass der globale Markt alle Produkte billiger machen werde. Doch viele Menschen haben festgestellt, dass sie in Wahrheit zu den Geiseln dieses Marktes geworden sind. Das wird nirgendwo deutlicher als am Beispiel des BSE-Skandals in der EU. Wenn die Nahrungssicherheit im quantitativen und qualitativen Sinn von solch riesigen Wirtschaftsblöcken wie der EU oder gar dem Weltmarkt abhängt und dieser nach neoliberalen, kapitalistischen Profit- und Konkurrenzprinzipien funktioniert, dann sind Lebensmittelskandale wie der BSE-Fall oder andere vorprogrammiert. Da helfen auch keine noch so strikten zentralen Kontrollen aus Brüssel oder auf Weltebene. Dann sind die Menschen zu Zwangskonsumenten degradiert. Die Proteste gegen Gennahrung, Industrienahrung und allgemein gegen die Zerstörung der Nahrungssouveränität durch transnationale Lebensmittelkonzerne spielten in Seattle eine erhebliche Rolle.

Seattle war die erste globale Manifestation eines massiven *Abfalls vom Glauben* an das neoliberale Credo. Nach diesem Credo ist globaler Freihandel der Schlüssel zu Wachstum, Wohlstand für alle, Gleichheit und Entwicklung. Die zentralen Säulen des Neoliberalismus sind Globalisierung, Liberalisierung, Privatisierung und universaler Wettbewerb. Nach 20 Jahren neoliberaler Politik im Norden wie im Süden haben die Menschen begriffen, dass die Versprechungen der Neoliberalen Betrug sind: Es gibt mehr Arbeitslose, mehr Armut, mehr Hunger, mehr Ungleichheit zwischen den Nationen sowie innerhalb der reichen Nationen, wie den USA, Deutschland oder Großbritannien, als vor dieser Epoche.

In der Nacht vom 3. auf den 4. November 1999 mussten die WTO-Verhandlungen in Seattle ohne Ergebnis abgebrochen werden. Auf Seiten der Demonstranten war man jedoch der Meinung, dass *Seattle der Anfang einer neuen, weltweiten Demokratiebewegung von unten sei.* Zukünftig würde man die Vertreter der Großkonzerne und die ihnen dienenden Institutionen überallhin begleiten, wo immer sie sich treffen würden, ob beim Treffen von Weltbank und Internationalem Währungsfonds (IWF) in Washington im April 2000 oder in Prag im Oktober 2000, ob beim World Economic Forum (WEF) im Januar 2000 in Davos oder im September 2000 in Melbourne.

Ich werde berichten, wie die *Inspiration von Seattle* weitergetragen wurde (vgl. Kap. V).

Zunächst einmal möchte ich diese neue globale Bewegung von unten, wie sie sich in Seattle erstmalig manifestiert hat, darstellen und analysieren. Denn bis heute ist sehr wenig bekannt über die vielen Ströme des sozialen Dissenses. Noch weniger ist bekannt, dass diese verschiedenen Protestbewegungen gegen die ökonomische Globalisierung schon auf eine längere Vorgeschichte zurückblicken können, die von der Öffentlichkeit kaum bemerkt wurde. In diesem Sinne war Seattle keineswegs der Anfang, sondern eine Art Kulminationspunkt oder, um im Bilde zu bleiben, der Zusammenfluss vieler Ströme aus der ganzen Welt. Darum war das, was in Seattle geschah, keineswegs ein einmaliges, spontanes Ereignis, wie manche glauben, sondern bereits auf vielfältige Weise in verschiedenen Regionen der Welt vorbereitet worden (vgl. Kap. IV).

Die von den GlobalisierungsgegnerInnen kritisierten Sachverhalte wurden in der deutschen Öffentlichkeit kaum diskutiert. Außer der PDS haben sich weder die Parteien noch die Medien *vor* Seattle *kritisch* zu MAI, dem Multilateralen Abkommen über Investitionen, zu WTO, Weltbank, IWF oder gar zur ökonomischen Globalisierung geäußert. Es liegt daher in der Natur der Sache, dass nur diejenigen Bescheid über die *Globalisierung von unten* wissen, die selbst in dieser weltweiten Bewegung engagiert sind. Außer der deutschen Ausgabe von *Le Monde Diplomatique*, die monatlich als Beilage der *Tageszeitung* erscheint, gibt es keine deutsche Zeitung, die eine eindeutige Position *gegen* die neoliberale Globalisierung vertritt und regelmäßig über die weltweite Protestbewegung berichtet.

Das erste Anliegen dieses Buches ist daher, über das, was wirklich geschehen ist, zu *informieren*.

Wer sich jedoch in die Protestbewegung einklinken will, kann dies über Internet und E-Mail tun und auf diese Weise Informationen und Analysen aus der ganzen Welt bekommen.

Was ich im Folgenden berichte, beruht zum Teil auf solchen Materialien. Es beruht aber auch auf zahllosen Kontakten und dem direkten Austausch mit Freundinnen und Freunden, vor allem im Ausland, die seit Jahren in verschiedenen sozialen Bewegungen aktiv sind und sich, wie ich, als *activist scholars* verstehen.

Ein zweites Anliegen ist es, über die Art und Weise aufzuklären, wie die globale Wirtschaft funktioniert. Wer sind die wesentlichen Akteure und Institutionen, was sind die Grundlagen ihrer Politik, und wer sind die Gewinner und die Verlierer dieses Systems? Man sagt uns immer wieder, dass die globale Wirtschaft zu »komplex«, zu »global« und daher zu »undurchsichtig« sei. Man könne da nicht mitreden, wenn man nicht wenigstens Betriebs- oder Volkswirtschaft studiert habe. Ich möchte diese Verdummungstaktik durchbrechen, denn Wirtschaft geht uns alle an, weil wir alle unmittelbar von den Folgen der ökonomischen Entscheidungen der *global players* betroffen sind.

Mein drittes Anliegen ist *Ermutigung*. Wenn auch die Antiglobalisierungsbewegung in Deutschland bisher noch zaghaft ist, so hoffe ich doch, dass die Berichte über Widerstandsbewegungen in anderen Ländern zeigen, dass es möglich ist, sich mit Erfolg gegen ein System zu wehren, das die Grundlagen des Lebens auf diesem Planeten zerstört.

In Deutschland ist diese Ermutigung besonders notwendig. Denn nach dem Fall der Berliner Mauer wird immer wieder der Satz Margaret Thatchers beschworen, dass es zu den neoliberalen »Reformen« keine Alternative gebe. In Europa war Margaret Thatcher die erste Regierungschefin, die die neoliberale Wirtschaftspolitik 1979 in England einführte. Ihr berühmter Ausspruch »There Is No Alternative« (TINA) wurde zum geflügelten Wort. Heute leiden die meisten Menschen in den reichen Ländern unter dem TINA-Syndrom. Sie sehen keine Alternative und passen sich – hilflos – den neuen Verhältnissen an, selbst wenn das an Selbstaufgabe grenzt.

Die folgenden Ausführungen erheben nicht den Anspruch, eine umfassende wissenschaftliche Untersuchung über die verschiedenen Antiglobalisierungsbewegungen auf der ganzen Welt zu sein. Sie basieren auf dem Wissen und den Informationen, die mir als Aktivistin und Wissenschaftlerin im Laufe der vergangenen Jahre zugänglich waren. Sie sind also notwendigerweise selektiv und eingeschränkt durch diesen subjektiven Faktor. Was aber nicht heißt, dass die Fakten, die empirischen Daten und die Analysen nicht sorgfältig recherchiert wurden. Ich benutze Material, das öffentlich, wenn auch oft nicht in deutscher Sprache, zugänglich ist und das jederzeit nachgeprüft werden kann. Diesem Ansatz entspricht, dass die Darstellung und die Analyse des Prozesses, der seit Seattle erstmals sichtbar wurde und auch nach Seattle weitergeht, der Methodologie folgt, die ich 1978 für die feministische Forschung entwickelt habe. Sie umfasst eine konsequente Sicht von unten, eine bewusste Parteilichkeit, mit dem Ziel, durch diese Forschungsarbeit den Kampf zahlloser Initiativen Einzelner und Organisationen für einer bessere Wirtschaft und Gesellschaft zu unterstützen. (Mies 1978)

Das Buch richtet sich also nicht in erster Linie an die Wissenschaftlergemeinde, sondern an jede Frau und jeden Mann auf der Straße. Seit der Kampagne gegen das Multilaterale Abkommen über Investitionen (MAI) ist mir klar, dass zur Zeit nichts wichtiger ist als Aufklärung und Information darüber, was tatsächlich auf ökonomischer und politischer Ebene weltweit geschieht, nämlich die Umstrukturierung aller Ökonomien und aller Verhältnisse nach den Vorgaben des globalen Kapitals. Die meisten Menschen erfahren diese Umstrukturierung – etwa den Verlust ihres Arbeitsplatzes – quasi als eine naturgesetzliche Notwendigkeit. PolitikerInnen aller Parteien verkaufen sie als »ökonomische Reform«, durch die Wachstum, Wohlstand und Arbeitsplätze für alle geschaffen würden.

Doch selbst angesichts der Tatsache, dass sich diese Verheißungen nicht erfüllen, werden die »Reformen« kaum in Frage gestellt, nicht einmal von den Opfern.

Der Prozess der *Globalisierung von unten* beschränkt sich jedoch nicht nur auf Aktionen des Widerstandes, sondern führt auch zu Analysen über die Ursachen der Missstände, gegen die protestiert wird, und vor allem zu Diskussionen über mögliche *Alternativen* zum herrschenden System. Die Frage nach den Alternativen steht, soweit ich das übersehen kann, erst am Anfang, doch ist sie für alle, die sich in den letzten Jahren gegen die Globalisierung engagiert haben, unausweichlich geworden. So wichtig es ist, dass Menschen aussprechen, was sie *nicht* wollen, so wichtig ist es, dass in ihrer Kritik am Bestehenden bereits die Morgenröte einer besseren Welt aufleuchtet (vgl. Kap. VI).

Das Neue der Globalisierung von unten

Das Neue an der weltweiten Antiglobalisierungsbewegung ist vor allem die Suche nach Wiedergewinnung der Kontrolle über die unmittelbaren Lebensbedingungen. Die Menschen wollen nicht, dass ihr Leben von irgendwelchen fernen Chefetagen transnationaler Konzerne bestimmt wird. Sie suchen eine Wiederverwurzelung in solidarischen, zuverlässigen, nicht nur am Profit orientierten, überschaubaren Gemeinwesen und die Wiederversöhnung mit der Natur. Dies alles und mehr fängt auf der lokalen Ebene an und verlangt zunächst die Kontrolle über die lokalen Verhältnisse. Da diese lokalen Verhältnisse aber, wie am MAI, am Kampf gegen WTO, Weltbank und IWF klargeworden ist, von den transnationalen Konzernen und den sie stützenden Politikern in Geiselhaft genommen sind, reicht eine Beschränkung auf eine *Lokale Agenda 21* nicht aus. Denn diese lokale Agenda wird permanent von der globalen Agenda konterkariert.

Die *Globalisierung von unten* verbindet daher in vielen Ländern bereits jetzt den Kampf auf der lokalen mit dem auf der globalen Ebene. Auch in Deutschland finden einzelne solcher kombinierten lokal-globalen Aktionen statt, vor allem nach Seattle. Ich werde darüber berichten, wie, inspiriert von Seattle, Menschen gegen die derzeitige Welle der Privatisierungspolitik in den Kommunen protestieren. Oft erfahren sie erst durch einen solchen Widerstand, dass die Privatisierungspolitik Teil der globalen WTO-Agenda ist. D.h., die Leute beginnen zu verstehen, wer in diesem System die Gewinner und wer die Verlierer sind und wer die Macht tatsächlich in den Händen hat. Neu an der *Globalisierung von unten* ist auch, dass die Menschen ihren Dissens nicht in erster Linie im Rahmen oppositioneller Parteien äußern. Das Misstrauen gegen politische Parteien hat zur Bildung zahlreicher »Nichtregierungsorganisationen« (NROs) geführt. Sie sind die politischen Akteure der »Zivilgesellschaft«, durch die die Opposition der Bevölkerung schneller artikuliert werden kann als durch schwerfällige Parteiapparate (vgl. Kap. II).

Die WTO, die Weltbank und andere Institutionen können diese »Zivilgesellschaft« heute nicht mehr ignorieren. Sie wissen, dass Menschen, die »Politik in der ersten Person« betreiben, ihre »globalen Spiele« wenn nicht verhindern, so doch empfindlich stören können. Für die *global players* ist besonders irritierend, dass immer neue Gruppen und Bewegungen entstehen, mit immer fantasievolleren Namen, die nicht in das Muster bekannter hierarchischer Organisationen passen. Viele wenden Methoden der direkten sozialen Aktion an, auf die die Ordnungskräfte nicht vorbereitet sind.

Der Prozess der *Globalisierung von unten* ist vor allem ein offener Prozess. Man kann keine Prognosen darüber machen, wie er sich weiterentwickelt. Wir können nur darauf hinweisen, dass diese Bewegung dazu beigetragen hat, dass das MAI gescheitert ist, dass die WTO in Seattle ein Fiasko erlebte und dass der *Unheiligen Trinität* Weltbank, IWF und WTO überall die Legitimation abgesprochen wird, noch länger die Wirtschaftspolitik der Welt zu bestimmen. Ich hoffe, dass mein Buch dazu beiträgt, diesen Prozess weiter zu befördern.

Manche fragen jedoch, ob ich glaube, dass die *Globalisierung von unten* auf längere Sicht fortgesetzt und zu einem positiven Ende gebracht werden könnte. Die Gegenkräfte seien einfach zu mächtig. Man müsse sich damit abfinden, dass es keine Alternative gebe. Es gibt keine Garantie dafür, dass die Bewegung gegen die Globalisierung nicht irgendwann und irgendwo wieder erlahmt, so wie die Flüsse, die von der Wasserscheide des Himalaja nach Norden fließen und dann in der Wüste Taklamakan versiegen. Es gibt keine Alternative, außer, wenn wir sie schaffen.

Im Folgenden berichte ich sowohl über die globale Protestbewegung, vor allem, wie sie sich seit Seattle, dem 30. November 1999, bis zu Prag (26. September 2000) entwickelt hat. Ich gehe ein auf die tieferen Gründe für den globalen Protest, auf die historischen und theoretischen Grundlagen des Neoliberalismus, auf seine institutionellen Vertreter und die Folgen ihrer Politik. Ich weise nach, dass es lange vor Seattle schon Bewegungen gegen die Globalisierung gab, vor allem im Süden. Außerdem stelle ich verschiedene der Alternativentwürfe vor, die als Ergebnis dieser weltweiten Bewegung inzwischen Gegenstand vieler Debatten geworden sind.

Im Anhang schließlich befinden sich wichtige Dokumente, Hinweise auf weitere Termine und Kontaktadressen.

II. Vom Debakel des MAI zum Fiasko der Millenniumrunde

»Dein Körper kribbelt geradezu vor Hoffnung,
wenn Du unter so vielen bist,
die beschlossen haben,
eine bessere Welt zu schaffen.«
Juliette Beck, Seattle 1999

Vom 30. November bis 4. Dezember 1999 fand in Seattle (USA) die dritte Ministerkonferenz der World Trade Organisation (WTO), der Welthandelsorganisation, statt. In Seattle trafen sich jedoch nicht nur die Wirtschaftsminister der 134 Mitgliedsländer der WTO, sondern auch weit über 50 000 Gegner und Gegnerinnen der WTO aus der ganzen Welt. Ich war als Aktivistin des deutschen *Netzwerks gegen Konzernherrschaft und neoliberale Politik* und des internationalen Frauennetzwerks *Diverse Women for Diversity* (DWD) dabei.[1]

Viele der AktivistInnen in Seattle hatten vorher schon mit Erfolg das Multilaterale Abkommen über Investitionen (MAI) bekämpft. Dieses Abkommen war seit 1995 in Paris bei der Organisation für wirtschaftliche Zusammenarbeit und Entwicklung (OECD) hinter verschlossenen Türen verhandelt worden. Im Dezember 1998 mussten die Verhandlungen ergebnislos abgebrochen werden. Nachdem der Vertragsentwurf im Frühjahr ans Licht der Öffentlichkeit geschmuggelt und ins Internet gesetzt worden war, entstand eine breite internationale Protestbewegung gegen das MAI. Sie war von verschiedenen Organisationen und neuen sozialen Bewegungen der so genannten Zivilgesellschaft getragen, die empört darüber waren, dass durch das MAI die Kompetenzen gewählter Regierungen ausgehebelt und in die Hände transnational operierender Konzerne gelegt werden sollten. Entscheidungen über Wirtschafts- und Handelspolitik sollten ohne Rücksicht auf nationale Bestimmungen über Umwelt, Soziales, Menschenrechte, Demokratie, Kultur und Arbeit lediglich im Interesse des globalen Freihandels gefällt werden. Aufgrund massiver Proteste, die besonders in Frankreich vehement waren, ließ die französische Regierung eine Untersuchung über die Folgen des MAI für Frankreich durchführen. Als das Ergebnis vorlag, erklärte sie im Oktober 1998, das MAI sei nicht reformierbar. Sie weigerte sich, das Abkommen zu unterschreiben. Damit schien das MAI gestorben (Mies/v. Werlhof 1998).

Doch viele der in der Anti-MAI-Bewegung Engagierten waren der Meinung, dass die Versuche, ein neues multilaterales Abkommen unter anderem Namen an einem anderen Ort durchzusetzen, nach dem *Debakel des MAI* nicht aufgegeben werden würden. Es sei zu erwarten, dass die für November 1999 angesagte WTO-Konferenz in Seattle »Klone des MAI« wieder auf die Tagesordnung setzen werde.

In der Tat hatte Sir Leon Brittan, damaliger EU-Kommissar für Außenhandel und vehementer Befürworter des globalen Freihandels, schon zu einer neuen, umfassenden Verhandlungsrunde über weitere Handelsliberalisierungen im Rahmen der WTO aufgerufen. Diese Runde taufte er vollmundig die *Millenniumrunde*. Sie sollte am 30. November in Seattle beginnen und über die schon existierenden Freihandelsabkommen in der WTO hinaus weitere Bereiche für den globalen Freihandel öffnen, nämlich: Dienstleistungen, Investitionen (wie schon im MAI geplant), Wettbewerb und das öffentliche Beschaffungswesen.

Bereits die Ankündigung der WTO-Konferenz und besonders der Millenniumrunde führte zu einer bis dahin nicht gekannten weltweiten Mobilisierung gegen Freihandelspolitik, die in der WTO ihren bisher deutlichsten institutionellen Ausdruck gefunden hatte. Die Regierungsvertreter und die Mehrzahl der Journalisten, die zum 30. November nach Seattle gereist waren, schienen keine Ahnung von dieser Protestbewegung zu haben. Wie schon beim MAI hatte es vor allem in den deutschen Mainstream-Medien kaum kritische Berichte über die WTO und schon gar nicht über den Widerstand gegen die WTO gegeben. Kein Wunder also, dass die Delegierten am 30. November erstaunt waren, dass ihnen der Weg zum Convention Center in Seattle von meist jungen Demonstranten versperrt wurde.

Was geschah in Seattle?

Am 4.12.1999 meldeten die Morgenausgaben der Zeitungen, dass die WTO-Verhandlungen in Seattle in der Nacht zuvor nicht nur ergebnislos abgebrochen worden waren, sondern in einem wahren Chaos geendet hätten. Später sprach man vom *Fiasko von Seattle*. In der Nacht vom 3. auf den 4. Dezember musste die amerikanische Verhandlungsführerin, Charlene Barshefsky, verkünden, dass die Verhandlungen unterbrochen werden müssten. Sie wurden ohne Angabe eines späteren Termins beendet. Die Delegierten konnten nicht einmal eine »Seattle-Erklärung« mit nach Hause nehmen, und es gab auch keine formelle Danksagung an die Gastgeber. »Um Mitternacht am 3. Dezember endete das Seattle-Treffen in Konfusion. Was genau geschah und was nicht, welche formellen oder informellen Papiere herausgegeben wurden, weiß kein Mensch«, schreibt C. Raghavan, ein langjähriger Beobachter der WTO in Genf.[2]

Was war geschehen? Ein Grund für den Zusammenbruch der Millenniumrunde in der WTO war die »Revolte der Entwicklungsländer« (Khor) gegen das arrogante, undemokratische und geheimniskrämerische Verhalten der USA- und EU-Vertreter. Am 3.12. sagte mir ein Freund aus Bangladesch, die Länder der Dritten Welt seien »wie Tiere« behandelt worden. Alles war schon vorher von den »Quads«, vor allem von den USA und Europa, in so genannten »Green Room-Verhandlungen« abgekartet gewesen. Die Vertreter der Entwicklungsländer, schreibt Martin Khor, »wurden nicht einmal darüber informiert, welche Treffen stattfanden oder was dort diskutiert wurde. Minister und gehobene Beamte mussten in den Fluren oder in der Kantine herumhängen, um Fetzen von Neuigkeiten oder von Verhandlungstexten zu erhaschen.« (Khor 2000) Die Minister einiger afrikanischer Länder verfassten am 3. Dezember eine scharfe Protestnote gegen diese Art der Behandlung. Sie lehnten es ab, »einen Konsens um jeden Preis« zu unterschreiben. Sie schrieben: »Unter den gegenwärtigen Umständen sehen wir uns nicht in der Lage, einem Konsens zuzustimmen, der notwendig wäre, um die Ziele dieser Ministerkonferenz zu erfüllen.« Vertreter der Länder der Karibik und Lateinamerikas legten ähnliche Protesterklärungen vor, in denen sie die demütigende und undemokratische Art der Verhandlungsführung verurteilten. (Khor 2000)

Doch es gab auch andere Gründe für das Scheitern der Millenniumrunde in Seattle. Da war einmal die Forderung der USA an die EU, die Agrarsubventionen in Europa abzuschaffen – was die EU-Vertreter ablehnten. Ferner weigerten sich die Entwicklungsländer, Klauseln über Arbeiterrechte in den Verträgen der WTO zu verankern. Diese Forderung der US-Gewerkschaften war von Präsident Clinton heftig unterstützt worden. (Schließlich befand man sich im Wahlkampf). In Bezug auf die Umweltpolitik, so mein Gewährsmann aus Bangladesch, hätten sich die USA weitgehend mit ihren Wünschen gegen den Rest der Welt durchgesetzt. Die Europäer hätten das Vorsorgeprinzip[3] aufgegeben und akzeptiert, dass in der WTO eine eigene Arbeitsgruppe zur Gentechnik eingerichtet würde. Die EU hatte das bisher strikt abgelehnt.

Doch was Seattle schließlich in die Medien brachte, war nicht das, was bei der WTO verhandelt wurde, sondern das, was auf den Straßen geschah. Lori Wallach, die Expertin für internationalen Handel bei Ralph Naders Organisation *Public Citizen*[4], die selbst bei den Demonstrationen mitmachte, kommentierte: »Die Proteste wurden die Story. Was in den Straßen geschah, war am Ende wichtiger als das, was bei den WTO-Sitzungen diskutiert wurde. Ich weiß, dass die Proteste des *Direct Action Network* (DAN), besonders die Blockade der Stadt, eine Menge Medienaufmerksamkeit auf sich zogen.«[5]

In der Tat: Die Minister und Delegierten, die im Convention Centre tagten, sahen sich fast eine Woche lang mit einem Massenprotest in den Straßen konfrontiert, wie er seit den Tagen des Vietnamkrieges in den USA nicht mehr vorgekommen war. Alle Versuche der Polizei und der Stadtverwaltung, die WTO-Verhandlungen vor dem »Volk« abzuschirmen, waren gescheitert. Schon am frühen Morgen des 30.11. waren alle Kreuzungen rund um das Kongresszentrum blockiert. Junge Leute hatten sich aneinandergekettet und saßen auf dem Boden, sodass kein Auto passieren konnte. Die Minister und Delegierten gelangten erst mit fünfstündiger Verspätung zum Tagungsort. Tausende von Transparenten und Plakaten der Protestler, die schon am 28.11. angefangen hatten, in kleinen Gruppen durch die Stadt zu ziehen, flankierten ihren Weg. Sie führten Straßentheater auf, stellten Riesenpuppen auf, sangen und tanzten. Am 28.11. hatte es eine große Auftaktveranstaltung gegen die WTO gegeben, die vom *International Forum on Globalisation* (IFG)[6] veranstaltet wurde. Mehr als 2500 Menschen nahmen daran teil. Die Erlassjahrkampagne (*Jubilee 2000)* hatte eine riesige Menschenkette organisiert, die die WTO mitverantwortlich machte für die Verarmung der Länder des Südens und einen Schuldenerlass forderte.

Am 30.11., am *World Day of Action*, fand die größte Demonstration statt, die die USA seit den siebziger Jahren gesehen hatten. Nach Polizeiaussagen waren 50 000 Menschen nach Seattle gekommen, um gegen die WTO zu protestieren. Nach Meinung einiger Aktivisten waren es zwischen 50 000 und 100 000. Der Demonstrationszug wurde angeführt von amerikanischen Gewerkschaften, die etwa 30 000 Demonstranten mobilisiert hatten. Auch aus Kanada waren über 30 Busse mit 5000 Gewerkschaftern angereist. Der amerikanische Gewerkschaftsbund, *American Federation of Labor*, AFL-CIO, hatte zur Demonstration aufgerufen und seit dem Sommer für diese Demo mobilisiert. Zehntausende Mitglieder der Stahlarbeiter-Gewerkschaft, der *Teamster* (Lastwagenfahrer-Gewerkschaft), der *Longshoremen* (Hafenarbeiter-Gewerkschaft) marschierten an der Spitze des Zuges. Es folgte ein buntes Gemisch von Menschen und Organisationen. Da waren die Vertreter der französischen und amerikanischen Bauernopposition, die die WTO wegen ihrer Agrarpolitik beschimpften, da waren die Umweltverbände wie *Friends of the Earth*, *Sierra Club*, *Greenpeace* und viele andere, die die WTO anklagten, eine gesundheits- und umweltfeindliche Politik zu betreiben. Aus vielen Ländern des Südens waren Vertreter gekommen. Zapatisten aus Chiapas marschierten neben amerikanischen Menschenrechtsgruppen und Tierschützern. Auf unzähligen Plakaten war zu lesen, die WTO zerstöre die Demokratie. Ein Plakat trug den Slogan, der die Einheit in der Vielfalt besonders gut ausdrückte: *Turtles and Teamsters – united at last!* (Schildkröten und Fernfahrer – endlich vereint!)

Die WTO hatte das US-Gesetz, das die Tötung von Meeresschildkröten verbietet, als Handelshemmnis und somit als illegal erklärt (s.u.). Ein Beispiel für viele, das zeigt, dass der globale Freihandel, verankert in der WTO, über allen nationalen und subnationalen Gesetzen steht, gleichgültig, ob sie sich nun auf Umwelt, Arbeit oder andere wesentliche Bereiche des gesellschaftlichen Zusammenlebens beziehen. Das höchste »Gesetz« ist die weltweite »Freiheit« der Konzerne, des Verkehrs von Kapital, Waren und Investitionen über alle Grenzen hinweg und die Profitmacherei. *Trade, Trade über alles* hieß ein weiterer Slogan der Demo am 30. November.

Was in Seattle geschah, war jedoch nicht nur ein weltweiter Protest gegen die WTO, sondern der Beginn des Abfalls vom Glauben an das Credo des neoliberalen Freihandels. In zahllosen *Teach-Ins*, Vorträgen und Workshops, die während einer ganzen Woche stattfanden, wurde nachgewiesen, dass die Beteuerungen der Neoliberalen, die konzerngesteuerte Globalisierung schaffe ein »ebenes Spielfeld«, sie sei »unausweichlich«, »unumkehrbar« und trage zum Wohl aller Menschen bei, nicht stimmten.

Über die zunehmende Armut in den USA sprach Cheri Hancado, die einen 400-Meilen-Marsch von Obdachlosen von Massachusetts nach Washington mitgemacht hatte. Sie musste wegen »Verschwörung« und »kriminellem Anschlag« einige Tage ins Gefängnis. »Wir wollten sichtbar machen, dass Armut, Hunger, Obdachlosigkeit und Elend auch in den USA existieren. Wir bauen eine Massenbewegung auf: ein Menschenrechtsforum der Armen.

Auch viele der Slogans auf den Plakaten und Transparenten waren Ausdruck dieses Abfalls vom Glaubens an die Segnungen des globalen Freihandels.

- WTO puts profit over people and the planet (Die WTO stellt den Profit über die Menschen und den Planeten)
- WTO = Capitalism Without Conscience (WTO = Kapitalismus ohne Gewissen)
- We're citizens, not only consumers (Wir sind BürgerInnen, nicht nur KonsumentInnen)
- Protest of the Century (Der Protest des Jahrhunderts)
- The World is not for sale (Die Welt ist keine Handelsware)
- The WTO has got to go.The People came and stole the

show (Die WTO muss verschwinden. Die Leute kamen und haben ihr die Schau gestohlen)
- No Globalisation without Participation (Keine Globalisierung ohne Partizipation)

Ein Demonstrant verteilte ein Gedicht: *Why we are here* (Warum wir hier sind):

Because the world we had imagined, the one
we had always counted on
is disappearing.
Because the sun has become cancerous
and the planet is getting hotter.
Because children are starving in the shadows
of yachts and economic summits.
Because there are already too many planes in the sky.

This is the manufactured world
you have come here to codify and expedite.
We have come to tell you
there is something else we want to buy.

What we want, money no longer recognizes
like the vitality of nature, the integrity of work.
We don't want cheaper wood, we want living trees.
We don't want engineered fruit, we want to see and smell the food growing in our own neighborhoods.

We are here because a voice inside us,
a memory in our blood, tells us
you are not just a trade body, you are the blind tip
of a dark wave which has forgotten it's source.
We are here to defend and honor
what is real, natural, human and basic
against this rising tide of greed.

We are here by the insistence of spirit and by the authority of nature.

If you doubt for one minute the power of truth
or the primacy of nature
try not breathing for that length of time.

Now you know the pressure of our desire.
We are not here to tinker with your laws.
We are here to change you from the inside out.
This is not a political protest,
It is an uprising of the soul.

(Bitte kopieren und weiterverteilen)
– Autor unbekannt –

Die Gewalt ging von der Polizei aus

Der Demozug war friedlich, fröhlich, vielfältig. Alle sprachen miteinander, erfanden neue Slogans. Alle hatten glückliche Gesichter. 10 000 Schüler und Studenten hatten Straßenkreuzungen besetzt – alles gewaltlos und diszipliniert.

Umso erstaunter war ich, als ich später hörte, es hätte »Vandalismus« und »Aufstände« (riots) in *downtown* gegeben. Schaufenster waren verbarrikadiert, weil die Geschäftsleute schon vorher vor möglicher Gewalt gewarnt worden waren. Gegen Ende der Demo hörte man jedoch Schüsse der Polizei, die mit Tränengas und Plastikkugeln feuerte. Viele Demonstranten flüchteten in Panik. Später erfuhr ich, einige Vermummte, die der Demoleitung nicht bekannt waren, hätten sich unter die Menge gemischt und bei einigen Luxusgeschäften und Banken Fensterscheiben eingeschlagen. Das gab der Polizei den Vorwand, brutal zuzuschlagen. Diese Fotos erschienen dann weltweit immer wieder auf den Bildschirmen, um zu beweisen, wie gewalttätig die Demonstranten in Seattle gewesen waren. Viele Beobachter dieser Szene haben später berichtet, dass die Polizei tatenlos zusah, wie die Vermummten die Schaufenster des Luxuscafés Starbuck, von Nike- und McDonald's-Filialen einwarfen. Die Ökofeministin Starhawk schreibt über diese Szene:

»Die Medien tun alles, den Protest als gewalttätige Randale darzustellen. Glaubt ihnen nicht. In Wirklichkeit gab es tausende von friedlichen Protestierern in Seattle und lediglich eine Handvoll Leute, die Fenster einwarfen. Die Polizei hat die Scheibeneinwerfer nicht verhaftet. In der Tat, als einer von ihnen von gewaltlosen Demonstranten umringt wurde, die ihn von seinem Tun abhalten wollten, weigerte sich die Polizei, ihn zu verhaften. Später beklagte sich die Polizei, ›sie wäre auf die Gewalt nicht vorbereitet gewesen‹. In Wirklichkeit hat sie die Gewalt tatenlos geschehen lassen und den Vandalismus vermutlich sogar selbst angezettelt.« (Starhawk 2000).

Tatsächlich ging die Gewalt in Seattle von der Polizei aus. Das konnte ich selbst am Vormittag des 30.11. beobachten.

An der Kreuzung der 6th Avenue und Seneca Street saßen bereits seit dem frühen Morgen junge Leute, die sich angekettet hatten und wie an allen Kreuzungen der Straßen, die zum Convention Centre führen, die Durchfahrt blockierten. Eine bis an die Zähne bewaffnete Marsmenschen-ähnliche Riege von Polizisten stand in 50 m Entfernung, Tränengasgewehre im Anschlag. Die jungen Protestierer sagten, die Polizei hätte sie schon mit Tränengas beschossen. Sie baten uns Frauen von *Diverse Women*, uns mit unserem Transparent »Biosafety First« schützend vor sie zu stellen, was wir taten. Auch ein Panzer war vorgefahren. Es sah nach Krieg aus. Die Polizei stürmte plötzlich, ohne Ankündigung oder Aufforderung, den Platz zu räumen, auf Gruppen von Protestlern los und schoss Tränengasbomben ab. Die jungen Leute skandierten: »We 're non-violent. What are you?« (Wir sind gewaltlos. Was seid Ihr?)

Die Friedensaktivistin Terry Wolfwood aus Kanada schreibt in ihrem Bericht *Seattle: Globalisierung und Militarisierung*: »Ich hielt gerade den Schlussvortrag bei der Veranstaltung von Diverse Women for Diversity am Dienstag, nach der großen Demo gegen die WTO. Meine Bemerkungen handelten vom Zusammenhang zwischen Freihandelsabkommen und Militarisierung. 1997 war ich als Menschenrechtsbeobachterin mit einem Dorfführer durch die Hügel von La Selva, Chiapas, gewandert. Während wir miteinander sprachen, flogen Militärhubschrauber über uns – Hubschrauber, die in den USA gebaut worden waren, mit Motoren aus

Kanada. Gerade, als ich bei meinem Vortrag den Zusammenhang zwischen Freihandel und Militarisierung erklärte, stürmte eine Frau in den Raum und auf die Bühne und rief: ›Der Kriegszustand (military rule) ist in Seattle ausgerufen worden!‹« (Wolfwood 2000)

Am Abend nach der großen Demo hieß es, »military rule« – wörtlich: der Kriegszustand, der Ausnahmezustand – sei erklärt und eine Ausgangssperre bis zum frühen Morgen verhängt worden. Die Nationalgarde zog auf und sperrte alle Straßen im Zentrum der Stadt ab. Wer sie passieren wollte, musste sich ausweisen.

Unter dem Eindruck der massiven Polizeieinsätze fand unter den Demonstranten, aber auch unter bisher unbeteiligten Bürgern der Stadt, eine eindeutige Radikalisierung statt. Das wurde besonders bei der letzten, spontanen Demo am Freitagnachmittag deutlich. Diese Demo richtete sich vor allem gegen das undemokratische Vorgehen der WTO und gegen den Polizeiterror in Seattle. Viele junge Leute tanzten und skandierten: »This is what democracy looks like!«

Während bei der ersten Demonstration am 30.11. die Gewerkschaften noch die Verankerung von Arbeits- und Umweltnormen in der WTO und eine Reform der WTO forderten, war der Tenor der Slogans auf den Plakaten und der Sprechchöre jetzt: *Die WTO muss weg!*

Interessant war, dass die Zuschauer am Straßenrand und an den Fenstern nun den Demonstranten zujubelten. Immerhin war es ein Werktag. Es regte sich sogar etwas wie radikales Arbeiterbewusstsein. Als die Demonstranten skandierten:

Who built these roads? (Wer baute diese Straßen?), und die Antwort kam: *We* built these roads! (WIR bauten diese Straßen!)

Who built these houses? (Wer baute diese Häuser?)

We built these houses! (WIR bauten diese Häuser!),

winkten Bauarbeiter auf ihren Gerüsten und Sekretärinnen aus ihren Büros ihnen begeistert zu.

Flugblätter wurden verteilt, auf denen die BürgerInnen ihre Stadt zurückforderten. Sie verlangten die sofortige Aufhebung des Kriegsrechts und der 24-stündigen Ausgangssperre sowie die Freilassung aller Verhafteten. »Wir leben in der Tat in einem Polizeistaat«, stand auf einem Flugblatt.

Zur Radikalisierung der Menschen in Seattle haben die Unverhältnismäßigkeit des Polizeieinsatzes, die Verlogenheit der Presse, die Verletzung grundlegender konstitutioneller Freiheitsrechte wahrscheinlich genauo viel beigetragen wie die Aktionen der von außen angereisten AktivistInnen. Die Empörung der Vertreter des Südens über das unwürdige Verfahren der WTO bei den offiziellen Verhandlungen vermischte sich mit dem Entsetzen amerikanischer BürgerInnen darüber, dass die USA »kein freies Land sind«.

Die Woche von Seattle hat viele Amerikaner zum ersten Mal mit der Tatsache konfrontiert, dass ihr Land, das sie für den Hort von Freiheit und Demokratie hielten, den Krieg gegen die eigenen Bürger erklärt, wenn diese eine Mitsprache bei der Gestaltung der globalisierten Wirtschaft einfordern, die sie alle betrifft. Ich hatte den Eindruck, dass Amerika in dieser Woche aufwachte.

Es gehörte wahrscheinlich zu der Strategie, die Protestbewegung zu kriminalisieren und so durch Berichte über bürgerkriegsähnliche Zustände in Seattle vom Fiasko der WTO abzulenken. Am 1.12. wurden 600 Demonstranten willkürlich verhaftet. Weil sie ihre Namen nicht nannten, saßen vier Tage später immer noch 400 im Provinzgefängnis.

»Arbeiter der Welt, vereinigt euch gegen die WTO!«

In Abwandlung des Marx'schen Slogans rief dies ein Minenarbeiter aus Südafrika den im Sportstadium von Seattle Versammelten am ersten Tag, dem Tag der ArbeiterInnen, zu. Er wies auf den zentralen Widerspruch der globalisierten Ökonomie hin, nämlich, dass dieses System nur darum funktioniert, weil die ArbeiterInnen weltweit durch unterschiedliche Löhne, Arbeitsbedingungen, Sozialstandards, Umweltstandards und Menschenrechtsstandards gespalten werden. Die Mehrzahl der Arbeiterinnen und Arbeiter in der Dritten Welt, in den »Freien Produktionszonen« (FPZs), aber auch in den *sweatshops* und den Gefängnissen der USA bekommen keine Löhne, die den Lebensunterhalt sichern, arbeiten unter sklavenähnlichen Bedingungen und erleben direkte Gewalt (vgl. Kap. IV).

»Wir werden euch (die WTO) bekämpfen, wo immer ihr seid, in allen Ländern. Wir werden kämpfen, bis wir einen Mindestlohn für alle ArbeiterInnen der Welt erstritten haben. Was gut ist für einen Ford-Arbeiter in Detroit (Michigan), muss gut sein für einen Ford-Arbeiter in Port Elizabeth, Südafrika.«

Im Sportstadium von Seattle sprachen Arbeitnehmervertreter aus allen Kontinenten. Alle betonten, dass mit Seattle ein neuer Anfang gemacht worden sei.

»Wir können das System des Diebstahls nicht länger akzeptieren«, rief Vandana Shiva aus Indien den ArbeiterInnen zu. »Wir können uns nicht länger spalten lassen ... Wir werden uns nicht länger spalten lassen, wir werden vereint sein!« (Vandana Shiva, Video-Kassette vom 30.11.1999)

Die globale Allianz der Agraropposition

Der zweite Tag war der Tag der Landwirtschaft, der Bauern, der »food safety and food security« (Nahrungs- und Lebensmittelsicherheit), des Verbraucherprotests gegen Industrie- und Gennahrung. Der Tag fing an mit einem Pressefrühstück in der United Methodist Church. Darauf folgte eine Podiumsdiskussion, an der VertreterInnen aus Japan, Bangladesch, Kamerun, Frankreich, Kanada, Zentral- und Südamerika, USA und Indien teilnahmen. Vandana Shiva moderierte. Sie verurteilte den Polizeieinsatz und die Verhandlungsführung der USA als faschistisch und imperialistisch.

Die einzelnen RednerInnen – ob Biobäuerinnen aus Kanada, Bauernsprecher aus Bangladesch, José Bové aus Frankreich oder Vertreter von Verbraucherverbänden –, alle betonten die Notwendigkeit, Landwirtschaft und Nahrungsproduktion aus der WTO herauszunehmen. Besonders die Vertreter des Südens forderten die Rückkehr zum Prinzip der »Self-Sufficiency« und »Self-Reliance« (Selbstversorgung statt Handel mit Nahrung).

Danach gab es eine Demonstration durch die Stadt und am Markt eine große Kundgebung. Dort wurde die weltweite Allianz der Bauernopposition betont, die von den Philippinen über Bangladesch und Indien über Lateinamerika und Frankreich bis in die USA reicht. Die meisten sind organisiert in der *Via Campesina*, einer globalen Organisation von oppositionellen Klein- und Mittelbauernverbänden.

Die amerikanischen Bauern haben nach dem Reinfall mit dem Gen-Soja und Gen-Mais, der viele in ihrer Existenz bedroht, die *National Alliance of Family Farms*[7] gegründet. Auch sie sind jetzt Mitglied von *Via Campesina.* Alle forderten: Das Agrarabkommen (AoA) muss raus aus der WTO. Statt dessen forderten sie: *Food Sovereignty – Self-Sufficiency – Self-Reliance – Solidarity.*

»Seattle war nur der Anfang ...«

Das war die einhellige Meinung aller, die im Laufe dieser historischen Woche auf den Straßen, in den Kirchen und anderen Räumen gegen die WTO protestiert hatten. In der Schlussveranstaltung in der *Gethsemane Lutheran Church* stellte sich die Frage, wie man den Schwung dieser Bewegung über Seattle hinaus weitertragen und konsolidieren könne. Vor allem müsse es darum gehen, so die einhellige Meinung, die Transnationalen Konzerne (TNKs), die ja die eigentlichen Drahtzieher hinter MAI und WTO sind, direkt anzugreifen. Dazu wurden verschiedene Vorschläge gemacht: die Bewegung kritischer Aktionäre stärken, die Konzerne beschimpfen und beschämen, die Legitimation der Konzerne und der WTO anzweifeln. Die WTO habe keinerlei demokratische Legitimation, die Armen müssten selbst eine Stimme bekommen, die Herrschaft des Handels über die Wirtschaft müsse zurückgewiesen werden, die Komplizenschaft der Presse mit den TNKs müsse durchbrochen werden durch eigene Medien. Konsumboykott, wie der gegen Gen-Nahrung, sei notwendig, Aufklärung und Bewusstseinsbildung der BürgerInnen müsse gefördert werden, die internationale Kooperation müsse aufrechterhalten werden.

Vor allem sei der nächste Schritt von zentraler Bedeutung: Man dürfe den Konzernen und ihren politischen Handlangern keine Ruhe lassen. Denn kaum dass die WTO-Verhandlungen gescheitert waren, verkündete Michael Moore, der Vorsitzende der WTO, dass man im nächsten Jahr in Genf, dem Sitz der WTO, weiterverhandeln werde. Die Anti-WTO-Bewegung müsse auch diese Verhandlungen begleiten. Das war die einhellige Meinung aller.

Bei dieser Schlussdiskussion über weitere zukünftige Strategien wurde aber auch deutlich gesagt, dass es nicht mehr reicht, wenn die Bewegung nur von Fall zu Fall auf die jeweiligen Termine und Programme der Gegenseite durch eine weltweite Mobilisierung reagiert. Es sei Zeit, dass die ganze Richtung angegriffen würde, die hinter GATT, MAI, WTO, Weltbank, IWF und ähnlichen Abkommen und Institutionen steht, nämlich das neoliberale Wirtschaftssystem und die Konzernherrschaft. Dieser Vorschlag fand begeisterte Zustimmung.

Widersprüche und Einschätzungen

Doch auch die Protestbewegung war nicht frei von Widersprüchen. Am deutlichsten wurde das zunächst an den Forderungen des amerikanischen Gewerkschaftsbundes AFL-CIO. Dieser forderte, dass die Kernarbeitsstandards der Internationalen Arbeitsorganisation (IAO) in der WTO verankert, dass Lohndumping und vor allem Kinderarbeit durch die WTO verboten werden müssten. Aus wahltaktischen Gründen hatte Clinton sich diese Forderung zu Eigen gemacht und damit die Vertreter der Entwicklungsländer gegen sich aufgebracht. Sie sahen in dieser Forderung eine Heuchelei und eine verdeckte Form des Protektionismus. Diese Arbeitsstandards sind bereits in der IAO (Internationale Arbeitsorganisation) verankert. Viele der Industrieländer haben sie aber bis jetzt nicht ratifiziert. Es war deutlich, dass es den amerikanischen Arbeitern zunächst um den Schutz *ihrer* Arbeitsplätze ging, die durch die Billiglohnkonkurrenz gefährdet werden. Trotz aller Beschwörung der internationalen Solidarität hat die amerikanische Arbeiterbewegung in Seattle diesen Widerspruch des globalen Kapitalismus noch nicht lösen können. Sie hält den globalen Freihandel zwar für notwendig, will aber, dass Lohn- und Sozialdumping durch die Billiglohnkonkurrenz ausgeschlossen werden. Eine Quadratur des Kreises unter kapitalistischen Verhältnissen. Denn warum sollten US-Konzerne nach Mexiko oder China gehen, wenn nicht, um dort billigere ArbeiterInnen zu finden? Einige Plakate in Seattle drückten aus, was wahrscheinlich viele Arbeiter als Lösung für dieses Problem ansahen:

»Trade: Clean, Green and Fair« (Handel: Sauber, Grün und Fair). Sie forderten »sauberen« statt »freien« Handel. Das heißt, sie verlangten, dass dieselben Arbeits- und Umweltstandards, die in den reichen Ländern gelten, auch in den armen Ländern gelten sollen. Das würde zwar die Billiglohnkonkurrenz verringern, aber auch die Preise für Produkte aus diesen Lädern enorm erhöhen. Wollen die Arbeiter und Konsumenten in den Industrieländern das?

Die amerikanischen Gewerkschaften – wie die deutschen – können dem global operierenden Kapital so lange nicht wirksam entgegentreten, solange sie unter »Arbeitern« lediglich die immer kleiner werdende Zahl der noch in Lohn und Brot stehenden, meist männlichen Arbeiter des eigenen Landes verstehen, nicht aber alle arbeitenden Menschen in dieser Welt, einschließlich der Hausfrauen. Es wäre aber falsch, das Scheitern der WTO-Verhandlungen in Seattle allein auf die Forderungen der amerikanischen Arbeiter zurückzuführen. Es ist ein Fortschritt, dass sie überhaupt angefangen haben, über die Globalisierung nachzudenken und dagegen zu protestieren, dass sie bisher nur den Reichen zugute kommt.

Ein weiterer, nach wie vor ungelöster Widerspruch ist mit dem internationalen Abkommen über Agrarhandel gegeben. Während die USA und die EU von den anderen WTO-Mitgliedern die Abschaffung aller protektionistischen Maßnahmen im Agrarsektor verlangen, schützen sie selbst ihre Agrarindustrie durch Subventionen. Dies führt bekanntlich dazu, dass arme Länder des Südens Agrarüberschüsse aus Amerika und Europa zu Dumpingpreisen importieren müssen – oftmals zu Lasten der Kleinbauern vor

Ort, die in den Ruin getrieben werden. In ihrer Einschätzung des »Fiaskos von Seattle« bedauerten sowohl Vertreter der deutschen Industrie als auch Vertreter von Entwicklungs-NROs, dass die europäischen Agrarsubventionen nicht abgebaut worden waren. Die Verlierer von Seattle seien die Länder der Dritten Welt.[8] Die Vertreter der oppositionellen Kleinbauern des Südens jedoch freuten sich über das Scheitern der WTO-Verhandlungen in Seattle. Hunderte von indischen Bauern und Mitgliedern der *Via Campesina* skandierten bereits beim G7-Gipfel im Juni 1999 in Köln: »WTO – Down – Down!«, zu einem Zeitpunkt, als viele Menschen hierzulande nicht wussten, was das Kürzel WTO überhaupt bedeutet. Sie hingegen wissen, dass die Kleinbauern im Norden wie im Süden nicht von der Öffnung der Agrarmärkte profitieren, sondern lediglich das Agrobusiness und die großen Lebensmittelkonzerne. Die in der *Via Campesina* organisierten Kleinbauernverbände fordern deshalb, dass der ganze landwirtschaftliche Sektor aus den WTO-Abkommen herausgenommen wird. Lebenswichtige Dinge wie Nahrung, Wasser und auch das intellektuelle Eigentum dürften nicht in das System des globalen Freihandels einbezogen werden. Mit dieser Forderung befinden sich die Vertreter der *Via Campesina* jedoch oft auch im Widerspruch zu ihren eigenen Regierungen. Diese verlangen eine weitere Öffnung der Märkte der reichen Länder für Agrarprodukte aus ihren Ländern.

Martin Khor, der Direktor des *Third World Network* (Malaysia), sieht die Dinge ebenfalls anders: »Die Hauptbotschaft der Protestierenden bestand darin zu sagen, dass die WTO zu weit gegangen ist, indem sie globale Regeln festsetzte, die lediglich den Interessen der großen Konzerne dienen, und zwar auf Kosten der Entwicklungsländer, der Armen, der Umwelt, der Arbeiter und Konsumenten.«[9]

Für Martin Khor und die meisten NRO-VertreterInnen des Südens in Seattle waren weder die europäischen Bauern noch die amerikanischen Arbeiter die Hauptgegner, sondern die großen Transnationalen Konzerne.

Widersprüche gab es aber nicht nur unter den Globalisierungsgegnern, sondern auch bei bisherigen Befürwortern des globalen Freihandels. In Seattle begann ein Prozess, der die Dogmen des

Neoliberalismus offen in Frage stellte, besonders das Dogma, dass die Wirtschaftssubjekte lediglich von ihrem individuellen Eigeninteresse bewegt werden. Dies ist sogar einem kapitalfreundlichen Blatt wie der *Neuen Zürcher Zeitung* aufgefallen. In ihrem Kommentar vom 11.12.1999 zu den WTO-Verhandlungen ist zu lesen, dass »nichtwirtschaftliche Werte und Interessen« im internationalen Handel ein weltweit heiß umstrittenes Thema geworden sind, dass der Handel, »mit was auch immer, *kein rein wirtschaftlicher Vorgang ist*«. Werte und Interessen wie Sicherheit, öffentliche Ordnung, Sittlichkeit, Gesundheit, Schutz der Umwelt und der Konsumenten, Verteidigung der Sozialstandards, Erhalt und Förderung der Kultur stünden nicht nur in engem Zusammenhang mit der Handelspolitik, sondern brächten gleichzeitig auch andere Bewertungsmaßstäbe ins Spiel. Und diese beanspruchten einen unbedingten Vorrang vor den ökonomischen Interessen.

Für dieses urkapitalistische Dilemma – hier individuell ökonomische Interessen, dort allgemein gesellschaftliche Werte – weiß der Autor, Pierre Pescatore, jedoch keine andere Lösung als die bekannte, nämlich die Zuständigkeit der gewählten Regierungen für die Letzteren zu betonen. Die WTO jedenfalls sei die falsche Adresse.

Was ist aber, wenn die gewählten Regierungen sich vor allem als verlängerter Arm der privaten ökonomischen Interessen verstehen? In Seattle deutete sich jedoch eine andere Sicht der Dinge an. Die dauernde Wiederholung des Mantras, der globale Freihandel sei der beste Weg, Wachstum, Wohlstand für alle, Gleichheit, Arbeitsplätze und Umweltschutz zu sichern, verfehlte seine Wirkung. Die Leute nahmen den *global players* nicht mehr ab, dass sie die besten Hüter des allgemeinen Interesses seien.

Vandana Shiva hat auf den Punkt gebracht, was viele Menschen in Seattle dachten: »Wenn Arbeiter sich mit Umweltschützern verbünden, wenn Bauern des Südens und des Nordens gemeinsam ›Nein!‹ zu genetisch manipulierten Nutzpflanzen sagen, dann tun sie das nicht aus ihrem jeweiligen partikularen Eigeninteresse. Sie verteidigen vielmehr das gemeinsame Interesse und die gemeinsamen Rechte aller Menschen, überall auf der Welt. Die Teile-und-Herrsche-Politik, die bisher Konsumenten gegen Bauern, den Norden gegen den Süden, Arbeiter gegen Umweltschützer ausgespielt hat, hat versagt. In ihrer Vielfalt waren Bürger und BürgerInnen über Sektoren und Regionen hinweg vereint.«[10]

Wie kam der Erfolg der weltweiten Protestbewegung in Seattle zustande?

Für die Befürworter des globalen Freihandels war Seattle ein »Fiasko«, ein »Debakel« oder eine »Niederlage«. Für die weltweite Bewegung gegen die ökonomische Globalisierung waren die Ereignisse in Seattle jedoch ein »Sieg«, eine »historische Stunde«, ein »Anfang«. Viele Kommentatoren verstanden nicht, wie eine solch riesige, heterogene Ansammlung verschiedener Gruppen und Organisationen mit je unterschiedlichen Interessen eine derart erfolgreiche globale Protestbewegung zustande bringen konnte. Immer wieder fragten Journalisten nach der Organisationszentrale und nach den führenden Köpfen hinter den Demonstrationen in Seattle. Aber es gab keine Zentrale, die eine globale Strategie entworfen hatte. In Seattle waren die verschiedensten Nichtregierungsorganisationen und Bürgerinitiativen der weltweiten Zivilgesellschaft zusammengekommen, um sich für ein gemeinsames Ziel einzusetzen.

Was aber sind die Gründe für den Erfolg einer zwar weltweit, aber doch vollkommen dezentral operierenden Protestbewegung? Im Folgenden werde ich einige dieser Gründe benennen.

Vorweg ist anzumerken, dass der Protest von Seattle kein spontanes, einmaliges Ereignis war, sondern dass viele verschiedene Widerstandsbewegungen und Kampagnen in der ganzen Welt in Seattle zusammenflossen. Das bedeutet, dass sich unterhalb der Oberfläche der von Wirtschaft, Medien und Politikern beschworenen heilen Welt der globalen »freien« Marktwirtschaft in vielen Ländern im Süden wie im Norden eine ungeheure soziale Wut angesammelt hatte. Überall hatten Globalisierungsopfer längst angefangen, nach den wirklichen Ursachen und den Verantwortlichen für ihre Misere zu forschen. In vielen Ländern hatten sie neue Zusammenschlüsse und »Nichtregierungsorganisationen« (NROs) gegründet, weil sie feststellen mussten, dass die traditionellen Oppositionsparteien, z.B. die sozialistischen oder sozialdemokratischen Parteien, und auch die Gewerkschaften z. T. selbst den neoliberalen Weg eingeschlagen hatten und sich nicht mehr um die Globalisierungsverlierer kümmerten.

1. Die Stimmung in den USA war umgeschlagen

Als ich im November 1999 an der Ostküste der USA ankam, erfuhr ich, dass selbst im reichsten Land der Welt die Stimmung umgeschlagen war. Ich war eingeladen von Studenten der Cornell-Universität, die zusammen mit Gewerkschaftern eine Veranstaltungsreihe gegen Globalisierung durchführten. Diese Veranstaltungsreihe war Teil der landesweiten Kampagne gegen »sweatshops«, d. h. gegen die unmenschlichen Arbeitsbedingungen in den »Freien Produktionszonen« (FPZs), den *Macquiladoras* in Mexiko und anderswo, aber auch gegen die *sweatshops* in den Städten der USA. Ich war erstaunt. Seit dem Vietnamkrieg hatte ich nicht mehr von einer solchen politischen Kampagne an US-Universitäten gehört. Und schon gar nicht von einer Allianz zwischen Gewerkschaftern und StudentInnen. Die StudentInnen sagten, sie bereiteten sich auf Seattle vor.

Doch auch außerhalb der Universitäten schien die Euphorie über den Wirtschaftsboom der USA verflogen zu sein. Am 31. Mai 1999 erschien ein Artikel in der *Los Angeles Times*, der den Titel trug: »Trade's Image Takes Beating Among Public« (Imageverlust für Welthandel). Der Autor, Jonathan Peterson, berichtet, dass die Amerikaner, trotz aller Berichte über Vollbeschäftigung, wachsende Einkommen und rosige Statistiken nicht mehr daran glauben, dass globaler Handel gut für die Amerikaner sei. Die KritikerInnen bemängeln nicht nur den Verlust von Arbeitsplätzen in der Stahl- und Textilindustrie, sondern auch, dass ausländische Firmen leichteren Zugang zu US-Märkten hätten als einheimische. Außerdem kritisieren sie das riesige Handelsdefizit der USA, eine Folge der Billigimporte. Ausgerechnet der Abschluss des North American Free Trade Agreement (NAFTA) im Jahre 1994 zwischen den USA, Kanada und Mexiko hat nach Peterson zu diesem Stimmungsumbruch geführt. Im März 1994 hatte eine

Untersuchung des *Times Mirror Centre on People and the Press* noch ergeben, dass nur etwa die Hälfte der Bevölkerung glaube, dass Abkommen wie NAFTA neue Jobs schaffen würden. Im Dezember 1998 war es genau umgekehrt. Eine Wall-Street/NBC News-Umfrage ermittelte, dass 58 Prozent der Amerikaner glaubten, globaler Handel und v. a. billige Importe seien die Hauptursache für den Rückgang der US-Beschäftigung und der US-Löhne. Nach Peterson hängt dieser Stimmungsumschwung in den USA nicht nur mit der Angst um Arbeitsplätze zusammen, sondern ebenfalls mit der Sorge um die Umwelt und den Verlust der Kontrolle der Menschen über ihr Leben. Gegen solche Gefühle der Ohnmacht helfen keine Statistiken über eine boomende Wirtschaft. Der Wirtschaftsminister sah sich sogar veranlasst, eine PR-Tour zu organisieren, um die Amerikaner über die Segnungen des globalen Freihandels aufzuklären. In vielen Orten wurde er von Demonstranten begrüßt, die sich über die »Fetten Freihandelskatzen« lustig machten.

Im Gegensatz zu dem kurzsichtigen, punktuellen Interesse, das Journalisten in der Regel Protestbewegungen entgegenbringen, knüpfte die Anti-WTO-Bewegung an frühere erfolgreiche Kampagnen gegen die globale Freihandelspolitik an und führte deren Anliegen fort. Das waren in den USA und in Kanada die Anti-NAFTA-Bewegungen, die zwar das NAFTA nicht verhindert, die Menschen aber über die Gefahren des globalen Freihandels aufgeklärt haben. Dies hat dazu beigetragen, dass der US-Kongress die so genannte *Fast-Track*-Politik ablehnte. Diese Politik hatte dem Präsidenten die Vollmacht gegeben, in wichtigen Wirtschafts- und Handelsfragen eigenmächtig, ohne Abstimmung im Kongress, zu entscheiden.

In England knüpfte die Anti-Gen-Food-Bewegung an die erfolgreichen Proteste gegen das erweiterte Straßenbauprogramm an, das die Regierung Blair verordnet hatte. Die Anti-WTO-AktivistInnen in den USA lernten von der *Reclaim the Streets*-Kampagne (RTS) in England, wie man Massenproteste fantasievoll und vergnüglich gestalten konnte. Seit Anfang der neunziger Jahre waren die erfolgreichen Protestbewegungen in Indien und in Bangladesch gegen Multis wie Cargill und Monsanto mit ihren gandhianischen Methoden des Boykotts, des zivilen Ungehorsams, der gewaltfreien direkten Aktion eine große Inspiration für AktivistInnen im Süden wie in Europa und den USA (s. u.).

2. Nichts ist erfolgreicher als der Erfolg

Die größte Ermutigung für die Bewegung war jedoch der Erfolg der Anti-MAI-Kampagne in den Jahren 1997–1998. Der Zusammenbruch der Verhandlungen über das Multilaterale Abkommen über Investitionen bei der OECD in Paris im Dezember 1998 war zwar auf die französische Weigerung zurückzuführen, dieses Abkommen zu unterschreiben. Ohne die weltweite Anti-MAI-Kampagne, die allerdings in Frankreich besonders aktiv war – es gab und gibt dort bis jetzt über 70 Organisationen in der Anti-MAI-Koordination –, hätte die französische Regierung wohl kaum einen Untersuchungsbericht über die Auswirkungen des MAI für Frankreich angeordnet, um schließlich das MAI abzulehnen (vgl. Mies/v. Werlhof 1998). Zum ersten Mal war es gelungen, die bisher geheim geführten Verhandlungen über ein weltweit wirkendes Handelsabkommen durch weltweiten Widerstand ans Tageslicht zu bringen und zu verhindern.

Im März 1999 kamen etwa 40 AktivistInnen aus der Anti-MAI-Kampagne in Genf zusammen, um darüber zu beraten, wie man die *Millennium-Runde* im November desselben Jahres bei der dritten Ministerrunde der WTO in Seattle ebenfalls zu Fall bringen könne. Als Martin Khor fragte, ob wir es denn für möglich hielten, die Millennium-Runde der WTO zu stoppen, war die Antwort: Wir haben das MAI gestoppt, wir werden auch die *Millenniumrunde* verhindern. Bei diesem Treffen wurde die Erklärung verabschiedet: *No Millennium Round in the WTO! Turn Around!* (Keine Millenniumrunde in der WTO! Kehrt um!). Bis zum Beginn der WTO-Konferenz im November 1999 war diese Erklärung von 1600 Nichtregierungsorganisationen (NROs) der weltweiten Zivilgesellschaft[11] unterschrieben worden (s. Anhang: Protesterklärung Nr. 1). Die Anti-MAI-Kampagne war darüber hinaus das, was ich einen *Prozess der Selbstaufklärung durch Widerstand* nenne. Bekanntlich halten Einsichten, die durch die Verbindung von Praxis und Theorie gewonnen werden, länger vor.

3. Erfolg durch das Internet

Die Selbstaufklärung durch Widerstand geschah weltweit durch viele Kanäle und Methoden, durch Informationen von Mund zu Mund, durch Broschüren, Artikel und Bücher, durch Straßentheater und Vorträge und vieles mehr. Eine ganz entscheidende Rolle bei diesem Prozess spielten allerdings auch E-Mail und das Internet. Durch dieses elektronische Medium war es möglich, nicht nur wichtige Informationen sofort und weltweit an tausende interessierter Menschen zu senden, sondern auch, diese miteinander zu vernetzen, zu gemeinsamen Erklärungen und Aktionstagen aufzurufen und außerdem die theoretischen und politischen Auseinandersetzungen um die Hintergründe und Perspektiven der neoliberalen Globalisierung auf einem hohen Niveau zu führen. Diese Internet-Vernetzung setzte allerdings voraus, dass die TeilnehmerInnen der englischen Sprache mächtig waren, denn die meisten List-Server verteilten nur Botschaften in englischer Sprache. Es hing vom Engagement der AktivistInnen ab, ob sie die englischen Internet-Texte in die eigene Sprache übersetzten und einem breiteren Publikum zugänglich machten.

Ich halte es aber für falsch, den Erfolg der weltweiten Kampagnen gegen das MAI und die WTO *allein* dem Internet zuzuschreiben. Die bloße Tatsache, dass der MAI-Vertrag aus dem Internet abgerufen werden konnte, hat in vielen Ländern zunächst gar nichts bewegt. In Deutschland z.B. wussten verschiedene NROs seit Frühjahr 1997 von den MAI-Verhandlungen. Doch erst im Januar 1998, als die internationale Kampagne schon auf Hochtouren lief, fand eine erste Pressekonferenz zum Thema statt. Auch die elektronisch bestens ausgerüsteten deutschen Medien haben bis heute kaum etwas Kritisches zum MAI oder zur WTO veröffentlicht. Meine eigene Beteiligung an der Anti-MAI-Bewegung war weder in den Anfängen noch im Verlauf vom Internet bestimmt, sondern hing von Informationen ab, die ich durch eine feministische Freundin aus Kanada im Sommer 1997 auf ganz traditionellem Wege erhalten hatte: nämlich durch die Post und einen persönlichen Besuch. Im Sommer 1997 schrieb mir diese Freundin, Terry Wolfwood, dass sie in Kanada alle total mit dem Kampf gegen das MAI beschäftigt seien. Ich hatte keine Ahnung, was MAI war. Terry schickte mir einen Packen Papiere, und im September 1997 besuchte sie mich in Köln. Da mir inzwischen die Bedeutung dieses Abkommens klar geworden war, lud ich etliche Freunde und Bekannte zu einer Informationsrunde ein. Wir gründeten daraufhin das *Komitee Widerstand gegen das MAI* und stellten aus den vorhandenen Papieren ein Dossier zusammen, das wir von Oktober 1997 an per Post landesweit an Interessierte, an Freunde und Bekannte schickten. Im April 1998 organisierten wir einen Kongress in Bonn, den 500 Menschen besuchten. All dies geschah ohne E-Mail und Internet. Trotzdem funktionierte die Kommunikation und die Mobilisierung hervorragend per Post, Fax und Telefon. Die ganze Bewegung wurde vor allem von Einzelnen und Gruppen vorangetragen, die sich betroffen fühlten. Fühlen, Denken und Handeln gehören zusammen. Elektronische Kommunikationsmittel und ihre Rolle in sozialen Bewegungen werden oft überschätzt. Dabei übersieht man leicht folgende Tatsachen:

- Eine Bewegung entsteht nicht aus dem bloßen Vorhandensein bestimmter Informationen. Diese Informationen müssen zunächst einmal bei den Menschen »ankommen«, damit sie mit Betroffenheit, Empörung und dem Willen zu handeln reagieren.
- Nach meiner Erfahrung entstehen Empörung und die Einsicht in die Notwendigkeit, etwas zu tun, eher in der direkten Kommunikation von Mensch zu Mensch als in der isolierten Situation vor einem Bildschirm.
- Information führt erst dann zu Erkenntnissen und zu Handlungsbereitschaft, wenn sie von Menschen miteinander ausgetauscht und auf ihre Konsequenzen hin bedacht wird.
- Wer die geistige Gesundheit der Menschen erhalten will, muss ihre politische Handlungsfähigkeit erhalten. Sie müssen das Gefühl behalten, dass sie selbst etwas verändern können, dass sie nicht hilflose Opfer sind, dass es eine Alternative gibt. Das heißt, mit den neuen Informationen und Erkenntnissen muss

eine Handlungsperspektive eröffnet werden. Diese Handlungsperspektive muss so gestaltet sein, dass sie Erfolg haben kann. Nichts motiviert mehr als Erfolg.

- Das setzt außerdem voraus, dass die Vermittlung von Informationen und Wissen gleichzeitig eine oder mehrere soziale Beziehungen herstellt oder reaktiviert. Die kanadische Anti-MAI-Bewegung war darum so erfolgreich, weil sich an ihr viele lokale Gemeinschaften beteiligten, Menschen, die gerne etwas miteinander unternahmen und die Freunde waren.

Wenn zu solchen positiven Beziehungen elektronische Kommunikationsmittel als Instrumente hinzukommen, können sie tatsächlich mit Gewinn in einer Bewegung genutzt werden. Die Instrumente und die Masse der Information allein bewegen jedoch noch nichts. Im Gegenteil, sie können zu Ohnmachtsgefühlen und Apathie führen.

Es ist wichtig, Information nicht mit Wissen und Verständnis zu verwechseln. Die Fülle der Daten, die durch das Internet auf uns einstürmen, kann häufig gar nicht richtig aufgenommen, geschweige denn reflektiert und auf Handlungsperspektiven hin überprüft werden. Unter Wissen verstehe ich immer noch den Zusammenhang: Information – Reflexion – Aktion. Wenn dieser Zusammenhang zerrissen wird – und das Internet hat die Tendenz, das zu tun –, dann bleibt die Information steril, eben virtuell. Dann trifft der Slogan zu: Sie sind über alles informiert, aber sie können nichts.

4. Erfolg durch neue Allianzen

Für oberflächliche Betrachter war der Erfolg der weltweiten Protestbewegung in Seattle entweder unerklärlich, ein reines Zufallsprodukt, oder einem geheimen Zentralbüro zuzuschreiben. Keine von diesen Erklärungen trifft zu. Die Demonstrationen der verschiedenen Gruppen in Seattle waren langfristig und sorgfältig vorbereitet worden. Eine echte Neuerung war dabei der Aufbau von Allianzen zwischen Organisationen und Interessenverbänden, die vorher nicht einmal miteinander geredet hatten, z.B. zwischen Gewerkschaften und Umweltverbänden in den USA.

Einer, der sich schon seit dem Frühsommer besonders um ein Bündnis zwischen Gewerkschaftern und Umweltschützern bemüht hatte, war Bob Dolan von *Public Citizen's Global Trade Watch* (kurz: *Public Citizen*). Er schreibt: »Wir haben jetzt Leute zusammengebracht, die vorher nicht einmal in den gleichen Raum gegangen wären, es sei denn, um einander anzuschreien. Es mussten wirklich erhebliche Widerstände überwunden werden, um die Seattle-Koalition aufzubauen. Aber die WTO hat die Globalisierung so weit in alle Richtungen vorangetrieben, dass praktisch jeder davon betroffen wird. Und plötzlich merkt jeder und jede, dass diese Bedrohung größer ist als ihre Differenzen. Viele dieser Gruppen respektieren einander jetzt. Sie sehen, dass sie auf einer soliden Basis zusammenarbeiten können.« (Dolan zitiert von: Nichols 2000)

Diese neuen Bündnisse wurden vor allem im September 1999 auf einem Vorbereitungs-Camp auf einer kleinen Farm an den Hängen der Cascade Mountains, nördlich von Seattle, geschmiedet. Organisator dieses Strategie-Camps war das *Direct Action Network* (DAN), eine Koalition von drei Gruppen: der Gruppe *Global Exchange* aus San Francisco, dem *Rainforest Action Networt* und der *Ruckus-Society* aus Berkeley. Das Ziel des Camps war es, die dritte Ministerrunde der WTO in Seattle zu stoppen.

Vertreter von Gewerkschaften, Umweltverbänden, kirchlichen Verbänden, Menschenrechtsorganisationen, Friedensgruppen, Tierschützer, Studenten und andere waren zusammengekommen, um über Strategien und Methoden der direkten Aktion zu diskutieren. Ron, ein Vertreter der Stahlarbeitergewerkschaft, sagte über die neuen Allianzen, die dort gebildet wurden: »Seit Jahren haben die Gewerkschaften versucht, allein zu agieren, aber es klappt nicht. Die Konzerne erzählen den Arbeitern, wenn ihr euch mit Umweltschützern einlasst, werden sie kommen und eure Firma dichtmachen. Jetzt haben wir verstanden, dass das nicht stimmt, sie (die Umweltschützer) helfen uns vielmehr, unsere Arbeitsplätze zu verteidigen.« (zit. in: Rowell 1999)

Stahlarbeiter und Umweltschützer haben die *Alliance for Sustainable Jobs and The Environment* gegründet. Eine Aktivistin der

Stahlarbeitergewerkschaft vermutete, dass Politiker nervös werden, wenn ArbeiterInnen und UmweltschützerInnen »dasselbe Lied singen«. Die TeilnehmerInnen dieses Strategie-Camps waren genauso siegessicher wie die AktivistInnen im Frühling 1999 in Genf, die die Erklärung zur Verhinderung der Millenniumrunde in der WTO verabschiedeten. Ein Mitglied der englischen *Reclaim The Streets*-Kampagne sagte: »Ich glaube, wir haben eine echte Chance, die WTO in Seattle zu besiegen. Was also werden wir danach machen? Wir dürfen nicht vergessen, dass wir zum ›Herzen der Bestie‹ vordringen wollen, und das ist der Kapitalismus selbst.« (zit. in: Rowell 1999)

5. Methoden der gewaltlosen direkten Aktion

Auf diesem Camp entstanden nicht nur neue Bündnisse zwischen »Gewerkschaftern, Reformern, Anarchisten, FriedensaktivistInnen, UmweltschützerInnen, die alle um dasselbe Lagerfeuer herumsaßen« (Rowell 1999), sondern die TeilnehmerInnen lernten auch die Methoden der direkten Aktion kennen, z.B. Straßentheater, den Bau großer Puppen, die Erfindung guter Slogans, die Organisation von Straßenfesten als Teil des politischen Protests. Diese Methode war zuerst von der RTS-Kampagne in England mit Erfolg angewandt worden.

Im Spätfrühling 1999, so berichtet Juliette Beck, eine Mitbegründerin von *Global Exchange*, schlug ein junger Aktivist namens David Solnit vor, man solle nicht nur gegen die WTO in Seattle demonstrieren, sondern solle das Ministertreffen bei der WTO einfach durch direkte Aktionen »stoppen«. Viele Gruppen, Organisationen und selbst der amerikanische Gewerkschaftsbund bereiteten sich seit Monaten auf Seattle vor. Aber dass man das WTO-Treffen einfach »stoppen« könne, darauf war bis dahin niemand gekommen. David Solnit sprach mit Kevin Danaher, einem weiteren Mitbegründer von *Global Exchange*. Danaher hielt die Idee für gut. Er und Juliette Beck sprachen mit dem *Rainforest Action Network* und der *Ruckus Society*, die sich auf gewaltlose Guerilla-Aktionen spezialisiert hatte. Gemeinsam wurde dann das *Direct Action Network* (DAN) gegründet.

Vor allem das *Direct Action Network* (DAN) organisierte schon Monate vor Seattle Trainings in den Methoden des zivilen Ungehorsams und der gewaltlosen direkten Aktion. Die Öko-Feministin Starhawk hat an solchen Trainings teilgenommen. Sie war von Anfang an in Seattle dabei, nahm an den Blockaden teil, wurde verhaftet und saß fünf Tage im Gefängnis. Sie gibt einen detaillierten Bericht über die Methoden, die in den Trainingslagern von DAN geübt und in Seattle angewandt wurden: Die AktivistInnen sind in kleinen Bezugsgruppen (affinity groups) organisiert. Jede Gruppe trifft ihre eigenen strategischen Entscheidungen nach dem Konsensprinzip. Die Gruppen schicken VertreterInnen zum Sprecherrat, wo die allgemeinen Entscheidungen getroffen werden. Es gibt keine Hierarchie. In gefährlichen Situationen entscheiden die Gruppen selbst, was zu tun ist. Es ist eine gewaltlose und absolut offene Strategie. Sie war seit dem Frühling 1999 bekannt.

In einem ganzseitigen Artikel in der *Sunday Times* resümierte William Finnegan, »... dass der Zusammenbruch des Ministertreffens in Seattle nie ohne die Gründung und die Arbeit von DAN möglich gewesen wäre«. Nach der Gründung von DAN haben Juliette Beck, Kevin Danaher und John Sellers von der *Ruckus Society* ihren Plan dann per Internet im ganzen Land verbreitet, und dutzende von Gruppen bekundeten ihr Interesse.

Juliette Beck erklärt auch, warum ihr Aufruf zu direkten Aktionen auf so große Resonanz, vor allem bei jungen Leuten, stieß. »Ich denke, viele Leute in meiner Generation – nicht die Mehrheit vielleicht, aber viele – fühlen diese Leere. Wir fühlen, dass der Kapitalismus und das Kaufen von all diesen Sachen uns einfach keine Erfüllung bringt. Punkt.« (Finnegan 2000).

Wenn später vom »Geist von Seattle« geredet wurde, dann ist vor allem das gemeint, was Juliette Beck so ausdrückte: »Dein Körper kribbelt geradezu vor Hoffnung, wenn du unter so vielen bist, die beschlossen haben, eine bessere Welt zu schaffen.« (Beck zitiert von Finnegan in: *Sunday Times* v. 30.04.2000)

Anmerkungen

1 Die *Diverse Women* kämpfen seit Jahren gegen die Zerstörung der biologischen und kulturellen Vielfalt, gegen Patente auf Lebensformen, gegen die Monopolherrschaft der Großkonzerne und für den Aufbau gewaltloser, dezentraler, selbstorganisierter ökonomischer und politischer Gemeinwesen.

2 E-mail von MSTRAND@citizen.org vom 3.1.2000.

3 Das Vorsorgeprinzip bedeutet, dass Regierungen mit dem Verbot eines Produkts oder Produktionsprozesses nicht warten müssen, bis ein endgültiger wissenschaftlicher Beweis für die Schädlichkeit dieses Produkts oder Prozesses vorliegt. Aus Vorsorge können sie auch schon vorher ein Verbot aussprechen.

4 In den USA spielte die von Ralph Nader gegründete Verbraucherschutzorganisation eine wesentliche Rolle im Kampf gegen die Globalisierung, das MAI und die WTO. Sehr früh hatte Ralph Nader eine eigene Abteilung für diesen Kampf geschaffen, das *Public Citizen's Global Trade Watch*, kurz: *Public Citizen*. Leiterin von Public Citizen war zuerst Lori Wallach, eine hervorragende Expertin für internationales Handelsrecht. Lori Wallach informierte per Internet viele AktivistInnen in Kanada, den USA, Europa und Asien über die neuesten Entwicklungen auf dem Gebiet der Handelsliberalisierungen, besonders über das, was in den USA geschah. Während der MAI-Kampagne kam sie nach Brüssel und unterrichtete die europäischen AktivistInnen über die juristischen Fallen im MAI-Abkommen. Public Citizen begnügte sich jedoch nicht mit dem Weiterleiten von Informationen. Schon Anfang des Jahres 1999 wurde Bob Dolan mit der Mobilisierungsarbeit gegen die WTO betraut. Er – und auch Ralph Nader – reisten herum, sprachen in Schulen, Colleges und Universitäten und mobilisierten überall gegen die WTO und den globalen Freihandel. Heute ist Margrete Strand-Rangnes bei *Public Citizen* zuständig für den Verteiler von e-mail-Nachrichten zum Thema WTO und Welthandel. Für unser Netzwerk »Gegen Konzernherrschaft und Neoliberale Politik« war Public Citizen seit 1997 die wichtigste Informationsquelle.
E-mail-Adresse: MSTRAND@citizen.org (Margrete Strand-Rangnes).

5 Nichols, John 2000. »Now What? Seattle is Just a Start«. In: *The Progressive*, Madison, WI, e-mail: MSTRAND@citizen.org vom 13.01.00.

6 Das IFG wurde 1990 gegründet. Es ist eine Forschungs- und Bildungseinrichtung, zu der 60 kritische WissenschaftlerInnen und AktivistInnen aus 20 Ländern gehören, u. a. Martin Khor (Malaysia), Vandana Shiva (Indien), David Korten (USA), Maude Barlow (Kanada) und Helena Norberg-

Hodge (England). Direktor des IFG ist Jerry Mander. Das IFG organisieerte Anfang der 90er Jahre ein erstes großes »Teach-In« in der Columbia Universität (New York) gegen die Globalisierung.

7 Viele der Mais- und Soja-Produzenten in den USA haben den Versprechungen von Transnationalen Konzernen wie Monsanto geglaubt, dass die Zukunft der Landwirtschaft durch die Gentechnik bestimmt werde. Nach dem Boykott der Verbraucher in der EU gegen GMOs (genetisch manipulierte Organismen), bleiben sie auf ihrem Gen-Mais und Gen-Soja sitzen und stehen vor dem Ruin (s. Kap. IV).

8 Der Spiegel Nr. 49, 1999.

9 Khor, e-mail v. 10.12.1999.

10 Vandana Shiva, e-mail v. 10.12.1999, mai-intl.@essential.org.

11 Die erste Anti-WTO-Erklärung war die der *Mitglieder der Zivilgesellschaft gegen die Millennium-Runde in der WTO*, die vor Seattle von über 1600 Organisationen unterschrieben worden war.
Die Begriffe »Zivilgesellschaft« und »Nichtregierungs-Organisationen« sind nicht unumstritten, da aber bis jetzt keine anderen, besseren aufgetaucht sind, werde ich sie im Folgenden unter gewissen Vorbehalten benutzen.
Der Begriff »Zivilgesellschaft« stammt von dem italienischen Marxisten Antonio Gramsci. Gramsci verstand die Zivilgesellschaft – neben dem Staat und der Wirtschaft – als den wichtigsten Ort für das Schaffen einer sozialen, kulturellen und ideologischen Hegemonie, durch die die Herrschaft einer Gruppe oder Klasse in einer Gesellschaft auch ohne direkte Gewalt aufrechterhalten wird.
Die Initiativen, Gruppen und Organisationen, die die Proteste gegen das MAI, die WTO, gegen Weltbank und IWF organisierten, benutzen den Begriff »Zivilgesellschaft« eher aus Verlegenheit, um einen gemeinsamen Nenner für all die verschiedenen Oppositionsgruppen zu haben. »Zivilgesellschaft« soll deutlich machen, dass diese Gruppen weder vom »Staat« noch von »der Wirtschaft« abhängen. Sie sahen – und sehen – die »Zivilgesellschaft« als ein Sammelbecken für sehr unterschiedliche »Nicht-Regierungs-Organisationen«, NROs, an.
Ich halte beide Begriffe für das, was ich unter der »Globalisierung von unten« verstehe, für nicht hilfreich. Der Begriff »Zivilgesellschaft« suggeriert, dass die bürgerliche Gesellschaft eine »zivile« oder »zivilisierte« ist. Ein Blick in die Geschichte lehrt, dass unter der Mitwirkung der europäischen »Zivilgesellschaften« mehr Brutalitäten, mehr Krieg, mehr Naturzerstörung, mehr Unterdrückung stattgefunden hat als unter früheren »primitiven« Gesellschaften. Außerdem wird dieser Begriff inzwischen in

inflationärer Weise gerade von Konzernchefs, Industrielobbies, Regierungsvertretern sowie der EU-Kommission benutzt, um durch »Dialoge« den Protest in ihre Strategie der Konsensbildung einzubinden. Die »Zivilgesellschaft« soll die Spielregeln akzeptieren, die die Herren der Welt zu ihrem eigenen Vorteil formuliert haben.

Ich stimme Nicola Bullard zu, die sagt, dass es Zeit ist, eine »unzivile Zivilgesellschaft« zu schaffen, Gruppen, Organisationen und Bewegungen, die sich weigern, das Spiel der Herren zu spielen und nach radikalen Alternativen suchen (Bullard, 2000). Ähnlich ist es mit dem Begriff »NRO«. Das Kürzel und die Organisationen, die damit bezeichnet werden, werden zunehmend von Regierungen, Industrielobbies, der EU-Kommission, der »unheiligen Trinität« – Weltbank, IWF und WTO – und auch der UNO instrumentalisiert, um eine menschen-, natur- und bürgerfreundliche Politik vorzutäuschen. Die NROs sollen der Legitimierung der bekannten ausbeuterischen Politik dienen. Sie werden vor allem dann ins Feld geführt, wenn es um die Deregulierung lang erkämpfter legaler Arbeiterrechte geht. Außerdem ist der Begriff »Nichtregierungsorganisation« sehr irreführend. Denn auch die großen Industriekonzerne und ihre Lobbyverbände gelten als NRO. Pascal Lamy, der Außenhandelskommissar der EU, lädt mit Vorliebe diese Lobbyverbände ein, wenn er seinen »Dialog mit der Zivilgesellschaft« führt. Olivier Hoedemann von *Corporate Europe Observatory* berichtet, dass das *European Services Forum* (ESF) im Laufe des Jahres 2000 allein sechzigmal zu informellen Gesprächen und Beratungen eingeladen wurde. Das ESF vertritt die Interessen der mächtigsten Dienstleistungskonzerne in Europa (z.B. die Commerzbank AG, ABN AMRO, Deutsche Post, Metro, Bertelsmann, die Wasserkonzerne Vivendi und Suez-Lyonnaise des Eaux). (Hoedemann: »GATS – Are You Aware?« Internet: http://www.xs4all.nl/~ceo)

III. Wogegen richtet sich der weltweite Protest?

WTO, Weltbank und IWF als Kristallisationspunkte der Opposition

Wer die zahllosen Transparente, Plakate und Slogans in Seattle las, musste den Eindruck gewinnen, dass es für die über 50 000 Demonstranten nur einen Hauptfeind auf der Welt geben konnte: die WTO. Bauern und Verbraucher, Gewerkschafter und Umweltschützer, Tierfreunde und Frauen – alle klagten die WTO an. WTO – ein Kürzel nur, das der Mehrzahl der BürgerInnen in Europa und den USA bis zum November 1999 unbekannt war. Selbst jetzt wissen die meisten Deutschen nicht, was sich hinter den drei Buchstaben verbirgt.[1]

Im Verlauf des Jahres 2000 richtete sich der globale Protest zudem gegen die Weltbank und den Internationalen Währungsfonds (IWF), aber auch gegen das World Economic Forum (WEF), das Weltwirtschaftsforum einen Club von Wirtschaftsbossen, Politikern, Wissenschaftlern und Journalisten, der sich jährlich im Januar in Davos trifft, um über die Zukunft der Globalisierung zu beraten. Im September 2000 traf sich dieser Club außerdem im australischen Melbourne.

Was in Seattle und anderswo geschah, war jedoch weit mehr, als bloß das Kürzel der Welthandelsorganisation bekannt zu machen. Die verschiedenen Gruppen und Organisationen, die die WTO angriffen, kamen nicht umhin, sich mit den ökonomischen und politischen Inhalten zu befassen, für die die WTO, die Weltbank und der IWF stehen, nämlich mit der Durchsetzung, Verbreitung und Konsolidierung der neoliberalen, auf den Prinzipien des Freihandels beruhenden Wirtschaftspolitik weltweit. In zahllosen Vorträgen und Publikationen war schon im Vorfeld zu Seattle diese Politik analysiert und kritisiert worden.

Dieser weltweite Prozess der Selbstaufklärung hatte schon im

Zusammenhang mit den Widerstandsaktionen gegen das MAI begonnen, das im Dezember 1998 in der OECD (Organisation of Economic Cooperation and Development) in Paris u. a. wegen dieses Protestes gescheitert war. Da sich die Medien, besonders in Deutschland, über das MAI und seine Hintergründe konsequent ausschwiegen, blieb den AktivistInnen nichts anderes übrig, als sich selbst kundig zu machen und ihr Wissen – teilweise über E-Mail und Internet – an andere weiterzugeben.

Auf diese Weise fand eine Art *ökonomischer Alphabetisierung* statt. Wie die von Paulo Freire in den siebziger Jahren initiierte politische Alphabetisierung (Freire 1971) hilft diese Alphabetisierung heute den Menschen im Widerstand, nicht nur die notwendigen Informationen über die ökonomischen Prozesse zu erhalten, die sich vor ihren Augen abspielen, sondern auch, diese in ihrer Geschichte und in ihren Auswirkungen zu verstehen. Außerdem bedeutet ökonomische Alphabetisierung, dass die Menschen sich nicht länger nur als Opfer in diesen globalen Prozessen sehen, sondern dass sie anfangen, sich als Subjekte im Sinne einer befreienden Strategie einzumischen.

Bob Dolan betrachtet die ökonomische Alphabetisierung als Teil der Organisationsarbeit: »Wir Organisatoren folgen einem Axiom: Wir klären die Leute auf, um sie zu organisieren. Wir organisieren sie nicht, um sie aufzuklären ... Was wir im letzten Jahr hier gemacht haben, und was bei dem Treffen in Seattle seinen Höhepunkt fand, war eine ganze Menge Bildung und Aufklärung.« (Dolan in: Nichols 2000)

Die ökonomische Alphabetisierung hat in verschiedenen Ländern des Südens viel früher angefangen, als in Europa und Nordamerika. In Indien zum Beispiel protestierten viele Bauernorganisationen schon vor 1990 gegen das *General Agreement on Trade and Tariffs* (GATT), das Allgemeine Zoll- und Handelsabkommen, gegen das *Agreement on Agriculture* (AoA), das Abkommen über die Einbeziehung der Landwirtschaft in den globalen Freihandel (1995), und vor allem gegen die *Trade Related Intellectual Property Rights* (TRIPs), das Abkommen über handelsbezogene intellektuelle Eigentumsrechte, durch die sie ihres eigenen traditionellen Wissens beraubt werden (Shiva 1995/2000).

Obwohl auch in Europa und den USA einige Organisationen

das GATT kritisierten, haben erst die Proteste in Seattle die WTO zum Zentrum von Kritik und Widerstand gemacht.

Der Protest gegen das MAI, die WTO sowie gegen Weltbank und IWF richtet sich vor allem gegen die zunehmende Verarmung in den Ländern des Südens, eine direkte Folge von Weltbank- und IWF-Politik, sowie gegen die allgemeine Verschuldung. Aber auch in den reichen Ländern des Nordens haben Armut und Arbeitslosigkeit zugenommen. Die Bedrohung der Umwelt, die Unterminierung der Arbeiterrechte und der Demokratie gehören zu den Dauerthemen der globalen Protestbewegung. Im Folgenden beschreibe ich zunächst die konkreten Inhalte des Protests in Seattle in den Bereichen Umwelt und Gesundheit sowie das durch den globalen Freihandel verursachte Demokratiedefizit. Außerdem stelle ich die Folgen dieser hauptsächlich von Weltbank und IWF geförderten Politik in den Ländern des Südens dar.

Umwelt und Gesundheit: Das Ende des Sankt-Florian-Prinzips

Von den verschiedenen Organisationen und Bewegungen, die in Seattle gegen die WTO protestierten, waren die Umweltorganisationen wohl die, die am deutlichsten ein universelles Interesse formulierten: den Schutz des Planeten. Menschenverursachte ökologische Zerstörungen wie das Ozonloch, die Klimaveränderung, die abschmelzende Eisdecke des Nordpols, die Reduzierung der Biodiversität, die Wüstenbildung und anderes mehr sind Folgen der Industriegesellschaft und betreffen alle Menschen und alle Lebewesen in allen Erdteilen.

Dennoch wäre es falsch zu glauben, dass die neuen Allianzen in Seattle allein auf der Einsicht in die universelle Betroffenheit basieren. Wir dürfen ja nicht vergessen, dass die gesamte neue Umweltbewegung zunächst *keine* universellen Forderungen formulierte, sondern eher dem Sankt-Florian-Prinzip[2] folgte: Schutz der eigenen Umwelt vor Atomgefahren, Autoverkehr, Industrieabfällen u. a. Erst später kamen Slogans auf, wie: »Kein Atomkraftwerk in Brokdorf, und auch nicht anderswo.« Doch auch dieses

Über-den-eigenen-Zaun-Hinausdenken beschränkte sich vor allem auf den nationalen Raum, denn schließlich können die BürgerInnen dort Einfluss auf die Politiker nehmen und Umweltschutzgesetze durchsetzen.

Seit der Einführung des Nordamerikanischen Freihandelsabkommens (North American Free Trade Agreement, NAFTA), dem nach NAFTA-Vorbild entworfenen MAI und der WTO haben die Menschen in vielen Ländern jedoch erlebt, dass solche Umweltschutzgesetzte kurzerhand außer Kraft gesetzt werden können, wenn sie nach diesen multilateralen Handelsabkommen als Handelshemmnisse interpretiert werden können. Die Grundlage für diese Aushebelung nationaler Umweltgesetze bieten in NAFTA und MAI vor allem die Klauseln über Gleichbehandlung von ausländischen und inländischen Firmen (Inländerbehandlung), die Streitschlichtung und das Verbot von Enteignungen. Die WTO geht jedoch noch weit über diese Abkommen hinaus, vor allem, weil sie mit gesetzgeberischer Kompetenz und mit Sanktionsgewalt ausgestattet ist. Die WTO-Regeln haben sogar Vorrang vor allen internationalen Umweltabkommen, wie etwa der Konvention über die Artenvielfalt, dem Montreal-Protokoll zum Schutz der Ozonschicht, der Klimakonvention von Tokio und anderen. Ihre Regeln müssen auf allen nationalen und subnationalen Ebenen beachtet werden. In Deutschland heißt das auf Bundes-, Länder- und kommunaler Ebene.

Der Mechanismus, durch den die WTO in die inneren Belange der Mitgliedsländer eingreift, ist vor allem die *Streitschlichtungsstelle* (*Dispute Settlement Body*, DSB). »Jedes Mitgliedsland kann über die Streitschlichtungsstelle die Gesetze eines jeden anderen Landes anfechten, wenn diese Gesetze als Behinderungen des freien Handels gemäß WTO-Regeln betrachtet werden können. Ein definitives Urteil der WTO bedeutet, dass die Gesetze bezüglich Umwelt, Ernährung, Gesundheit oder anderes aufgehoben werden müssen. Andernfalls riskiert dieses Land dauernde Strafen oder harte Handelssanktionen.« (Barker/Mander 1999, S. 12)

Viele Regierungen haben schon im Vorgriff ihre Umweltgesetzgebung WTO-konform gemacht, um Klagen vor der WTO zu vermeiden. Das heißt, dass nach Gründung der WTO die Umweltorganisationen weltweit einen dramatischen Rückschlag erlebt haben. Handelsfreiheit geht vor Umweltschutz.

Hinzu kommt, dass das Streitschlichtungsgremium aus drei Personen besteht, Beamte und Rechtsanwälte aus dem Handelsbereich, die sich lediglich um »Handelshemmnisse« kümmern, aber kaum Ahnung von Gefahren für Gesundheit und Umwelt haben. VertreterInnen nichtkommerzieller Interessen wie Umwelt-NROs sind vom DSB ausgeschlossen. Die Verhandlungen der Handelsjuristen erfolgen hinter verschlossenen Türen. Öffentlichkeit und Medien sind strikt ausgeschlossen.

Bei den 117 Streitfällen, die bis Ende 1999 von der WTO entschieden wurden, wurden in der Mehrzahl der Fälle die Interessen der Konzerne über die der Umwelt gestellt. »Die WTO hat beharrlich gegen die Belange von Umwelt, Gesundheit und Demokratie entschieden. Solche Resultate sind nicht zufällig. Die Schieflage ist von vornherein eingebaut ... Bis heute hat das WTO-Schiedsgericht in jedem Streitfall, in dem es um ein nationales Umweltgesetz ging, gegen die Umwelt entschieden.« (Barker/Mander 1999, S. 19) Die WissenschaftlerInnen des *International Forum on Globalisation* (IFG) in San Francisco haben diese Erkenntnis mit einer Reihe von Beispielen untermauert. Ich berichte hier über einige der bekanntesten Fälle:

1. Der Garnelen/Schildkröten-Fall

Das US-Umweltrecht verlangt, dass einheimische und ausländische Fischer Garnelen mit Methoden fangen, bei denen die gefährdeten Meeresschildkröten nicht mitgefangen werden (s. Kap. II). Die USA haben den Import von Garnelen, bei denen entsprechende Schutzvorrichtungen (»Turtle Excluder Device«, TEDs) nicht benutzt worden waren, verboten. Indien, Malaysia, Pakistan und Thailand klagten die USA vor der WTO an. Diese entschied 1998, dass das US-Gesetz die WTO-Regel über »National Treatment« (Inländerbehandlung) verletze. Die USA wurden aufgefordert, das Gesetz WTO-konform zu machen, da es ein Handelshemmnis bedeute.

Umweltschützer, besonders im Süden, wenden ein, dass Kleinfischer früher weder Meeresschildkröten noch andere Tiere vernichtet hätten. Die Meeresschildkröten seien erst durch den industrialisierten Fischfang mit großen Fischkuttern und Schleppnetzen bedroht.

2. Der Fall des mit Rinderwachstumshormonen behandelten Rindfleisches: USA und Kanada gegen die EU

Die EU hat den nichtmedizinischen Gebrauch von Hormonen in Lebensmitteln verboten, weil sie Krebs verursachen können. Die WTO urteilte gegen die EU und zugunsten kanadischer und US-amerikanischer Konzerne. Das Streitschlichtungsgremium forderte von den Europäern eindeutige wissenschaftliche Gewissheit darüber, dass hormonbehandelte Lebensmittel Krebs verursachten. Damit hebelte dieses Dreiergremium das europäische Vorsorgeprinzip im Bereich der Lebensmittelsicherheit aus. Die europäischen Verbraucher lehnen Hormonfleisch zwar ab, aber die EU muss es nach dem WTO-Urteil importieren. Als Strafmaßnahme für die widerspenstigen Europäer haben die USA und Kanada Listen mit wichtigen europäischen Exportgütern angelegt, die sie mit hundertprozentigen Strafzöllen belegen. Zu diesen Produkten gehört auch der berühmte Roquefort-Käse. Dies hat den französischen Bauern José Bové so wütend gemacht, dass er mit seinem Traktor ein McDonald's-Café demoliert hat (s. Kap.V).

3. Methyl-Corporation (USA) gegen Kanada

Der US-amerikanische Konzern *Methyl-Corporation* hatte den kanadischen Staat zwar nicht bei der WTO, aber aufgrund des NAFTA angeklagt, weil dieser aus Gesundheitsgründen einen Benzinzusatz (MMT) verboten hatte. Die Begründung: Dieses Verbot stelle nach NAFTA eine indirekte Enteignung dar. *Methyl-Corporation* verlangte nicht nur 250 Millionen Dollar Entschädigung für bisher entgangenen, sondern auch für zukünftig zu erwartenden Profit. Die kanadische Regierung wollte diesen Betrag nicht zahlen und zog ihr Gesetz im Juni 1998 zurück (vgl. Mies/ v. Werlhof 1998, S. 43–44).

4. Metalclad Corporation (USA) gegen Mexiko

Am 25. August 2000 entschied sich das NAFTA-Tribunal zugunsten der Abfallentsorgungsfirma *Metalclad* aus den USA und verurteilte den mexikanischen Staat, 16,7 Millionen US-Dollar Entschädigung an die Firma *Metalclad* zu zahlen.

Metalclad hatte die mexikanische Regierung verklagt, weil der Bundesstaat San Luis Potosi die Müllhalde geschlossen hatte, auf der *Metalclad* seinen Giftmüll deponieren wollte. Eine geologische Untersuchung hatte ergeben, dass diese Mülldeponie das lokale Trinkwasser verseuche. Der Gouverneur hatte die Deponie als Teil einer 600 000 acre (1 acre = 4046,86 m^2) umfassenden ökologischen Schutzzone erklärt. *Metalclad* setzte seine Interessen beim NAFTA-Tribunal durch mit dem Argument, dass dies ein Akt der Enteignung sei. *Metalclad* verlangte 90 Millionen US-Dollar als Entschädigung.

Nach einem Bericht von Gerald Greenfield gibt es noch acht weitere Streitfälle dieser Art, in denen Konzerne auf der Grundlage von NAFTA- oder WTO-Regeln Regierungen wegen ihrer Umweltgesetze verklagen.

Alle diese Konzerne berufen sich auf das Kapitel 11 des NAFTA, in dem eine sehr breite Definition des Begriffes »Enteignung« Investoren erlaubt, unter der Streitschlichtungsklausel Regierungen wegen entgangener und zukünftiger Profite auf Kompensation zu verklagen.[3]

Greenfield weist ebenfalls darauf hin, dass es in der Regel nicht die Regierungen selbst waren bzw. sind, die aus Besorgnis um die Gesundheit der Bevölkerung oder um die Zukunft der Natur entsprechende Gesetze und Regeln erlassen haben, sondern dass diese in den meisten Fällen erst nach langen Kämpfen von Umweltbewegungen durchgesetzt wurden. Das heißt, vor gesetzgeberischen Initiativen gab und gibt es im Süden wie im Norden immer eine Bewegung von unten, die Druck auf die Regierungen ausübt. Die NAFTA- und WTO-Bestimmungen richten sich darum nicht nur gegen »ungehorsame« Regierungen, sie dienen vielmehr vor allem der Einschüchterung und Disziplinierung solcher Volksbewegungen (Greenfield).

Das Ende der Demokratie

Was die Menschen in Seattle, in Washington, in Millau und in Prag verband, waren nicht nur die gemeinsamen Erfahrungen, dass hart erkämpfte Arbeits- und Umweltregelungen dem globalen Freihandel und dem Profitstreben der Großkonzerne geopfert werden, sondern dass demokratisch gewählte Parlamente und Regierungen sich als impotent gegenüber den Interessensvertretern des international operierenden Kapitals erweisen, dass Handel und Profit höhere Werte als die Demokratie darstellen. Schon in Seattle beklagten die Vertreter der »Dritten Welt«, dass sie »wie Tiere behandelt worden seien«.

Die Empörung über die Entmachtung der Politik durch die Wirtschaft und die Zerstörung der Demokratie war und ist der wichtigste gemeinsame Nenner der internationalen Protestbewegung gegen die Globalisierung. Diese Erfahrung hatten viele Menschen schon in der Anti-MAI-Bewegung gemacht. Die MAI-Verhandlungen waren fünf Jahre lang unter Ausschluss der Öffentlichkeit bei der OECD in Paris geführt worden. Die AktivistInnen der Anti-MAI-Kampagne mussten feststellen, dass die Mehrzahl der gewählten Volksvertreter keine Ahnung vom MAI hatten und dass eine öffentliche Aussprache im Parlament hinausgezögert oder gar verhindert wurde.

ArbeiterInnen, die vom MAI erfuhren, waren besonders empört darüber, dass ihre internationale Vertretung TUAC (*Trade Union Advisory Committee*) fünf Jahre lang zusammen mit den Vertretern der Konzerne als Beobachter am Verhandlungstisch gesessen hatte, ohne die Basis je über dieses Vertragswerk zu informieren (Mies/v. Werlhof 1999).

Dieselbe Geheimhaltungstaktik, derselbe Mangel an Demokratie und Transparenz war auch bei den Vorbereitungen für die Dritte Ministerrunde der WTO in Seattle zu beobachten. Auf

Nachfragen beim Wirtschaftsministerium über die deutsche Verhandlungsposition in Seattle erhielten wir lediglich die Auskunft, es gäbe keine deutsche Verhandlungsposition. Die EU-Kommission werde bei der WTO die europäische Position und damit auch die deutschen Interessen vertreten.

Diese ausweichende Antwort zeigt, dass auch die EU dazu beiträgt, dass Wirtschaftsentscheidungen, die alle Menschen betreffen, immer undurchsichtiger und für die BürgerInnen gleichzeitig unkontrollierbar werden. Sie werden von Beamten und Bürokraten getroffen, die häufig die Entwürfe für ihre Wirtschaftspolitik nicht von den nationalen Parlamenten erhalten, sondern von den mächtigen Industrielobbies mit ihren ständigen Vertretungen in Brüssel oder in Washington.

Dies trifft nach einer Studie von Mitarbeitern der holländischen Gruppe *Corporate Europe Observatory* (CEO) insbesondere auf die Politik der Europäischen Kommission zu (Balanyá et. al. 2000).

Die Internationale Offene Gewerkschaftskonferenz vom Februar 2000 in San Francisco sah die Zerstörung der demokratischen Grundlagen vor allem im neoliberalen Versuch begründet, die in 200 Jahren erkämpften Rechte der ArbeitnehmerInnen auf Tariffreiheit, Freie Assoziation, das Recht, Verträge abzuschließen, allesamt Rechte, die durch die Internationale Arbeitsorganisation abgesichert und von vielen Staaten garantiert worden waren, aufzulösen, zu deregulieren und die IAO den Interessen des Kapitals und der WTO unterzuordnen. Ihr Fazit: Ohne freie Gewerkschaften keine Demokratie. Die WTO stehe als nichtgewählte, totalitäre Weltregierung im Dienste der Multis.

Dass die Zerstörung der demokratischen Grundlagen unserer Gemeinwesen nicht nur ein »Kollateralschaden« des globalen Kapitalismus ist bzw. der menschlichen Korrumpierbarkeit zugeschrieben werden muss, sondern notwendige theoretische und praktische Strukturbedingung des globalen Freihandels ist, wurde deutlich nachgewiesen von John Gray, dem ehemaligen Berater Margaret Thatchers. Gray kritisiert die »falschen Verheißungen« des globalen, freien, kapitalistischen Marktes. Er sei nirgendwo als Ergebnis der »freien Marktkräfte« entstanden, sondern überall als Produkt politischer Intervention von oben. Und er sei auch weiterhin nicht mit funktionierenden demokratischen Institutionen zu vereinbaren. Der globale Freihandel könne nur funktionieren, »... wenn die Spielregeln des Marktes immunisiert werden gegen demokratische Erwägungen und politische Veränderungen. Demokratie und freier Markt sind Rivalen, nicht Bündnisgenossen ... Diejenigen, die einen freien Markt auf Weltebene entwerfen wollen, haben immer darauf bestanden, dass das legale Rahmenwerk, das ihn definiert und festschreibt, außerhalb der Reichweite aller demokratischer Legislativen platziert werden müsse. Souveräne Staaten können zwar unterschreiben, dass sie Mitglieder der WTO werden wollen. Aber es ist diese Organisation, und nicht die Legislative irgendeines souveränen Staates, die bestimmt, was als freier Handel und was als eine Einschränkung dieses Freihandels zu gelten hat. Die Spielregeln des Marktes müssen vor der Möglichkeit geschützt werden, sie durch demokratische Wahlvorgänge zu revidieren.« (Gray 1999, S. 17–18)

Es ist klar: Multilaterale Institutionen wie die Weltbank, der IWF, vor allem aber die WTO mit ihrer legislativen und exekutiven Kompetenz sind notwendig, um zu verhindern, dass das Volk durch demokratische Wahlen auf Landes-, Provinz- oder kommunaler Ebene die Spielregeln für das Funktionieren der Wirtschaft verändert. Nicht nur die Globalisierung des Marktes als solche nimmt den gewählten VolksvertreterInnen die Kontrolle über lokale ökonomische Entscheidungen aus der Hand und »de-lokalisiert« sie (Gray), sondern auch die neoliberale Ideologie selbst basiert auf quasi totalitären, demokratiefeindlichen Grundprinzipien. Diese totalitäre Grundstruktur des globalen Freihandels konnte schon beim MAI beobachtet werden (Mies/v. Werlhof 1998). Sie wird inzwischen von vielen KritikerInnen der Globalisierung angeprangert (vgl. Monbiot 2000).

Der globale Widerstand richtet sich, wie wir sahen, jedoch nicht nur gegen eine einzelne Institution und die negativen Folgen ihrer Politik für die Mehrheit der Menschen und die Umwelt, sondern gegen alle nationalen und internationalen Institutionen und Organisationen, die die konzerngesteuerte, neoliberale Globalisierung der Wirtschaft vorantreiben und konsolidieren. Darum waren die verschiedenen Stationen des internationalen Protestes stets begleitet von Analysen und Kritik an der herrschenden Freihandelspolitik und ihrer Theorie.

Ich sehe den Erfolg der *Globalisierung von unten* nicht nur in der tatsächlichen Behinderung und Vereitelung der geplanten Treffen und der Störung ihrer jeweiligen Programme, sondern vor allem in der Tatsache, dass innerhalb eines Jahres die Glaubwürdigkeit der ökonomischen, neoliberalen Goliaths von hunderttausenden Liliputs auf der ganzen Welt derartig ruiniert wurde, dass die *International Herald Tribune* nach der Weltbank/IWF-Tagung im September 2000 in Prag titelte: »Der Globalisierungs-Drive des Westens hat sich als massiver Fehlschlag erwiesen.«

Wenn aber die Legitimation einer Institution, einer Regierung oder eines Herrschaftssystems zerstört ist, dann ist es, so Walden Bello, Soziologie-Professor aus den Philippinen und Direktor von *Focus on the Global South*, eine Frage der Zeit, wie lange sich die Institution, die Regierung oder das Herrschaftssystem noch halten kann (Walden Bello in: *The Prague Post* vom 27. Sept. 2000). Im Zeitalter des Internet wird dieser Prozess der Selbstaufklärung und De-Legitimierung noch beschleunigt und erreicht eine größere Breite.

Die »Unheilige Trinität«: Weltbank, Internationaler Währungsfonds (IWF) und Welthandelsorganisation (WTO)

Es liegt auf der Hand, dass die Kritik am globalen Freihandelsparadigma zuerst in den Widerstandsbewegungen der so genannten Dritten Welt aufbrach, dort, wo der Widerspruch zwischen den Versprechungen der Betreiber dieser Politik und der Realität zuerst und am drastischsten zu spüren war.

Zu den Institutionen, die diese Politik weltweit durchgesetzt haben, gehören die Weltbank, der IWF und die WTO, die von KritikerInnen die »Unheilige Trinität« genannt werden.

Bei ihrer Gründung in Bretton Woods (USA) nach dem Zweiten Weltkrieg folgten diese Institutionen noch der damals in den westlichen Industrieländern akzeptierten Wirtschaftspolitik, die von dem englischen Ökonom John Maynard Keynes (1883–1946) zur Überwindung der Wirtschaftskrise der dreißiger Jahre entwickelt worden war. Kern des Keynesianismus ist, dass in Zeiten der Krise der Staat quasi als Unternehmer auftreten und durch die Aufnahme von Krediten neue Investitionen, Projekte und Firmen fördern, somit neue Arbeitsplätze schaffen und Kaufkraft und Konsum wieder ankurbeln solle. Als Sozialstaat müsse sich der Staat zum Wohle aller Bürger in das Marktgeschehen einmischen.

Vom Ende des Zweiten Weltkrieges bis zur Ölkrise 1972–73 war die Wirtschaftspolitik der europäischen Länder, aber auch der meisten Entwicklungsländer vom Keynesianismus geprägt. Susan George[4] schreibt über diese Epoche: »Zumindest in den westlichen Ländern war damals jeder Keynesianer, Sozialdemokrat, christlich-sozialer Demokrat oder Marxist in irgendeiner Schattierung. Die Idee, dass dem Markt zugestanden werden sollte, wichtige soziale und politische Entscheidungen zu treffen ... oder dass Konzernen absolute Freiheit gegeben werden sollte, dass Gewerkschaften gezügelt werden und Bürgern eher weniger als mehr soziale Sicherheiten gewährt werden sollten – solche Ideen wären dem damaligen Zeitgeist völlig abwegig erschienen.« (George 1999, in: *Infobrief* Nr. 1). Bei ihrer Gründung in Bretton Woods 1944 waren Weltbank und IWF stark von den Ideen von Keynes beeinflusst. »Sie hatten weder Kontrolle über wirtschaftliche Entscheidungen einzelner Regierungen, noch schloss ihr Auftrag die Befugnis ein, sich in nationale Politik einzumischen.« (ebd.)

An dieser Stelle ist es angebracht, eine kurze Einführung in die theoretischen Grundlagen und die politische Praxis dessen zu geben, was heute unter *Neoliberalismus* zu verstehen ist.

Die theoretischen Grundlagen des *Liberalismus* wurden vor allem von Adam Smith (1723–1790) und David Ricardo (1772–1823) entwickelt. In seinem Buch *Der Wohlstand der Nationen* (1776) plädiert Smith für die Anerkennung des Eigeninteresses der Individuen als wichtigster Triebkraft im ökonomischen Geschehen. Danach solle sich der Markt und die Konkurrenz frei entfalten und der Staat sich nicht in das Marktgeschehen einmischen. Dann würde durch Konkurrenz und Arbeitsteilung »... wie durch eine unsichtbare Hand« der allgemeine Wohlstand gefördert werden, »der bis zu den untersten Schichten des Volkes reicht«. (Kurz 1993)

David Ricardo wird von den Neoliberalen vor allem wegen seiner Lehre über die *komparativen Kostenvorteile* geschätzt. Hier sein berühmtes Beispiel zur Illustration dieser Lehre: »Gesetzt den Fall, Portugal produziere sowohl Wein als auch Tuch billiger als England, jedoch sei der Vorsprung bei Wein größer als bei Tuch, dann steigt der Wohlstand insgesamt, wenn Portugal sich auf die Produktion von Wein und England auf die Tuchmanufaktur spezialisiert ... England hat nämlich bei Tuch einen ›komparativen Kostenvorteil‹, weil die Rationalisierungsgewinne beim Wechsel von der englischen zur portugiesischen Weinproduktion die Verluste beim Übergang von der portugiesischen zur englischen Tuchproduktion übersteigen.« (Kurz 1993)

Das Dogma von den *komparativen Kostenvorteilen* ist heute das wichtigste Instrument im Werkzeugkasten der Befürworter des globalen Freihandels. Nicht durch Eigenproduktion und *self-reliance* soll der Wohlstand aller Völker, Klassen und Individuen gemehrt werden, sondern durch »freien Welthandel«. »Freier Welthandel« bedeutet, die Regierungen sollen sich nicht in das Markt- und Konkurrenzsystem einmischen. »Wenn die Flut steigt, dann steigen nicht nur die Luxusyachten, sondern auch die kleinen Fischerboote« – so ein häufig gebrauchtes Bild der Neoliberalen. Eine andere Metapher ist die vom *level playingfield* – vom »ebenen Spielfeld« –, wo alle »Spieler«, die großen wie die kleinen, die gleiche Chance hätten.

Die Neubegründer des Liberalismus, also des Neoliberalismus, waren vor allem der Nobelpreisträger Friedrich August von Hayek (1899–1992) und seine Schüler an der Universität von Chicago, die so genannten *Chicago Boys*, allen voran Milton Friedman. Diese Neoliberalen hatten sich zum Ziel gesetzt, den Keynesianismus als theoretische Grundlage aller westlichen Sozialstaaten zu Fall zu bringen.

Das Chile Pinochets war 1973 ihr erstes Praxis-Experiment. Die *Chicago Boys* waren Berater Pinochets, der unter den Bedingungen einer Diktatur die Dogmen des »Freihandels« durchsetzte.

Susan George fragt mit Recht, wie es möglich war, dass eine Wirtschaftspolitik, die die Marktkräfte mit Erfolg den sozialen

Belangen der Gesellschaften untergeordnet hatte, in kürzester Zeit durch eine Wirtschaftstheorie und -praxis ersetzt wurde, die den völligen Rückzug der Regierungen aus dem Marktgeschehen fordert und die Gesellschaft den Marktkräften, sprich, der totalen Konkurrenz und dem Profitstreben der Konzerne, ausliefert. Kurz: Wie konnte es passieren, dass die neoliberale Wirtschaftstheorie innerhalb von 20 Jahren weltweit zur herrschenden Wirtschaftsdoktrin fast aller Länder werden konnte. Im folgenden Exkurs gibt Susan George selbst die Antwort auf ihre Frage.

Exkurs
Susan George: »Eine kurze Geschichte des Neoliberalismus« (gekürzt)

»Wie konnte der Neoliberalismus aus seinem Ultra-Minderheitsghetto herauskommen und zu der Doktrin werden, die die heutige Welt beherrscht? Warum können der IWF und die Weltbank nach Belieben eingreifen und Länder zwingen, zu überwiegend ungünstigen Bedingungen an der Weltwirtschaft teilzunehmen? Warum ist der Sozialstaat in allen Ländern, in denen er eingerichtet wurde, bedroht? Warum steht die Umwelt am Rande des Zusammenbruchs, und warum gibt es so viele Arme sowohl in den reichen als auch in den armen Ländern – in einer Zeit, in der es so viel Reichtum gibt wie nie zuvor? Dies sind die Fragen, die aus einer geschichtlichen Perspektive beantwortet werden müssen ... Die Neoliberalen haben im Gegensatz zu den Fortschrittlichen verstanden, dass Ideen Folgen haben. Aus einer winzigen Keimzelle an der Universität von Chicago mit dem Wirtschaftsphilosophen Friedrich von Hayek und seinen Studenten, wie Milton Friedman, haben die Neoliberalen und ihre Geldgeber ein riesiges internationales Netzwerk von Schriftstellern und Public Relations-Lohnschreibern geschaffen, um ihre Ideen und ihre Doktrin zu entwickeln, zu verpacken und unerbittlich für sie die Werbetrommel zu rühren ...

Sie haben diese außerordentlich leistungsfähige ideologische Kadertruppe aufgebaut, weil sie verstanden haben, worüber der italienische marxistische Denker Antonio Gramsci sprach, als er den Begriff der kulturellen Hegemonie entwickelte. Wenn man die Köpfe der Menschen besetzen kann, werden ihre Herzen und Hände folgen. Ich habe hier nicht die Zeit, Ihnen die Einzelheiten zu erläutern, doch glauben Sie mir, die ideologische und Propagandaarbeit der Rechten war absolut brillant.

Sie haben hunderte von Millionen Dollar ausgegeben; aber das Ergebnis lohnt für sie jeden Pfennig, weil sie dem Neoliberalismus den Anschein gegeben haben, als sei er der natürliche und normale Zustand der Menschheit. Gleichgültig, wie viele Katastrophen jeglicher Art das neoliberale System verursacht hat, egal, wie viele finanzielle Krisen es auslöste, einerlei, wie viele Verlierer und Ausgestoßene es offensichtlich hervorgebracht hat, es erscheint immer noch als unvermeidbar, als göttliche Gewalt, als die einzig mögliche wirtschaftliche und soziale Ordnung, die uns zur Verfügung steht.

Ich möchte betonen, wie wichtig es ist zu verstehen, dass dieses enorme neoliberale Experiment, unter dem wir alle zu leben gezwungen sind, von Leuten mit einem Programm geschaffen wurde. Wenn man dies begreift, wenn man versteht, dass der Neoliberalismus nicht eine Naturgewalt ist wie die Schwerkraft, sondern ein absolut künstliches Gebilde, dann kann man auch erkennen, dass das, was einige Leute erschaffen haben, von anderen Menschen wieder verändert werden kann. Sie können es jedoch nicht verändern, ohne die Bedeutung der Ideen zu erkennen ... So wurde der Neoliberalismus von einer kleinen, unpopulären, praktisch einflusslosen Sekte zur beherrschenden Weltreligion mit ihrer dogmatischen Doktrin, ihrer Priesterschaft, ihren gesetzgebenden Institutionen und, dem wichtigsten von allem, ihrer Hölle für Heiden und Sünder, die es wagen, die offenbarte Wahrheit in Frage zu stellen. Oskar Lafontaine, der ehemalige deutsche Finanzminister, den die Financial Times einen ›nicht dekonstruierten Keynesianer‹ nannte, ist gerade in jene Hölle geschickt worden, weil er es wagte, höhere Steuern für Konzerne und niedrigere Steuern für gewöhnliche und weniger gut situierte Familien vorzuschlagen.

Die Eiserne Lady (Margaret Thatcher, M. M.) war selbst eine Schülerin von Friedrich von Hayek, sie war eine Sozialdarwinistin und hatte keine Skrupel, ihre Überzeugungen zum Ausdruck zu bringen. Sie war bekannt dafür, dass sie ihr Programm mit dem einen Wort TINA (There Is No Alternative = Es gibt keine Alternative) rechtfertigte. Der zentrale Wert der Thatcher-Doktrin und des Neoliberalismus ist die Vorstellung vom Wettbewerb – Wettbewerb zwischen Nationen, Regionen, Firmen und natürlich Individuen. Wettbewerb sei von zentraler Bedeutung, weil er die Schafe von den Ziegen trenne, die Männer von den Knaben, die Tüchtigen von den Untüchtigen. Er teilt angeblich alle Ressourcen mit größtmöglicher Effizienz zu – ob materielle, natürliche, menschliche oder finanzielle ...

Weil Wettbewerb angeblich immer eine Tugend an sich ist, können seine Auswirkungen niemals schlecht sein. Für Neoliberale ist der Markt so weise und so gut, dass er – wie Gott, die unsichtbare Hand – Gutes aus dem scheinbar Schlechten hervorbringen kann. So sagte Thatcher einmal in einer Rede: »Es ist unsere Aufgabe, die Ungleichheit zu preisen und dafür zu sorgen, dass zu unser aller Vorteil dem Talent und dem Können freier Lauf und Entfaltungsmöglichkeit gelassen wird.« Mit anderen Worten, macht euch keine Sorgen um die, die im Konkurrenzkampf zurückbleiben. Menschen sind von Natur aus ungleich, doch ist dies gut, weil der Beitrag der im Wohlstand Geborenen, der Höchstgebildeten, der Zähesten letztlich jedem zugute kommt. Den Schwachen, den Ungebildeten sind wir nichts Besonderes schuldig; was ihnen geschieht, ist ihre eigene Schuld, niemals die Schuld der Gesellschaft. Wenn dem Wettbewerbssystem ›freier Lauf‹ gelassen wird, wie Thatcher sagte, wird dies für die Gesellschaft besser sein. Leider lehrt uns die Geschichte der vergangenen zwanzig Jahre, dass genau das Gegenteil zutrifft ...

Eine andere selbstverständliche Auswirkung des Wettbewerbs als zentraler Wert des Neoliberalismus ist, dass der öffentliche Sektor brutal zurückgeschnitten werden muss, weil er dem fundamentalen Gesetz des Wettbewerbs um Profite oder Marktanteile nicht gehorcht und dies auch nicht kann. Privatisierung ist eine der wesentlichsten ökonomischen Veränderungen der vergangenen zwanzig Jahre. Der Trend begann in England und breitete sich über die ganze Welt aus.

Ich möchte mit der Frage beginnen, warum die kapitalistischen

Länder, besonders Europa, überhaupt öffentliche Dienste hatten und viele auch heute noch haben. Tatsächlich stellen fast alle öffentlichen Dienste das dar, was Wirtschaftswissenschaftler ›natürliche Monopole‹ nennen ... Also – was geschieht, wenn ein natürliches Monopol privatisiert wird? Vollkommen normal und naturgemäß neigen die neuen kapitalistischen Eigentümer dazu, der Öffentlichkeit Monopolpreise abzuverlangen, wobei sie sich selbst reichlich belohnen. Klassische Wirtschaftswissenschaftler nennen dieses Ergebnis ›strukturelles Scheitern des Marktes‹, weil die Preise höher sind, als sie sein müssten, und der Service für den Verbraucher nicht unbedingt gut ist. Um strukturelles Scheitern des Marktes zu verhindern, übertrugen die kapitalistischen Länder Europas bis Mitte der 80er Jahre den Post- und Telefondienst, Stromversorgung, Gas, Eisenbahn, U-Bahnen, Flugverkehr und andere Dienste wie Wasserversorgung, Müllabfuhr etc. staatseigenen Monopolen ...

Was die anderen Auswirkungen der Privatisierung angeht, waren sie vorhersehbar und wurden vorausgesagt. Die Manager der neu privatisierten Unternehmen, oft genau dieselben Leute wie vorher, verdoppelten oder verdreifachten ihre eigenen Gehälter. Die Regierung verwendete das Geld der Steuerzahler, um Schulden zu tilgen und die Firmen mit Kapital auszustatten, bevor sie sie auf den Markt brachte – die Wasserbehörde erhielt z.B. 5 Milliarden britische Pfund für Schuldenentlastung, zusätzlich 1,6 Mrd. Pfund, eine sog. ›grüne Mitgift‹, um die Braut für potenzielle Käufer attraktiver zu machen. Ein großer PR-Rummel über kleine Anteilseigner bei diesen Gesellschaften wurde veranstaltet. Tatsächlich kauften 9 Millionen Briten Aktien – doch die Hälfte von ihnen investierte weniger als 1000 britische Pfund. Die meisten von ihnen verkauften aber ihre Aktien ziemlich schnell, sobald sie den schnellen Gewinn kassieren konnten.

Aus den Ergebnissen kann man leicht schließen, dass der ganze Zweck der Privatisierung weder wirtschaftliche Effizienz noch verbesserter Service für den Verbraucher ist, sondern ganz einfach der Transfer von Reichtum aus der öffentlichen Hand – die ihn umverteilen könnte, um soziale Ungleichheiten zu reduzieren – in private Hände ...

Genau dieselben Mechanismen sind in der ganzen Welt abgelaufen. In England war das Adam-Smith-Institut der intellektuelle Partner zur Schaffung der Privatisierungsideologie. Die USAID (U.S. Agency for International Development = US-Behörde für internationale Entwicklung) und die Weltbank nutzten ebenfalls Experten des Adam-Smith-Instituts und trieben in den Ländern des Südens die Privatisierungs-Doktrin voran. Bis 1991 hatte die Bank bereits 114 Anleihen ausgegeben, um den Prozess zu beschleunigen, und jedes Jahr listet ihr Finanzbericht über die globale Entwicklung hunderte von Privatisierungen in ihren Schuldnerländern auf.

Ich schlage vor, dass wir aufhören, von Privatisierung zu sprechen und stattdessen Worte verwenden, die die Wahrheit deutlich machen: Wir reden über die Veräußerung und Preisgabe der Ergebnisse der jahrzehntelangen Arbeit tausender Menschen an eine winzige Minderheit großer Investoren. Dies ist einer der größten Raubüberfälle unserer und aller bisherigen Generationen.

Ein anderes strukturelles Charakteristikum des Neoliberalismus besteht in der Belohnung des Kapitals zu Lasten der Arbeit und der dadurch bedingten Verschiebung von Reichtum vom unteren Teil der Gesellschaft an ihre Spitze. Wenn Sie etwa zu den oberen 20 Prozent der Einkommensskala gehören, werden Sie vermutlich vom Neoliberalismus profitieren, und je höher Sie auf der Leiter sitzen, umso mehr gewinnen Sie. Umgekehrt verlieren alle der unteren 80 Prozent, und je weiter unten sie sich befinden, umso mehr verlieren sie prozentual.

Damit Sie nicht denken, ich hätte Ronald Reagan vergessen, lassen Sie mich diesen Punkt verdeutlichen mit den Beobachtungen von Kevin Phillips, einem republikanischen Analysten und ehemaligen Assistenten Präsident Nixons, der 1990 ein Buch mit dem Titel *The Politics of Rich and Poor* veröffentlichte.[5] Er schilderte die Art und Weise, wie die neoliberale Doktrin und die Politik Reagans zwischen 1977 und 1988 die Einkommensverteilung in Amerika veränderte. Ausgearbeitet wurde diese Politik maßgeblich von der konservativen Heritage-Stiftung, der wichtigsten Denk-Fabrik der Reagan-Regierung, die immer noch eine bedeutende Kraft in der amerikanischen Politik ist. In den achtziger Jahren erhöhten die oberen zehn Prozent der amerikanischen Familien ihre Durchschnittsfamilieneinkommen um 16

Prozent, die obersten fünf Prozent um 23 Prozent. Doch das vom Glück außerordentlich begünstigte oberste eine Prozent der amerikanischen Familien konnte sich bei Reagan für eine Verbesserung um 50 Prozent bedanken. Ihre Einnahmen stiegen von beachtlichen US $ 270 000 auf satte US $ 405 000. Bei den ärmeren Amerikanern verloren die unteren 80 Prozent alle etwas; gemäß den Spielregeln verloren sie umso mehr, je weiter unten sie auf der Leiter standen. Die untersten 10 Prozent der Amerikaner erreichten den Tiefstpunkt: Nach den Phillips-Zahlen verloren sie 15 Prozent ihrer ohnehin schon dürftigen Einkommen. Von bereits als Hungerlohn anzusehenden durchschnittlichen US $ 4113 pro Jahr fielen sie auf menschenunwürdige US $ 3504. 1977 hatte das oberste eine Prozent der amerikanischen Familien ein Durchschnittseinkommen, das 65-mal so hoch war wie das der unteren 10 Prozent. Zehn Jahre später war das oberste eine Prozent 115-mal wohlhabender als das untere Zehntel.« (George 1999, S. 4 ff.)[6]

Der Entwicklungsbetrug der »Unheiligen Trinität«

Was Susan George über den Aufstieg und die Folgen des Neoliberalismus schreibt, war bei der Gründung der »Unheiligen Trinität« Weltbank, IWF und WTO noch nicht vorauszusehen.

Bei ihrer Gründung in Bretton Woods im Jahre 1944 hatten die Weltbank und der IWF zunächst die Aufgabe, zum »ökonomischen Wiederaufbau« des zerstörten Europa nach dem Zweiten Weltkrieg und zur Stabilität der Währungen der größten Wirtschaftsmächte beizutragen. Diese so genannten Bretton Woods-Institutionen haben seither ihren Sitz in Washington. Sie sind mächtige internationale Bürokratien, die formal nicht über politische Macht verfügen.

Die Weltbank wird aus den Beiträgen der Regierungen der 180 Mitgliedsländer finanziert, wobei die Länder, die mehr Anteile haben, einen größeren Einfluss auf die Entscheidungsprozesse haben. Da ist allen voran die USA. Aus diesem Grunde operieren Weltbank und IWF entsprechend dem Prinzip »ein Dollar, eine Stimme« zugunsten der mächtigsten ökonomischen und finanziellen Interessen der USA.

Weltbank und IWF folgten zunächst auch den Prinzipien des Keynesianismus und dem Paradigma der nachholenden Entwicklung. Seit dem Militärputsch Pinochets in Chile, dem Sieg Thatchers 1979 in England und Reagans 1980 in den USA übernahmen diese Institutionen jedoch voll das Credo des Neoliberalismus.

Die *Weltbank* gibt Kredite an Entwicklungsländer, um ihnen bei der Bekämpfung von Armut zu helfen. Außerdem finanziert sie zu diesem Zwecke Investitionen, die ihrer Meinung nach das Wirtschaftswachstum fördern. Die Hälfte ihrer Kredite vergibt sie an Infrastrukturprojekte, z.B. für Verkehr und Energie, den Bau von Riesenstaudämmen etc. Bekanntestes Beispiel sind die Dämme am Narmada-Fluß in Indien, wogegen seit Beginn des Projektes eine breite Bewegung protestiert, weil die Dämme hunderttausende von Stammesangehörigen vertreiben, riesige Urwaldflächen vernichten und zahllose Kulturdenkmäler zerstören. Die andere Hälfte der Weltbankkredite wird benutzt, um die Regierungen der Empfängerländer zu zwingen, ihre Wirtschaftspolitik dem neoliberalen Programm des globalen Freihandels anzupassen. Das geschieht hauptsächlich im Rahmen der so genannten *Strukturanpassungsprogramme* (SAPs). Präsident der Weltbank ist James Wolfensohn. Ihr Sitz ist Washington.

Der *Internationale Währungsfonds* ist die Schwesterinstitution der Weltbank, ebenfalls mit Sitz in Washington. Die Hauptaufgabe des IWF ist die Vergabe von Krediten an Länder mit Zahlungsbilanzproblemen. Diese Kredite sind mit den »Bedingungen« (*conditionalities*) der Strukturanpassungsprogramme (SAPs) verknüpft, die den kreditsuchenden Ländern aufgezwungen werden, um ihre Wirtschaftspolitik zu »sanieren«. Durch das Instrument der SAPs konnte der IWF eine quasi neokoloniale Kontrolle über die verschuldeten Entwicklungsländer ausüben, vor allem seit der Schuldenkrise zu Beginn der achtziger Jahre. Chef des IWF ist Gerhard Köhler.

Seit der Ölkrise, Anfang der siebziger Jahre, hatten Geschäftsbanken riesige Summen an Entwicklungsländer ausgeliehen, die hauptsächlich in die Taschen von Diktatoren und korrupten Eliten flossen und dem Militär zugute kamen.

Als die Ölpreise 1979 stiegen und die USA ihre Zinsen erhöhten, waren die meisten Schuldnerländer nicht mehr in der Lage, ihre Zinsen zu zahlen. Das war der Augenblick, in dem der IWF mit seinen Strukturanpassungsprogrammen zuschlug. Durch deren »bittere Medizin« zwang er die Länder, die neoliberale Wirtschaftspolitik zu akzeptieren. Erst wenn der IWF bescheinigte, dass die Wirtschaft eines verschuldeten Landes auf dem Weg der neoliberalen »Reformen« sei, waren Geschäftsbanken bereit, diesen Ländern weitere Kredite zu geben (Cavanagh et al. 2000, S. 23–26).

Was sind Strukturanpassungsprogramme (SAPs)?

Die von den Bretton Woods-Institutionen gewährten Kredite basieren auf den SAPs, die den kreditsuchenden Ländern eine Reihe von Konditionen auferlegen, durch die sie ihre Wirtschaft in die Richtung einer wachstumsorientierten, offenen Marktwirtschaft »reformieren« sollen. Diese Konditionen umfassen vor allem folgende Politikbereiche.

Austeritätsmaßnahmen: u. a. den Abbau der staatlichen Ausgaben für das Gesundheits- und Schulwesen, für soziale Aufgaben, den Abbau von Subventionen für Kleinbauern, für Grundnahrungsmittel, die Freigabe von Lebensmittelpreisen und Preisen für lebenswichtige Medikamente. Alle öffentlichen Ausgaben müssen drastisch beschnitten, viele Staatsangestellte entlassen und Löhne gesenkt werden.

Liberalisierung des Handels und der Wirtschaft: Neben diesen Austeritätsmaßnahmen müssen die verschuldeten Länder ihre Einfuhrzölle reduzieren und ihre Tore öffnen, z.B. für Überschussgetreide aus den USA und Europa, das dann zu Dumpingpreisen auf den einheimischen Markt geworfen wird, oder für ausländische Luxusimporte der Mittelklasse. Außerdem muss die Regierung alle Kapitalverkehrskontrollen aufheben, sodass ausländisches Kapital ungehindert ins Land hinein und aus dem Land hinaus transferiert werden kann. Die Länder müssen ihre

Landwirtschaft weg von der Selbstversorgung in Richtung auf Exportproduktion umstellen.

Letzteres wurde als notwendig angesehen, damit die verschuldeten Länder die Zinsen für ihre Kredite zurückzahlen können.

Finanzielle Konditionen: Oft verlangt der IWF eine Abwertung der Währung. Die Zentralbanken stehen unter der Aufsicht des IWF. Der Schuldendienst hat absolute Priorität gegenüber allen anderen Budgetbereichen. Eine Steuerreform soll durchgeführt werden zugunsten der Unternehmer und auf Kosten der Allgemeinheit. Neue Gebühren werden erhoben für öffentliche Dienstleistungen, z.B. in Schulen und Krankenhäusern.

Privatisierung: Öffentliche und halböffentliche Unternehmen müssen privatisiert werden. Das Land, vor allem kommunaler Landbesitz (Allmende), muss aufgeteilt, privatisiert und kommerziell vermarktet werden. Dies erscheint notwendig, damit Land als Bürgschaft für Kredite eingesetzt werden kann. Alle landwirtschaftlichen Betriebe müssen privatisiert werden. Letzteres gilt vor allem für Länder mit einer sozialistischen Wirtschaft.

Diese Bedingungen, insbesondere die Abwertung der Währung, hatten meist sofort katastrophale soziale Folgen: Die Preise für Grundnahrungsmittel, lebenswichtige Medikamente und Kerosin stiegen. Die Löhne wurden gesenkt – eine Folge der *Deregulierung des Arbeitsmarktes*, die der IWF verlangt –, und die Ausgaben des Staates für Sozialprogramme wurden drastisch gekürzt oder gestrichen. Die Hauptopfer dieser erzwungenen »Reform«-Politik waren und sind die Armen, die Kleinbauern, die kleinen Handwerker. Vor allem Frauen und Kinder, die bislang auf staatliche Hilfsprogramme angewiesen waren, sind direkt von den SAPs betroffen.

Die Weltbank kontrolliert die öffentlichen Ausgaben der verschuldeten Länder durch ihr Programm der *Public Expenditure Review* (PER). Sie sieht in dieser Kontrolle ein Mittel, die Armut durch ein kosteneffektives System zu reduzieren.

Nach dem Fall der Berliner Mauer 1989 haben Weltbank und IWF dieselben SAPs angewandt, um die Wirtschaften des ehemaligen Ostblocks nach dem Muster der globalisierten freien Marktwirtschaft umzustrukturieren. Das Ergebnis dieser Schockbehandlung sind nicht nur ein Mafia-Kapitalismus in Russland, totale Verarmung von einst reichen Ländern wie der Ukraine und Bulgarien, der Zusammenbruch des russischen Finanzwesens, die Zerschlagung der Wirtschaft Jugoslawiens, sondern auch neue Kriege (Bosnien, Kosovo, Tschetschenien) (Chossudovsky 1998). Außer Chossudovsky hat auch Silvia Federici besonders die Strukturanpassungsprogramme von Weltbank und IWF als Kriegsauslöser für so genannte ethnische Konflikte in Afrika, insbesondere in Mosambik, identifiziert. »Die SAPs sind Krieg mit anderen Mitteln«, schreibt sie (Federici 1999).

Im Zusammenhang mit der Tagung von Weltbank und IWF Ende September 2000 in Prag standen diese Institutionen vor allem wegen ihrer SAPs und Schuldenpolitik in den Ländern des Südens auf der Anklagebank. Ihnen wurde nachgewiesen, dass ihre Politik der »Armutsbekämpfung« nicht nur versagt hat, sondern dass sie die eigentliche Ursache von Verarmung, Hunger Krankheit und zunehmendem Analphabetismus ist. Die Gruppe *Globalization Challenge Initiative* verteilte in Prag eine detaillierte Analyse über die Folgen der SAPs in Tansania.

Nach diesem Bericht ist der *Human Development Index,* der Index menschlicher Entwicklung (Kindersterblichkeit, Sterberate, Schulbildung usw.), in Tansania von 1992 bis 1997 ständig gesunken. Die Kindersterblichkeit beträgt 85 pro 1000 Kinder. Während 1980 noch 80 Prozent der Kinder zur Grundschule gingen, sind es heute nur noch 50 Prozent. Die Regierung gibt das Vierfache des Etats für Grundschulen für Schuldendienste aus. Das Pro-Kopf-Einkommen lag in den siebziger Jahren bei 309 US Dollar, nach Einführung der SAPs im Jahre 1985 sank es auf 160 Dollar in den neunziger Jahren. Heute liegt es bei 210 Dollar, es ist nicht höher als 1960. Die Lebenserwartung liegt heute bei 48 Jahren, 66 Prozent der Bevölkerung leidet unter AIDS. Die Regierung gibt nur noch 1 Prozent ihres Budgets für Gesundheit aus. Im Rahmen der Privatisierungen und der Erhebung von Gebühren für Gesundheitsdienste sind viele Hospitäler geschlossen worden. Die Armen können es sich nicht mehr leisten, ins Krankenhaus zu gehen.

Das Land ist inzwischen total abhängig von der Weltbank, dem IWF, privaten Kreditgebern und ausländischen NGOs, die oft mehr zu sagen haben als die gewählte Regierung.

Trotz dieser empirischen Befunde halten die Bretton Woods-

Institutionen an ihrer Politik der Strukturanpassung fest. Die AutorInnen der Tansania-Studie schreiben: »Das angebliche Ziel der PSAC (Programmatic Structural Adjustment Credit) ist die Entwicklung des privaten Sektors. Wie zu erwarten, wird angenommen, dass größere Investitionen des privaten Sektors zu höherem Wachstum führen und dass höheres Wachstum zu einer Reduzierung der Armut führen werde. Jedoch: Fünfzehn Jahre der Strukturanpassungsprogramme der Weltbank, die alle mit optimistischen Wachstumserwartungen und der Hoffnung auf den ›Trickle-down-Effect‹ für die Armen rationell begründet wurden, lassen Tansania mit niedrigeren Indikatoren der menschlichen Entwicklung zurück als im Jahre 1985.« (*Globalization Challenge Initiative* 2000)

Auch der folgende Bericht aus Sambia illustriert die Folgen der SAPs. Er könnte durch tausende ähnliche aus anderen Ländern des Südens ergänzt werden (vgl. Chossudovsky 1998).

»Die Leute sterben einfach«

Wie sich die Politik des IWF konkret auf die Menschen auswirkt, berichtet Mark Lynas aus Sambia: »Die Weltbank brüstet sich, dass das reformierte Gesundheitssystem von Sambia ein Muster für ganz Afrika sei ... Die Leute sterben einfach, vor allem Kinder«, weil ihre Eltern nach der Privatisierung der Kliniken und des Gesundheitssektors die Medizin- und Krankenhauskosten nicht mehr bezahlen können. Die Kindersterblichkeit unter fünf ist von 162 pro 1000 Kinder auf 202 pro 1000 Kinder gestiegen. Im größten Krankenhaus von Lusaka werden nur noch die ärztlich betreut, die in der privaten Abteilung liegen und eine Voranzahlung von 36 US-Dollar zahlen können.« In der Sprache der Weltbank heißt das »Verantwortung der Patienten für ihre medizinische Versorgung«. Die Mehrzahl der Menschen kann sich diese medizinische Versorgung nicht leisten. Sie sterben einfach zu Hause. Die SAPs haben auch dazu geführt, dass die Zahl der Kinder, die noch lesen und schreiben lernen können, drastisch gesunken ist, von 99% auf 77%. Die Ursache ist die Privatisierung des

> Schulwesens und die hohen Schulgebühren. Der Staat wurde gezwungen, seine öffentlichen Ausgaben zu reduzieren.
>
> Die Leiterin der Organisation *Women for Change*, Emily Sikazwe, sagte: »Was würde passieren, wenn der IWF seine Sachen packen und aus Sambia verschwinden würde? Meinen die vielleicht, unsere Situation würde sich verschlechtern? Was würden sie sagen, wenn wir sie vor den Weltgerichtshof in Den Haag brächten und sie dort des Völkermordes anklagten?« (Lynas 2000, S. 50–51)

Doch nicht nur die »armen« Länder im Süden und Osten sind mit Hilfe von Weltbank und IWF auf neoliberalen Kurs gebracht worden. Nach Chossudovsky hat sich seit Beginn der neunziger Jahre »ein Konsens über makroökonomische Politik entwickelt, Regierungen der ganzen Welt haben ohne Bedenken die neoliberale Agenda übernommen. Seit Anfang der neunziger Jahre enthalten viele der makroökonomischen Reformen der OECD-Länder (die 29 reichsten Länder der Welt, M. M.) viele wesentliche Elemente der Strukturanpassungsprogramme, die in der Dritten Welt und Osteuropa angewandt wurden.« (Chossudovsky 1998, S. 17)

Sehr früh merkten viele so genannte Entwicklungsländer jedoch, dass das »Menschenrecht auf Entwicklung«, das die UNO 1986 versprochen hatte[7], eigentlich bedeutete, dass die Industrieländer und ihre Großkonzerne sich weiter auf Kosten der Exkolonien bereicherten und »entwickelten«. Dass diese »Entwicklung« eigentlich die Fortsetzung des Kolonialismus mit anderen Mitteln sei, hatte Präsident Truman bereits am Ende des Zweiten Weltkriegs angedeutet. Bei seinem Amtsantritt am 20.01.1949 sprach er nicht mehr von Kolonien, sondern von »unterentwickelten Gebieten«. Diese sollten durch »Entwicklung« zu Fortschritt und Wirtschaftswachstum gebracht werden (Esteva 1992).

Bis zur UNCED-Konferenz in Rio 1992, der Konferenz über Umwelt und Entwicklung, hatten auch viele in den »entwickelten« Industrieländern verstanden, dass Entwicklung ein asymmetrischer Prozess ist, bei dem die einen gewinnen, was sie den anderen weggenommen haben, dass die einen entwickelt werden, weil andere »hinunterentwickelt« werden. Um 1992 war aber auch schon klar, dass es nicht nur soziale und ökonomische Kosten sind, die die armen Länder des Südens für dieses Entwicklungsmodell zu zahlen haben, sondern auch schwerwiegende ökologische Kosten, die diesen Ländern aufgebürdet werden, die aber nun auch die Gesellschaften der reichen Länder mehr und mehr zu spüren bekommen.

Da die wirtschaftlichen und politischen Eliten der Industrieländer ihre neokoloniale Wirtschaftspolitik nicht ändern wollten, wurde der Begriff der »nachhaltigen Entwicklung« *(sustainable development)* in den öffentlichen Diskurs eingeführt.[8]

Der Begriff »nachhaltige Entwicklung« wurde jedoch schon vor dem Umweltgipfel in Rio von der globalen Industrielobby für ihre eigenen Zwecke kooptiert und in seiner Bedeutung verändert. Der Sekretär der UNCED-Konferenz, Maurice Strong, bat seinen Freund, den Schweizer Industriellen Stefan Schmidtheiny, den *World Business Council of Sustainable Development* (CSD) zu gründen. Die 125 Mitglieder des CSD sind die Chefs der größten transnationalen Konzerne, die sich auf diese Weise ein grünes Image verschaffen konnten, ohne aber ihre kapitalistische Markt- und Wachstums-Logik aufgeben zu müssen. Unter dem Einfluss des CSD wurde der Begriff der Nachhaltigkeit mehr und mehr seines entwicklungs- und umweltkritischen Inhalts beraubt und in den Dienst von globalen Industrieinteressen gestellt. »Heute fördert der CSD vor allem nachhaltiges ökonomisches Wachstum und verbreitet von seinem Sitz in Genf aus die Ideologie: Industriewachstum und ökologische Nachhaltigkeit lassen sich problemlos miteinander vereinbaren.« (Balanyá et al. 2000, S. 150 ff.)

Der CSD hat es nicht nur verstanden, die UNO und selbst Kofi Annan, den UNO-Generalsekretär, für die Interessen der Industrie einzuspannen, sondern unterhält auch gute Beziehungen zur Weltbank und zum IWF. Seine Hauptaufgabe besteht darin, die größten Umweltsünder unter den transnationalen Konzernen als ökologisch und sozial vorsorgende und sensitive Einheiten darzustellen.

Doch fünf Jahre nach dem Erdgipfel in Rio wurde klar, dass alles grüne Gerede von Nachhaltigkeit und sozialer Verantwortung den weltweiten Vormarsch der transnationalen Konzerne nicht gebremst hat und dass diese nur eine Logik kennen, nämlich die der ungebremsten Profitmacherei und der universalen Konkurrenz.

Auch die Weltbank und der IWF versuchen ihr inzwischen schlechtes Image durch die Übernahme des »grünen« und »sozialen« Vokabulars zu verbessern. In Wirklichkeit geht es diesen Institutionen jedoch weniger um Armutsbekämpfung als um die Transformation des staatlichen oder halbstaatlichen Sektors in diesen Ländern in einen privaten. Der Staat soll sich aus dem allgemeinen Basis-Schul- und Gesundheitssystem zurückziehen und sich nur noch um einzelne Problemfälle (vulnerable groups) kümmern.

Vom Gatt zur WTO

Auch das *Allgemeine Zoll- und Handelsabkommen* (General Agreement on Trade and Tariffs – GATT), das 1948 abgeschlossen wurde, um den Welthandel zu regeln, gehört zu den Bretton Woods-Institutionen. Es erlebte eine ähnliche Geschichte wie die Weltbank und der IWF. Am Anfang behandelte das GATT die internationale Regulierung des Handels ziemlich flexibel. Es ging auf die unterschiedlichen Bedingungen der Entwicklungsländer ein. Seit der 8. Runde des GATT, der Uruguay-Runde, die 1986 begann, wurde unter dem Druck der USA und der EU das GATT jedoch zu einem wirtschaftspolitischen Instrument, durch das die Wirtschaften der Mitgliedsländer auf neoliberalen Kurs gebracht wurden. Hauptziel des GATT war jetzt der Abbau aller existierenden Handelsschranken und protektionistischen Maßnahmen, durch die Länderregierungen ihre eigenen Wirtschaften vor ausländischer Konkurrenz schützen wollten.

Das GATT der Uruguay-Runde erweitert nicht nur den Spielraum des globalen Handels und der *global players*, der transnationalen Konzerne, sondern schränkt auch die politischen Kompetenzen der Regierungen, die das GATT unterschrieben, erheblich ein. Sie müssen ihre Wirtschaftspolitik nach den GATT-Regeln umstrukturieren, so dass ausländische Investoren freien und ungehinderten Zugang zu ihrer Wirtschaft und ihren Märkten haben.

Grundlage der GATT-Philosophie ist, wie bei Weltbank und IWF, die neoliberale Doktrin vom Segen der Konkurrenz und des konzerngesteuerten Freihandels. Die wichtigsten Säulen dieser Freihandelspolitik sind Globalisierung, Liberalisierung (Deregulierung) und Privatisierung (GLP).

Neben den Kernabkommen im GATT, vor allem dem über »Inländerbehandlung« und »Meistbegünstigung«, die verlangen, dass ausländische Investoren wie inländische behandelt werden müssen, gibt es verschiedene neue Abkommen, die bisher geschützte Bereiche für internationalen Handel und Investitionen öffnen.

Neu im GATT ist vor allem das Abkommen über den Agrarsektor (*Agreement on Agriculture* – AoA), durch das auch der bisher geschützte Bereich der Landwirtschaft in den globalen Freihandel einbezogen wird. Neu ist auch das Abkommen über die *Handelsbezogenen intellektuellen Eigentumsrechte* (*Trade Related Intellectual Property Rights* – TRIPs). Dieses Abkommen ist vor allem auf dem Hintergrund der neuen Bioindustrien zu sehen, die sich durch die TRIPs Zugang zu den genetischen Ressourcen des Südens und zu dem traditionellen Wissen dieser Länder sichern wollen.

Nach Abschluss der GATT-Verhandlungen in Marrakesch im Dezember 1994 wurde das ganze Vertragswerk in die WTO übertragen. Die WTO hat ihren Sitz in Genf. Ihr Präsident ist Michael Moore. Sie ist seit 1995 beauftragt, den Welthandel nach den GATT-Regeln zu überwachen, die Freihandelspolitik weiterzuentwickeln und weltweit durchzusetzen. Wie wir sahen, ist sie das wichtigste Schiedsgericht bei Handelskonflikten weltweit. Bis Dezember 1999 waren 134 Länder Mitglieder der WTO, 100 davon waren Länder des Südens. Anders als bei der Weltbank und dem IWF haben alle Mitgliedsländer gleiches Stimmrecht. Doch diese formale Gleichheit hat nicht verhindert, dass die vier ökonomisch stärksten Wirtschaftsmächte der Welt – USA, EU, Japan und Kanada, die so genannten *Quads* – die Verhandlungen vor und während der Dritten Ministerkonferenz in Seattle maßgeblich gesteuert haben.

Neben Weltbank und IWF ist die WTO zwar die jüngste, aber die mächtigste multilaterale Institution, die die neoliberale Agenda weltweit durchzusetzen versucht. Nach den Erfahrungen, die die Menschen im Süden, im Osten und im Norden mit dieser Politik gemacht haben, sehen sie Weltbank, IWF und die WTO als »Unheilige Trinität« an, die nicht nur einzelnen Ländern, sondern auch Provinzen und Kommunen die Kontrolle über ihre eigene Wirtschaftspolitik aus der Hand nimmt, um sie in die Hände von nichtgewählten, privaten Konzernen zu legen.

Fünf Jahre nach Rio schreibt Fernando Jaramillo, der Präsident der G77-Gruppe, der Gruppe der 77 *Armen Länder*, diese »Unheilige Trinität« habe zu einer neuen weltweiten autoritären Struktur geführt:

»Die Bretton-Woods-Institutionen (Weltbank und IWF) sind immer noch das Gravitationszentrum der wesentlichen, die Entwicklungsländer betreffenden, ökonomischen Entscheidungen. Wir alle haben Erfahrungen mit den ›Bedingungen‹ (conditionalities) der Weltbank und des IWF. Wir alle kennen die Natur der Entscheidungsprozesse dieser Institutionen: ihren undemokratischen Charakter, ihren Mangel an Transparenz, ihre dogmatischen Prinzipien, ihren Mangel an Pluralismus in Debatten und ihre Impotenz, wenn es darum geht, die Politik der Industrieländer zu beeinflussen. Das Gleiche gilt für die Welthandelsorganisation (WTO). Die Klauseln ihrer Entstehung lassen vermuten, dass diese Organisation von den Industrieländern beherrscht wird und dass es ihre Bestimmung ist, sich Weltbank und IWF anzuschließen.

Wir konnten schon im Voraus die Geburt einer neuen institutionellen Trinität ankündigen, deren besondere Funktion es sein wird, die ökonomischen Beziehungen zu kontrollieren, die die Dritte Welt eingehen wird.« (Der kolumbianische Botschafter Jaramillo, zitiert in: Shiva et al. 1997, S. 4–5)

Weltbank, IWF und WTO werden von den 29 reichsten Industrieländern beherrscht, die in der *Organisation für wirtschaftliche Zusammenarbeit und Entwicklung* (OECD) zusammengefasst sind.

Die Mächtigsten in diesem Club sind die G7-Staaten: USA, Kanada, Deutschland, Großbritannien, Frankreich, Japan, Italien. Die Politik dieser Staaten ist weitgehend bestimmt von den Interessen der Großbanken und der Multinationalen Konzerne.

In ihrem Interesse setzen die Regierungen dieser Länder weltweit und auch innenpolitisch das neoliberale Programm der Globalisierung, Liberalisierung, Privatisierung als die einzig Erfolg versprechende Wirtschaftspolitik durch.

Dieses Programm wurde in zehn Regeln zusammengefasst, die 1989 von dem Ökonomen John Williamson formuliert und als *Washington Consensus* bekannt wurden. Sie gelten als die »zehn Gebote des Neoliberalismus«.

Die zehn Gebote des »Washington Consensus«

1. *Fiskalische Disziplin*: Strikte Kriterien zur Begrenzung von Haushaltsdefiziten.
2. *Neue Prioritäten in den öffentlichen Ausgaben*: Abbau von Subventionen und Verwaltungsausgaben. Hinwendung zu bisher vernachlässigten Investitionsbereichen, die hohe Gewinne versprechen und das Potenzial haben, die Einkommensverteilung zu verbessern, z.B. das Gesundheits- und Bildungssystem sowie die Infrastruktur.
3. *Steuerreform*: Erweiterung der Steuerbasis und Senkung von marginalen Steuerraten.
4. *Liberalisierung der Finanzen*: Zinsraten sollen durch den Markt bestimmt werden.
5. *Wechselkurse*: Sie sollen so verändert werden, dass sie rasches Wachstum in nichttraditionellen Sektoren bewirken.
6. *Handelsliberalisierung*: Zölle anstatt von Quoten und Abbau von Zöllen im Zeitraum von zehn Jahren.
7. *Ausländische Direktinvestitionen*: Keine Schranken für ausländische Investoren. Gleichstellung der ausländischen mit den einheimischen Firmen.
8. *Privatisierung*: Staatliche Unternehmen müssen privatisiert werden.
9. *Deregulierung*: Abbau von ›Regelungen, die den freien Zugang von neuen Firmen behindern oder den Wettbewerb einschränken‹.
10. *Eigentumsrechte*: Sichere Eigentumsrechte ohne exzessive Kosten.

Ländern, die diese Gebote einhalten, wird Wirtschaftswachstum, Wohlstand, größere Gleichheit und die Lösung der Umweltprobleme versprochen. Wie wir sahen, sieht die Realität nach mehr als zehn Jahren *Washington Consensus* jedoch ganz anders aus, als die Versprechungen glauben machten. Zwar haben einige durch den *Washington Consensus* gewaltige Profite gemacht. Die Mehrzahl der Menschen gehört jedoch zu den Verlierern.

Viele Menschen in der Dritten Welt haben dies vorausgesehen: »Handelsliberalisierung und Freihandel bedeuten in Wirklichkeit die ungeheuer erweiterte Freiheit und Macht transnationaler Konzerne, in fast allen Ländern der Welt Handel zu treiben und zu investieren, während die Macht der nationalen Regierungen, die Operationen der multinationalen Konzerne (MNKs) zu beschränken, deutlich eingeschränkt wurde. Die MNKs, die die wirkliche Macht in der Uruguay-Runde innehatten, haben (durch das MAI und die WTO) neue Rechte hinzugewonnen und alte Verpflichtungen, etwa die Rechte der Arbeiter und der Umwelt zu schützen, aufgegeben.« (Shiva et al. 1997, S. 5)

Auch im Norden erweist sich die neoliberale Globalisierung als Betrug

Dass sich die Versprechungen des *Washington Consensus* und des »Turbokapitalismus« (Luttwak 1999) als Betrug erwiesen haben, wurde nicht nur von KritikerInnen aus dem Süden und aus dem Norden festgestellt, sondern ebenfalls von einer unabhängigen UNO-Institution, der UNCTAD (*United Nations Conference on Trade and Development*). Diese kam in ihrem »Trade and Development Report« von 1997 schon zu dem Schluss, dass die »... Globalisierung in ihrer jetzigen Form verantwortlich ist für einen dramatischen Anstieg der Ungleichheit in der Welt. 1965 war das persönliche Durchschnittseinkommen in den G7-Ländern 20-mal so hoch wie das in den 7 ärmsten Ländern der Welt. 1995 war diese Differenz 35-mal größer. Auch innerhalb der Länder wächst die Kluft zwischen den Einkommen und die Polarisierung: Der Anteil am Reichtum, der von den oberen 20 Prozent der Bevölkerung eingesackt wird, ist in den meisten Ländern seit 1980 gestiegen.« (zit. in: Balanyá et al. 2000, S. 94)

Die Weltbank selbst musste im Juni 1999 zugeben, dass 200 Millionen Menschen durch die finanzielle »Kernschmelze« (in Asien und Russland, M. M.) in absolute Armut gestürzt worden waren (zit. in: Balanyá et al. 2000, S. 94). Was die Weltbank aber nicht erwähnt, ist das, was viele der Demonstranten in Seattle, in Washington und in Prag inzwischen wissen, nämlich, dass diese finanzielle »Kernschmelze« in Indonesien, Thailand, Korea und dann in Russland das Resultat der von Weltbank und IWF den Ländern aufgezwungenen Freihandelspolitik, besonders der Deregulierung des Finanzsektors, war (Chossudovsky, 1998[9]; Khor 1999, Bello 2000).

Den Demonstranten in Seattle, Washington und Prag war auch klar, wer von der ökonomischen Globalisierung der vergangenen zehn Jahre profitiert hat und wer die Verlierer waren bzw. sind. Die Zahlen waren durch tausende von Internetbotschaften und Informationsbroschüren verbreitet worden: Die oberen 500 Firmen aus den USA, der EU und Japan kontrollieren über zwei Drittel des Welthandels. Fast jeder Sektor der globalisierten Ökonomie wird von nur einer Hand voll transnationaler Konzerne (TNKs) beherrscht. Der globale Umsatz der 100 Top-Konzerne wuchs zwischen 1993 und 1995 um 25 Prozent. Im gleichen Zeitraum verringerten dieselben Konzerne ihre globale Arbeitskraft von 5,8 Millionen um 4 Prozent. Der »Erfolg« einer Firma wird in der Tat daran gemessen, wie viele Arbeiter sie entlassen hat (Balanyá et al. 2000, S. 95–96).

Nach einem Bericht des *Economic Policy Institute* (USA) aus dem Jahre 1998 sind die Stundenlöhne in den USA unter Berücksichtigung der Inflationsrate in den letzten 25 Jahren um 10 Prozent gesunken. Die US-Zentralbank gibt an, dass die obersten 20 Prozent der USA 84,6 Prozent des gesamten Reichtums des Landes besitzen und die 475 Milliardäre der Welt über ein Vermögen verfügen, das dem Jahreseinkommen von 50 Prozent der Weltbevölkerung entspricht.

Zu den 100 größten Ökonomien der Welt gehören 52 Konzerne, dagegen nur 48 Länder. Die 200 größten Konzerne beschäftigen nur 0,5 Prozent der Arbeitskraft der Welt (Barker/Mander 1999, S. 8–9).

Diese Zahlen beweisen, dass von einem »ebenen Spielfeld«, wie es die Neoliberalen versprochen haben, nach etwa 20 Jahren ihrer politischen Hegemonie im Süden, Osten und Norden keine Rede sein kann.

Diese Zahlen und andere Berichte über die qualitativen Folgen dieser Politik haben die Glaubwürdigkeit des neoliberalen Credos und seiner Priester und »Kirchen« (WTO, Weltbank und IWF) und des *Washington Consensus* gründlich unterminiert.

Anmerkungen

1 Die deutsche Übersetzung WHO – für Welthandelsorganisation – wird oft mit der World Health Organisation, der Weltgesundheitsorganisation, verwechselt. Deshalb benutze ich konsequent das englische Kürzel WTO.

2 St. Florian, der Schutzpatron gegen Feuergefahren, wurde z.B. mit folgendem Spruch angerufen: »Heiliger St. Florian verschon' mein Haus, zünd' and're an!«

3 Greenfield, e-mail: 2. Sept. 2000

4 Susan George ist Präsidentin des *Observatoire de la Mondialisation* in Paris. Dieses »Observatorium der Globalisierung« erstellt wissenschaftliche Analysen und Kritiken über den neoliberalen Globalisierungsprozess. Sie sind eine wesentliche Quelle für AktivistInnen und TheoretikerInnen der internationalen Bewegung. Susan George ist auch Vizepräsidentin von ATTAC, der größten Sammelbewegung des sozialen Protests in Frankreich (vgl. Kapitel V).

5 Phillips, Kevin, Politics of Rich and Poor: Wealth and the American Electorate in the Reagan Aftermath (etwa: »Politik von Reich und Arm: Der Reichtum und die amerikanische Wählerschaft unter den Nachwirkungen der Reagan-Ära«), New York: Harper Collins 1991

6 Ich danke Susan George für die freundliche Erlaubnis, diesen gekürzten Text hier abzudrucken. Die vollständige englische Fassung ist bei www.tni.org/george abzurufen.

7 In der Resolution 41/128 der UNO-Vollversammlung vom 4. Dezember 1986 wird sogar ausdrücklich das »Recht auf Entwicklung« für alle Länder gefordert. Dort heißt es: »1. Das Recht auf Entwicklung ist ein unveräußerliches Menschenrecht; es berechtigt jeden Menschen, an der ökonomischen, sozialen, kulturellen und politischen Entwicklung teilzunehmen, zu ihr beizutragen und sie zu genießen ... 2. Das Menschenrecht auf Entwicklung bein-

haltet auch das Recht der Völker auf Selbstbestimmung. Dieses Recht schließt das unveräußerliche Recht auf volle Souveränität der Verfügung über ihren natürlichen Reichtum und ihre Ressourcen ein.«

8 Definition: Nachhaltige Entwicklung
»Nachhaltige Entwicklung bedeutet Entwicklung, durch die die Bedürfnisse der Gegenwart befriedigt werden, ohne dass dadurch die Fähigkeit künftiger Generationen gefährdet wird, ihre eigenen Bedürfnisse zu befriedigen.« (World Commission on Environment and Development: Our Common Future, Oxford: Oxford University Press 1987, S. 43, übersetzt von Maria Mies).
Zur Kritik des Begriffes der »Nachhaltigen Entwicklung« s. Saral Sarkar: Ökokapitalismus oder Ökosozialismus, Zürich: Rotpunktverlag 2001.

9 Chossudovsky hat die so genannte »finanzielle Kernschmelze« in Asien, Korea, Indonesien und Thailand 1997 als das Ergebnis eines *Finanzkrieges* bezeichnet. Dieser Krieg war vorbereitet worden durch den Druck des IWF auf die Regierungen dieser Länder, ihren Finanzsektor zu deregulieren, d.h. für den ungehinderten Transfer von Kapital – auch von »schmutzigen« und spekulativen Geldern – zu öffnen.
Die Folge dieser Liberalisierung der asiatischen Finanzmärkte war ein wahrer Ansturm spekulativer Geldströme auf die Banken Thailands, Indonesiens und Koreas. Als die Währung dieser Länder – wiederum auf Anraten der Weltbank und des IWF – abgewertet wurde, zogen die meist amerikanischen Anleger ihre Gelder zurück, was den sofortigen Bankrott der nationalen Banken zur Folge hatte.
In Thailand mussten 56 Banken auf Rat des IWF schließen. Die Arbeitslosigkeit verdoppelte sich über Nacht. In Korea schlossen mehr als 200 Banken pro Tag, und 4000 Arbeiter verloren ihre Jobs. Für 1998 wurde dort der Bankrott von 15 000 Banken erwartet.
Der IWF trat nach diesen von ihm selbst induzierten Firmenzusammenbrüchen als Retter auf! Sein Rettungspaket bestand darin, dass die besten Firmen für einen Spottpreis von amerikanischen Geschäftsbanken aufgekauft wurden. Auf diese Weise eroberten sich US-Bankhäuser und Konzerne den Zugang zum produktiven Kapital dieser Länder (Chossudovsky 1998).

IV. Vorläuferbewegungen oder: Seattle war nicht der Anfang

Mit dem Essen fängt es an

»Essen ist eine politische Aktion.«
EIN VERBRAUCHER IN SEATTLE

»Und die Produktion hochwertiger Nahrung für das eigene Volk ist auch eine politische Aktion.«
VIA CAMPESINA IN SEATTLE

Der Satz »Seattle war erst der Anfang« ist zwar zutreffend, wenn er als Aufruf für weitere, zukünftige Widerstandsaktionen gegen die Globalisierung von oben verstanden wird. Er ist jedoch nicht ganz korrekt, wenn wir bedenken, dass Seattle der bisherige Kulminationspunkt vieler Protestbewegungen aus Ländern des Nordens wie des Südens war, Protestbewegungen, die dem allgemeinen Publikum bis heute unbekannt geblieben sind. Im Folgenden möchte ich einige dieser Vorläuferbewegungen vorstellen.

Nein zu »Frankenfood«, »GMOs« und Monsanto

Einer der rätselhaftesten Slogans, die ich während der Demonstrationen 1999 in Seattle las, war: »No Frankenfood!« Was war »Frankenfood«? Ich ging der Sache nach und fand heraus, dass »Frankenfood« die Kurzform für »Frankensteinfood« ist. Frankenstein ist der Name des Wissenschaftlers im gleichnamigen Gruselroman, den Mary Shelley 1818 geschrieben hat. Dr. Frankenstein, ein moderner Forscher, hatte einen künstlichen Mann konstruiert, der sich dann als unkontrollierbare Horrorkreation erwies. »Franken(stein)food« drückt den ganzen Ekel vor und die radikale Ablehnung von genetisch manipulierter und industriell hergestellter Nahrung aus. Dieser Ekel ist sowohl physischer als auch sozialer Natur. Die Menschen schaudern vor den Resultaten der Gentechnik in Landwirtschaft und Nahrungsproduktion, vor den »Genetically Modified Organisms« – GMOs. Darum könnte man »Frankenfood« am besten mit dem Begriff »Genfraß« oder auch »Industriefraß« übersetzen. In Frankreich wird die Industrienahrung als »malbouffe« – Scheißfraß – bezeichnet.

Der soziale und physische Ekel vor diesem Genfraß hat vor allem in Großbritannien seit 1998 zu einer breiten und erfolgreichen Widerstandsbewegung gegen GMOs, Fastfood, Industrienahrung insgesamt sowie gegen die wichtigsten Betreiberfirmen von Gentechnik in Landwirtschaft und Lebensmittelproduktion geführt. Hauptzielscheibe dieser Bewegung wurde der US-Agrar-Multi *Monsanto*. Das Resultat dieser massiven Protestbewegung war und ist, dass ganze Supermarktketten gentechnisch manipulierte Nahrungsmittel aus ihren Regalen räumten und öffentliche Versicherungen abgaben, dass ihre Produkte garantiert frei seien von gentechnisch manipulierten Organismen. *Unilever*, einer der größten Lebensmittelkonzerne in Europa und zunächst Hauptzielscheibe der Kampagne in England, verlor innerhalb von 18 Monaten 70 Prozent des Umsatzes seines Soja-Produktes »Bean Feast«.

Bis zum Frühjahr 1999 hatten bereits neun größere englische Lebensmittel-Supermarktketten vereinbart, keine Produkte mit gentechnisch manipulierten Inhalten in ihren Läden auszustellen. Schließlich reagierten auch die Politiker. Sogar Tony Blair, bis dahin ein Förderer von *Monsanto,* musste ein Moratorium für GMO-Forschung erlassen. Die EU beschloss, keine weiteren GMO-Produkte mehr zuzulassen (Mooney 1999, S. 11–15).

Eine direkte Folge der Kampagne gegen »Frankenfood« war auch, dass die Biolandwirtschaft in England einen rapiden Aufschwung nahm. Die Förderung der biologischen Landwirtschaft war und ist das zweite Ziel der Anti-GMO-Kampagne in England. Biologischer Landbau ist die am schnellsten wachsende Industrie in Großbritannien, sie überholt sogar die Hightech-Industrie«, schreibt Carla Roppel. Bis 2010 werde sie um 30 Prozent gewachsen sein. (Roppel 2000, S. 15)

Inzwischen hat sich die Bewegung gegen genetisch manipulierte Nahrungsmittel auf ganz Europa, auf Japan und auch die USA ausgedehnt. Die Proteste in Seattle haben wesentlich dazu beigetragen, das Wissen um die Gefahren der GMOs und den Willen zum Widerstand zu verbreiten. Direktes Resultat dieser Verbraucherboykotte und -proteste war, dass die Börsenkurse von *Monsanto* und anderen *Life Science*-Firmen sanken und dass die Konzerne, die so große Hoffnungen auf die Gentechnik in der Landwirtschaft und Nahrungsproduktion gesetzt hatten, feststellen mussten, dass die Verbraucher ihre Gen-Suppe nicht auslöffeln wollen, dass mit Gentechnik in der Landwirtschaft in den Industrieländern USA, EU und Japan keine großen Geschäfte mehr zu machen sind. Im Mai 1999 riet die *Deutsche Bank* in einer Studie den Anlegern sogar, beim Aktienkauf bei Gentechnik-Firmen vorsichtig zu sein. Das könnte ein Reinfall werden. »... das sei wie mit der Atomindustrie – das Geschäft stockt, wenn die Menschen die Beteuerungen der Wissenschaftler und Manager nicht mehr schlucken.« (Sievers 1999)

Ein weiterer Schlag kam für *Monsanto*, als im August 1999 die *American Corn Growers Association*, die bislang *Monsantos* Gentechnik-Strategie voll akzeptiert hatte, eine Presseerklärung herausgab, in der sie die amerikanischen Maisbauern vor dem weiteren Anbau von GM-Mais warnten. Die europäischen Lebensmittelkonzerne, allen voran *Nestlé*, die Nummer eins, und *Unilever*, die Nummer zwei in der globalen Lebensmittelindustrie, legten den Gen-Bauern nahe, nicht länger darauf zu setzen, dass sie ihnen ihren Gen-Mais, ihr Gen-Soja oder den Gen-Raps abnehmen würden.

Archer Daniels, der sechstgrößte Lebensmittelkonzern in den USA, verkündete, dass man kein Gen-Getreide aufkaufen würde, das in Europa nicht zugelassen sei. Die amerikanischen Genfarmer, die für *Monsanto* produziert hatten, gerieten in Panik. Viele blieben auf ihrem Gen-Soja oder Gen-Mais sitzen und machten Bankrott.

Monsanto hatte allein 1998 eine halbe Milliarde Verluste gemacht. Dieser größte Agrochemie-Konzern der USA war seit 1996 zur Zielscheibe weltweiten Protestes geworden. Die Protestbewegung umfasste Produzenten und Konsumenten. Bauernbewegungen in Indien, Bangladesch und den Philippinen gingen gegen *Monsantos* Versuche vor, eine monopolistische Kontrolle über den Saatgutsektor zu erringen. Verbraucher- und Umweltverbände in Europa, Japan und den USA boykottierten den Kauf von GMO-Produkten. Schließlich wiesen auch Wissenschaftler nach, dass die Beteuerungen der Gen-Tech-Ingenieure, gentechnisch manipulierte Organismen seien genauso sicher wie natürliche Organismen, ein Betrug waren (s. u.).

In den USA hatten die von Ronnie Cummins initiierte *Pure Food Campaign* und das von Beth Burrows geleitete *Edmonds Institute Monsanto* zur Zielscheibe ihrer Kritik gemacht. *Monsanto* eignete sich besonders gut für die Anti-GMO-Kampagne, denn dieser Konzern war schon berühmt-berüchtigt, seit er das Entlaubungsmittel *Agent Orange* entwickelt hatte, durch das im Vietnamkrieg die Wälder dieses Landes entlaubt worden waren. Viele Menschen leiden bis heute unter den Folgeschäden.

Um dieses schlechte Image loszuwerden, war *Monsanto* von der Agrochemie auf die Agro-Gentechnik umgestiegen. Doch auch hier riefen die Erfindungen *Monsantos* massive Kritik hervor. Da war zunächst das gentechnisch hergestellte Rinderwachstumshormon rBGH (Recombinant Bovine Growth Hormone), durch das die Milchleistung von Kühen erhöht werden sollte. Das rBGH wurde 1993 von der *US Food and Drug Administration* (FDA) als »sicher« eingestuft, obwohl Wissenschaftler nachwiesen, dass die auf diese Weise gewonnene Milch das Krebsrisiko für Menschen erhöht. Prof. Samuel Epstein, der dies in einer detaillierten Studie nachgewiesen hatte, kam 1996 zu dem Schluss, dass *Monsanto*, unter Mittäterschaft der FDA (der amerikanischen Lebensmittelkontrollbehörde), die Bevölkerung einem wissenschaftlichen Experiment unterworfen hätte, ohne die Betroffenen darüber zu informieren (Kingsworth 1998).

Das nächste Geschenk *Monsantos* an die Welt waren gentechnisch manipuliertes Soja, Mais, Baumwolle, Raps und andere Nutzpflanzen, die resistent sind gegen Herbizide, insbesondere gegen das von *Monsanto* selbst produzierte Herbizid *Roundup*. Auf diese Weise macht *Monsanto* doppelten Gewinn: einmal durch den Verkauf seines Herbizids *Roundup*, zum anderen durch den Verkauf von herbizidresistentem Saatgut, von *Roundup-Ready*.

Die Folgen von *Roundup* und *Roundup-Ready* sind katastrophal: viele Vergiftungen durch das Herbizid *Roundup* und eine Ausbreitung der Herbizidresistenz auf viele Unkräuter, sodass schließlich Super-Unkräuter entstehen, die nicht mehr zu kontrollieren sind.

Während die Kritik an *Monsantos* aggressiven Gentechnik- und Vermarktungsmethoden zunächst von betroffenen Bauern und verschiedenen NROs wie der *Pure Food Campaign* formuliert wurde, erreichte sie 1997/98 eine breite Öffentlichkeit, als 1998 das *US Department of Agriculture* (USDA) und eine Tochterfirma von *Monsanto*, die *Delta and Pine Land Company*, ein US-Patent für Saatgut erwarben, das in wenigen Tagen nach der Patentbewilligung »Terminator-Saatgut« genannt wurde. Erfinder dieses Namens war Pat Mooney, Direktor der *Rural Advancement Foundation International* (RAFI).

Seit tausenden von Jahren haben Bauern nach ihrer Ernte Saatgut aufgehoben, um es im nächsten Jahr wieder auszusäen. Mit dem »Terminator-Saatgut« sollte diese Freiheit vorbei sein. »Das erklärte Ziel (dieser Technologie) ist es, Pflanzen zu erzeugen, die sich selbst eliminierende, d. h. sterile Nachkommen haben, Selbstmord-Samen.« (Steinbrecher/Mooney 1998, S. 276)

Das bedeutet, dass Bauern jedes Jahr neues Saatgut von den Saatgut-Multis kaufen müssen, dass sie ihr eigenes Saatgut nicht mehr aufheben, nachzüchten und verkaufen können. Auf diese Weise sollten nicht nur Bauern vollkommen von Saatgut-Konzernen wie *Monsanto* abhängig werden, sondern es war auch zu befürchten, dass diese »Terminator-Pflanzen« durch Pollenflug ihre Umgebung mit der Zeit steril machen würden. *Monsanto* war nicht der einzige Konzern, der durch solches »Selbstmord-Saatgut« versuchte, ein Weltmonopol über die Saatgut-Produktion in die Hand zu bekommen, aber er war der erste, dessen Patent des »Selbstmord-Saatguts« öffentlich bekannt wurde.

Sofort gab es heftige Proteste von Bauern und Verbrauchern in Indien, in den USA, in Europa, ja, auf der ganzen Welt. Der Protest gegen *Monsanto* wuchs nach Bekanntwerden des Patents für das »Terminator-Saatgut« in »stratosphärischen Ausmaßen« (Mooney 1999). Doch die ForscherInnen von RAFI fanden heraus, dass beim amerikanischen und beim europäischen Patentamt in München bereits 30 Patentanträge für ähnliches »Terminator-Saatgut« vorlagen. Zu den Antragstellern gehörte u. a. *Novartis*, der aus dem Zusammenschluss von *Ciba-Geigy* und *Sandoz* hervorgegangene transnationale Konzern.

Der Protest gegen *Monsanto* war besonders stark in Indien und Bangladesch. Dort riefen die Bauern nicht nur zum Kampf gegen *Monsanto* auf, sondern brannten auch *Monsantos* Versuchsfelder für gentechnisch manipulierte Baumwolle ab. Ähnliches geschah auch in Deutschland und England. In den USA wurde der Konzern wegen »ungenügender Tests vor der Einführung von GMO-Saatgut in vielen Teilen der Welt« verklagt. Die US-Regierung verlangte plötzlich die Kennzeichnung von GMO-Produkten, was sie bislang abgelehnt hatte. Anlageberater rieten ihren Kunden, *Monsanto*-Aktien abzustoßen.

Als der Vorstandschef von *Monsanto*, Robert Shapiro, merkte, dass dieser weltweite Wiederstand nicht nur das Image von *Monsanto* beschädigte, sondern auch zu massiven Umsatzeinbrüchen führte, zog er die »Terminator-Technologie« aus dem Verkehr. Doch das half nicht viel und stellte das Vertrauen der Verbraucher in diesen Konzern nicht wieder her.

Im Herbst 1999 musste Shapiro zugeben, dass *Monsanto* Fehler gemacht hätte. Im Sommer 2000 trat er zurück. *Monsanto* stieg aus dem Agrobusiness aus und verlagerte seinen Schwerpunkt auf den Pharmabereich.

Monsantos Niederlage ist eindeutig ein Erfolg des Zusammenspiels von Bewegungen im Süden und im Norden, von kompetenten und engagierten »activist scholars« und mutigen AktivistInnen.

Diese Niederlage bedeutet jedoch noch nicht das Ende der lebensfeindlichen Biotechnologie in der Nahrungsproduktion und des Versuchs der Lebensmittelkonzerne, die weltweite Kontrolle über unsere Nahrung in die Hand zu bekommen. »Der Kampf um die Nahrung hat gerade erst begonnen«, schreibt Pat Mooney (Mooney 1999, S. 15).

Ich habe mich gefragt, wieso eine solch breite und erfolgreiche Bewegung gegen Industrienahrung und für gutes, gesundes Essen ausgerechnet in England entstehen konnte. England ist nicht für seine Esskultur berühmt. Außerdem formierte sich der Widerstand dort so schnell – praktisch von 1998 bis 1999 –, dass Helena

Norberg Hodge, die Direktorin der *International Society for Ecology and Culture* (ISEC), während des Weltwirtschaftsgipfels in Köln (Juni 1999) bemerkte, sie hätte so etwas in allen Ländern für möglich gehalten, aber nicht in England. Sie berichtete, dass fast jeden Tag Nachrichten über gentechnisch manipulierte Organismen in den Zeitungen zu lesen wären und dass die BBC häufig über die Gefahren dieser GMOs unterrichte. Bei einer Veranstaltung in der St. Paul's Cathedral in London standen die Menschen selbst noch auf der Straße, um den Vortragenden zuzuhören. Nahrung hat als politisches Thema inzwischen einen immensen Stellenwert. Wie ist es dazu gekommen?

Carla Roppel hat eine Rede von Beverly Thorpe über die Anfänge, die Methoden und Ergebnisse dieser Bewegung zusammengefasst. Diese Zusammenfassung trägt den Titel: »Genetisch manipulierte Organismen: BürgerInnen fordern ihre ökonomische und politische Macht zurück. Eine Geschichte, die wiederholt werden sollte.« (Roppel 2000, S. 15ff.)

Wieso war/ist der Widerstand gegen gentechnisch manipulierte Organismen in England größer als in anderen Ländern? Roppel nennt zwei Gründe:

Erstens: BSE (Bovine Spongiforme Encephalopathie) – der Rinderwahnsinn. Die Erfahrung, dass biologische Experimente im Dienst der Industrie die Artengrenzen überschreiten und schließlich auch die Menschen mit tödlichen Krankheiten infizieren können, wie z.B. der neuen Variante der Creutzfeld-Jakob-Krankheit, hat bei vielen Menschen in England ein neues Bewusstsein dafür geweckt, dass die industrielle Nahrungsproduktion unbeabsichtigte, aber tödliche Konsequenzen haben kann. Außerdem leiden die englischen Rinderzüchter bis heute massiv unter dem EU-Export-Verbot.

Als zweiten Grund nennt Roppel den Erfolg einer Bewegung gegen die Erweiterung des Straßennetzes, in der Menschen aller Klassen und Interessengruppen vereint waren. Die Leute wehrten sich gegen die von Tony Blair favorisierte Politik der Globalisierung und Modernisierung, gegen den Bau von mehr und breiteren Straßen, größeren Feldern und weniger Bauernbetrieben. Dabei merkten sie, dass sie zusammen gehört wurden und etwas bewirken konnten. Die Bewegung schaffte es, das Straßenbaubudget von 23 Milliarden auf 6 Milliarden zu reduzieren.

Von 1995 an erweiterten die Bürgerinitiativen ihren Protest um das Gebiet der gentechnisch manipulierten Nahrung. Die Gruppen kritisierten vor allem, dass sie als VerbraucherInnen keine Wahl hätten, denn obwohl 60 Prozent aller Nahrungsmittel genetisch manipulierte Substanzen enthielten, waren diese nicht gekennzeichnet. Es entstand eine Koalition verschiedener Organisationen, die sich zunächst einmal für die Kennzeichnung der GMO-Produkte einsetzte.

1996 begannen sechs Gruppen mit der Anti-GMO-Kampagne. Sie analysierten die Lebensmittel in den Supermärkten und wählten *Unilever* als erste Zielscheibe für ihre Kampagne aus. Die Firma produzierte die Soja-Produkte »Bean Feast« und »Bachelors«, in denen genmanipuliertes Soja verwandt worden war. Dieser vegetarische Hamburgerersatz war vor allem für ärmere Schichten gedacht. Doch die Strategie ging nicht auf. Kleine Gruppen von VerbraucherInnen besuchten Supermärkte, inspizierten die Lebensmittelabteilung und klebten Stickers auf die »Bean Feast«- oder »Bachelors«-Dosen, auf denen stand: »Bachelors ist verseucht mit gentechnisch manipuliertem Soja. Rufen Sie bitte unsere Hotline an – Tel. Nr. ...«

Tausende von Menschen bekamen diese Stickers, sie gingen in die Läden und klebten sie auf alle Produkte, die Gen-Soja oder Gen-Mais enthielten. Die Polizei griff nicht ein.

Die Initiativen organisierten Supermarkt-Touren. Sie luden örtliche Abgeordnete oder wichtige Persönlichkeiten ein. Die Supermärkte wurden vier Tage vorher über einen solchen Besuch informiert. Die Teams waren vorher über die Durchführung einer solchen »True Food«-Tour instruiert worden, z.B. wie man die Presse einbezieht, welche Fragen den Managern zu stellen waren, welche Produkte GMOs enthielten. Bei diesen Touren verteilten die Gruppen tausende von Postkarten mit der Aufschrift: »Die Risiken der genetisch manipulierten Nahrung für die Gesundheit und die Umwelt sind zu hoch. Ich möchte nicht an einem gentechnischen Experiment teilnehmen. Ich möchte, dass Sie garantieren, dass meine Nahrung nicht gentechnisch manipuliert wurde.«

Manche Leute gingen mit Vergrößerungsgläsern herum, um das Kleingedruckte auf den Packungen zu lesen. Sie sagten den Managern: »Wir wollen dieses Gen-Zeug nicht!« Innerhalb von 18 Monaten sank der Umsatz von »Bean Feast« von *Unilever* um 70 Prozent.

Schließlich fingen Produzenten an, ihre Produkte als »Gentechnik-frei« auszuzeichnen. Mehrere Bücher und ein Einkaufsführer erschienen zum Thema genmanipulierte Nahrung.

Dann reagierte auch die Regierung. Sie verabschiedete ein Gesetz, dass Restaurants GM-Produkte auf ihren Speisekarten ausweisen müssten. Selbst der Landwirtschaftsminister sagte, man müsse den Leuten Nahrung geben, die nicht gentechnisch modifiziert sei, wenn sie das verlangten. Als das Gesundheitsministerium eine Studie in Auftrag gab, die feststellen sollte, wie viele gentechnisch manipulierte Nahrungsmittel in Großbritannien verkauft wurden und ob es einen Zusammenhang zwischen dem Verzehr dieser Produkte und der Entstehung von Krebs, Allergien, Missbildungen gebe, da merkten die Leute, dass sie Versuchskaninchen in einem riesigen Experiment waren, dass GMOs nicht auf Gesundheitsrisiken hin getestet worden waren. Die Kampagne stellte die Menschen vor die Wahl: »Heute stehen wir vor einer entscheidenden Wahl: Wollen wir Industrielandwirtschaft mit GM-Nahrungsmitteln, oder wollen wir eine nachhaltige, biologische Landwirtschaft mit natürlicher Nahrung?«

Die *Protect Your Food*-Kampagne hatte einen riesigen Erfolg in England. Sie wurde maßgeblich vorangetrieben durch Organisationen wie ISEC, *Greenpeace*, *Genetic Engineering Network* und *Friends of the Earth (England).* Aber auch zahlreiche kleinere Initiativen und Aktionsgruppen waren dabei, z.B. die *Genetix Snowball*, die *Lincolnshire Loppers* und *Kenilworth Croppers*. Die Rockband *Seize the Day* spielte mitreißende Songs über »Designer-Food« und »Designer-Babys«.

Die Zeitschrift *The Ecologist* gab im September 1998 eine Spezialnummer über *Monsanto* heraus, »The Monsanto Files«. Diese Nummer wurde eingeleitet durch einen Artikel von Prinz Charles, der sich als Biobauer explizit gegen GM-Nahrung aussprach. In dieser Nummer wird auch der Zusammenhang zwischen *Monsantos* monopolistischen Bestrebungen auf dem

Saatgut-Sektor und der gentechnischen Nahrungsproduktion aufgezeigt. Darüber hinaus wird die ganze Branche der Genindustrie in Frage gestellt, vor allem in der Landwirtschaft.

Zum Erfolg der Anti-GMO-Kampagne haben auch die Erkenntnisse des schottischen Wissenschaftlers Arpad Pusztai beigetragen. Pusztai hatte in Experimenten festgestellt, dass Mäuse, die mit gentechnisch manipulierten Kartoffeln gefüttert worden waren, ein viel höheres Krebsrisiko aufwiesen als Mäuse, die normales Futter bekommen hatten. An diesem Fall wurde wissenschaftlich das nachgewiesen, was die Anti-GMO-Kampagne schon lange erkannt hatte, dass gentechnisch manipulierte Nahrung unsicher ist, nicht getestet wurde und für alle Menschen ein Gesundheitsrisiko darstellt.

Zu diesem Schluss kommt auch die englische Biologin Mae Wan Ho. Sie sagt, dass die Gentechnik – sowohl in der Landwirtschaft wie im Gesundheitsbereich – ein Risiko für die Gesundheit und die Biodiversität darstellt (Wan Ho 1997, S. 156). Mae Wan Ho forderte schon damals ein Moratorium für die Genforschung.

Am 21. Oktober 1999 unterschrieben 136 WissenschaftlerInnen aus 27 Ländern einen offenen Brief an alle Regierungen, mit folgendem Inhalt: »Wir, die unterzeichnenden Wissenschaftler, fordern ein sofortiges Ende aller Freilandversuche von GM-Pflanzen und -Produkten. Patente auf Lebensformen und lebendige Prozesse müssen zurückgerufen und verboten werden; wir fordern, dass eine umfassende öffentliche Untersuchung über die Zukunft der Landwirtschaft und über die Ernährungssicherheit für alle Menschen durchgeführt wird.«[1]

Die direkte ökonomische Folge dieser Anti-Gen-Kampagne in Europa war, wie wir sahen, dass die amerikanischen Farmer, die den Versprechungen Monsantos geglaubt hatten, Gen-Soja und Gen-Mais angebaut hatten, nun auf ihrem Gen-Soja oder Gen-Mais sitzen blieben. Etwa 90 Prozent der Europäer wollen keine genmanipulierten Lebensmittel. Die meisten Menschen in Europa verlangen, dass Genprodukte zumindest gekennzeichnet werden. Viele haben verstanden, dass diese Technologie in Verbindung mit den Profitinteressen und der Politik des weltweiten Freihandels sie zu Zwangskonsumenten gemacht hat. Sie fordern ihr Recht auf Wahl zurück: Sie fordern Nahrungssouveränität.

Kennzeichnungspflicht für Gennahrung gefordert

In einer offiziellen EU-Studie fordert die weitaus größte Mehrheit in Europa zumindest die Kennzeichnung von genmanipulierten Produkten: z.B. 73% in Österreich, 74% in Belgien, 85% in Dänemark, 82% in Finnland, 78% in Frankreich, 72% in Deutschland, 81% in Griechenland, 61% in Irland, 67% in Italien, 67% in Luxemburg, 79% in Holland, 62% in Portugal, 69% in Spanien, 81% in Schweden, 82% in Großbritannien.

In den USA waren es nach einer Untersuchung von *Novartis* gar 93%, die eine Kennzeichnung von genmanipulierter Nahrung verlangten.
(*Eurobarometer 1997*)

Schließlich – vor allem nach Seattle – wachten auch die amerikanischen Verbraucher auf und fingen an, Gen-Nahrung zu boykottieren, mit gutem Erfolg, wie sich zeigte: 1998 sei das Thema Gen-Food 20 000-mal in den Medien angesprochen worden, 1999 aber bereits 120 000-mal, schreibt Ronny Cummins, der Begründer der »Clean Food Campaign«.

Diese Entwicklung sei den Europäern zu verdanken, sagt Cummins. Im nächsten Schritt müsse verhindert werden, dass Gen-Getreide als Futtermittel verwandt werde (Cummins 2000).

Die englische Kampagne gegen GMOs und vor allem gegen *Monsanto* war jedoch auch durch die Kämpfe der indischen Bauern inspiriert worden. Die Zeitschrift *The Ecologist* hatte regelmäßig über diese Proteste berichtet, und Helena Norberg-Hodge, Mitherausgeberin von *The Ecologist*, bestätigte mir mündlich, dass die indische Bewegung gegen Gentechnik in der Landwirtschaft einen Einfluss auf die englische Bewegung gehabt habe, besonders die gandhianischen Methoden der gewaltlosen, direkten Aktion.

Weltweiter Bauernprotest gegen WTO und Neoliberalismus

Anfang der neunziger Jahre nahm ich in Pune (Westindien) an einer Konferenz indischer Bauernorganisationen teil. Thema der Konferenz war die neue Freihandelspolitik, die weltweit durch das *General Agreement on Trade and Tariffs* (GATT), das Allgemeine Zoll- und Handelsabkommen, durchgesetzt werden sollte. Die in Pune versammelten Bauernvertreter sahen im GATT eine Bedrohung der Existenz der kleinen und mittleren Bauern, der Ökologie, der biologischen und kulturellen Vielfalt und der Ernährungssicherheit ihres Landes. Ihre Befürchtungen waren vor allem durch den Artikel 27 des GATT-Vertragsentwurfs geweckt worden. Dieser Artikel behandelt die *Trade Related Intellectual Property Rights* (TRIPs), die handelsbezogenen Aspekte der Rechte am intellektuellen Eigentum. Die Bauern sahen in diesen TRIPs den Versuch der westlichen Industrieländer und ihrer multinationalen Konzerne, sich das tausendjährige Wissen indischer Bäuerinnen und Bauern über Pflanzen und Tiere anzueignen, gentechnisch zu manipulieren, zu patentieren und zu monopolisieren.

Die Wissenschaftlerin Vandana Shiva, die die Bauernbewegung seit Anfang der neunziger Jahre des letzten Jahrhunderts unterstützt, spricht von Biopiraterie und einer »Kolonisierung des Lebens« durch Gentechnik in Kombination mit GATT und TRIPs (Shiva 1997, S 53).

Was die indischen Bauern an dieser neuen Kolonisierung des Lebens empörte, war erstens der Raub ihres eigenen, traditionellen Züchtungswissens, durch das erst so viele Landsorten entstanden sind. In Indien gab es z.B. vor der »Grünen Revolution« 30 000 Reissorten. Dieses Wissen war nie Privateigentum, sondern war Gemeinschaftswissen aller gewesen und wurde frei weitergegeben. Zweitens: Patente auf Lebewesen (Pflanzen und Tiere) sind ein Betrug, denn die Geningenieure »erfinden« keine neuen Pflanzen/Tiere/Mikroben, sondern basteln nur an vorhandenen Genen herum. Die Patente geben ihnen aber Eigentumsrechte an ganzen Pflanzen und Tieren. Drittens: Die TRIPs, wie sie heute in der WTO verankert sind, und das neue Patentrecht machen aus selbständigen Bauern Konkurrenten mit transnationalen Konzernen. Diese Konkurrenz wird sie zugrunde richten. Viertens: Aus Bauern, die bisher Produzenten ihres eigenen Saatguts waren, werden nun Konsumenten des patentierten Saatguts der Konzerne. Sie werden abhängig.

Die indischen Bauern waren Anfang der neunziger Jahre mit dieser kritischen Analyse des Freihandels im Agrarbereich den Menschen in Europa, auch den gebildeten, weit voraus. Bis heute wissen viele in Deutschland nicht, was GATT, WTO, TRIPs und das neue Patentrecht bedeuten. Die indischen Bauern begnügten sich jedoch nicht mit der Analyse dieser neuen Wirtschaftspolitik.

Seit Beginn der neunziger Jahre entstand in Indien und Bangladesch eine ganze Reihe von *peoples' movements*, die gegen die negativen Folgen der konzerngesteuerten Freihandelspolitik kämpfen. Da waren die Küstenfischer, die gegen die Einführung moderner Trawler und Fangnetze protestierten, da gab es die Bewegung gegen die Ausfuhr von Fleisch, gegen die Etablierung von Shrimps-Farmen in ehemaligem Reisland und gegen die freie Einfuhr von toxischem Müll.

Am bekanntesten wurden jedoch die Bewegungen gegen die Patentierung von indischen Pflanzen, wie dem Neem-Baum und indischem Reis sowie der Saatgut-Krieg der indischen Bauern in den Jahren seit 1996. Das Bemerkenswerteste an diesen neuen sozialen Bewegungen ist nicht nur, dass sie ökonomische mit ökologischen Aspekten verbinden, sondern auch, dass sie alle über den eigenen Interessenhorizont hinausgehen und sowohl den Rest der Dritten Welt als auch den Norden in ihre Analysen miteinbeziehen. Darüber hinaus haben diese Bewegungen früher, als dies z.B. in Deutschland der Fall war, die Bevölkerung über die negativen Folgen der GATT-Abkommen informiert. Weiterhin ist bemerkenswert, dass die meisten dieser Bewegungen und Kampagnen erfolgreich waren und sind.

Am 8. Februar 1992 startete die südindische Bauernorganisation *Karnataka Rajya Ryota Sangh* (KRRS) nach dem Vorbild Gandhis eine *Seed Satyagraha*[2], eine Saatgut-Kampagne – eine Bewegung gegen Patente auf Lebewesen und gegen Agrarmultis in der indischen Landwirtschaft. Die *Seed Satyagraha* hatte es besonders auf die US-Firma *Cargill* abgesehen, den größten Saatgutkonzern der Welt. Am 29. Dezember 1992 führte die *Seed Satyagraha* eine erste direkte Aktion nach Gandhis Vorbild durch. Aktivisten stürmten das Büro von *Cargill Seeds India* in Bangalore, warfen die Akten auf die Straße und verbrannten sie. Sie forderten *Cargill* auf, Indien zu verlassen.

Am 3. März 1993 protestierten 200 000 Bauern aus ganz Indien in der Hauptstadt Neu-Delhi gegen die Regierungspolitik, die die Landwirtschaft für ausländische Multis öffne, das traditionelle Wissen indischer Bauern durch TRIPs entwerte und die demokratischen Grundregeln verletze. In Neu-Delhi wurde eine Bauern-Charta verabschiedet, die den Schutz der Rechte der Bauern fordert, u. a.:

- das Recht, pflanzengenetisches Material aufzubewahren, zu modifizieren und wieder anzupflanzen;
- das Recht der Bauern, »das indische Volk zu ernähren«.

(aus: »Cargill: The New East India Company«, publiziert von: *Research Foundation for Science Technology and Natural Resource Policy*, Dehra Dun.)

Patente auf Leben: Der neue Biokolonialismus

Die indischen Bauern, Fischer, UmweltaktivistInnen und WissenschaftlerInnen führten mit Erfolg eine Reihe von weiteren Kampagnen gegen die Freihandelspolitik und die TRIPs durch. Am bekanntesten wurde die *Neem*-Kampagne.

Ehe ich auf diese Kampagne eingehe, ist es notwendig, einiges zur Problematik der Patentierung von Leben zu sagen. Die deutsche Initiative »Kein Patent auf Leben« schrieb 1993, dass die Patentierung von Erbinformationen, Mikroorganismen, Pflanzen, Tieren, Menschen die »Landkarte des Lebens« neu schreibe, dass dadurch eine neue »Geografie des menschlichen Genoms« entworfen werde, die in »Ländereien« mit Grenzen und Zollrechten aufgeteilt werde. »Die Landkarte wird in einzelne ›Claims‹ aufgeteilt. Dabei ist die Gentechnologie Urheberin dieser neuen Geografie. Zugleich ist sie aber auch Instrument im Verteilungskampf der neuen Ländereien. Die Beschreibung von neuen Landkartenabschnitten (Gensequenzen, M.M.) und ihre Inbesitznahme fallen in ein Moment zusammen. Nicht eine Erfindung, sondern lediglich die erstmalige Beschreibung in dieser speziellen Terminologie genügt, um Besitzrechte zu erhalten. Das gab es nie zuvor.« (Faltblatt »Patente, Gentechnologie und Medizin« der Initiative »Kein Patent auf Leben« 1993)

Doch, das gab es schon zuvor: Was in dem Faltblatt durch die Metapher »die Landkarte des Lebens neu schreiben« umschrieben wird, ist die alte und neue Methode des Kolonialismus. Die Kolonisatoren haben immer schon Eroberung, Raub, Piraterie als Entdeckungen und Erfindungen deklariert, wobei sie die Gewalt, die sie anwandten, verschwiegen und die Gebiete, die sie sich so aneigneten, zur »Terra Nullius«, zum »leeren oder Nichtland« erklärten, das erst durch die Eroberer einen Namen und eine eigene Identität bekam. In der Gentechnik wird dieselbe Methode angewandt. Teile (Gensequenzen) werden gewaltsam aus dem lebendigen Zusammenhang gerissen, der angeblich niemandem gehört, Gemeingut aller ist (*Commons*) und privat angeeignet werden kann. Dieser Raub wird dann »Erfindung« genannt und soll durch Gesetze wie das Patentrecht, das Gesetz zum »Schutz geistigen Eigentums« (*Intellectual Property Rights* – IPR) vor anderen *claims* gesichert werden. Die Patentbehörden in den USA und in Europa, das *Europäische Patentamt* (EPA), legitimieren diesen Raub, diesen Bio-Kolonialismus und seinen Etikettenschwindel.

Dass es sich bei der bio-kolonialen Neuverteilung der »Geografie des Lebens« jedoch keineswegs nur um eine Metapher handelt, sondern um tatsächlichen Neo-Kolonialismus, weist Vandana Shiva durch ihre Recherchen in Indien nach, wo sich Chemie- und Saatgut-Multis darum bemühen, durch Patente die Kontrolle über die genetische Vielfalt dieser Region zu erlangen. Indien ist eine der reichsten Biodiversitätsregionen der Welt. Im Namen der »Entwicklung« der Landwirtschaft versuchen westliche transnationale Konzerne, die gesamte genetische Vielfalt in ihre Hände zu bekommen. Vandana Shiva nennt das, was sich in Indien in Bezug auf Patentierung in der Landwirtschaft zur Zeit abspielt, Bio-Imperialismus. Die Methoden dieses Bio-Imperialismus sind folgende:

Zunächst versuchen die Multis – gestützt auf die GATT/WTO-Bestimmungen, die Weltbank, den IWF, die US-Handelsgesetze –, die Kontrolle über die *genetische Vielfalt* dieser Region zu gewinnen. Das geschah schon früher durch direkten Raub von Genmaterial.[3] Dieser große »Gen-Raub« war aber nur der Anfang der räuberischen Aneignung der genetischen Vielfalt dieser Tropenregion.

Heute erfolgt der Zugriff des internationalen Kapitals auf die biologische Vielfalt, vor allem der Tropenländer, durch die WTO-Bestimmungen und die US-Handelsgesetze und sogar durch die UNCED-Konvention zum Schutze der Artenvielfalt.

Diese *Biodiversity Convention* (BDC), die angeblich dem Schutz der Artenvielfalt dienen soll, wird missbraucht, um in Wirklichkeit dem Bio-Imperialismus den Weg zu öffnen.

Es geht darum:

- den lokalen Gemeinwesen, den Bauern, die bisher die Artenvielfalt durch ihr Wissen und ihre Praxis erhalten und geschützt haben, die Kontrolle über dieses Wissen und die genetische Vielfalt zu entziehen und sie in die Hände multinationaler Konzerne und Institutionen zu überführen. Dies geschieht u. a. dadurch, dass die Artenvielfalt zum *gemeinsamen menschlichen Erbe* erklärt wird.
- Es wird behauptet, nur die Bio-Technologie könne dieses gemeinsame menschliche Erbe vor der Vernichtung schützen. Dabei sind es dieselben Chemie-Multis, die bisher durch ihre Pestizide, Herbizide, höchst ertragreichen Sorten, durch kapitalistische Land- und Forstwirtschaft die größten Zerstörer der Artenvielfalt waren. Die Artenvielfalt selbst wird zum bloßen Rohmaterial für die Bio-Industrie.
- Das wird vor allem durch das von den USA in die *Biodiversity Convention* eingeführte Patentrecht für intellektuelles Eigentum erreicht. Wenn die genetischen Ressourcen der Tropenländer gentechnisch manipuliert und patentiert worden sind, sind sie nicht mehr das Eigentum der lokalen Gemeinwesen oder gar der Nationen, wo sie vorkommen, sondern das intellektuelle – und das heißt kommerzielle – Eigentum der Patentinhaber: meist der Konzerne und Bio-Ingenieure im Norden. Damit ist

nicht nur die Souveränität der Staaten des Südens beeinträchtigt, sondern vor allem die Kontrolle der lokalen Gemeinwesen über ihre eigene Pflanzen- und Tierwelt. Das bringt die tropische Landwirtschaft in neue koloniale Abhängigkeit von einigen multinationalen Chemie- und Bio-Konzernen wie *Novartis*, *Upjohn*, *Monsanto*, *Cargill*, *Shell*, *Pioneer Hi-Bred US* u. a.

Um die Patentierung, Privatisierung und Vermarktung von Lebensformen aus dem Süden vorantreiben zu können, wird mit allen Mitteln ein einheitliches, globales Patentrecht gefordert. Ein Patentrecht nach US-Vorbild. So schrieb z.B. ein Vertreter von *Monsanto*: »Es ist die größte Aufgabe für die Wissenschaftler der Gentechnik und Genfirmen sowie für die nationalen Regierungen, dass sie uniforme weltweite Eigentumsrechte unterstützen« (zitiert in: Shiva 1993, S. 121).

Diese Patentierung und Privatisierung von Pflanzen und Tieren durch Gentechniker und Bio-Industrien bedeutet dann, dass die Bauern der Dritten Welt das, was vorher ihr kostenloses Gemeineigentum war, als Waren von den multinationalen Saatgut- und Bio-Firmen kaufen müssen. Es bedeutet die Transformation aller Lebensformen in Waren.

Vandana Shiva bemerkt zu diesem Vorgehen: »Von einem ›Dritt-Welt‹-Standpunkt aus ist es höchst ungerecht, die Bio-Diversität des Südens als das ›gemeinsame Menschheitserbe‹ zu behandeln und andererseits den Rückfluss der patentierten, mit Preisen versehenen biologischen Waren als Privateigentum der Konzerne des Nordens zu behandeln.« (Shiva 1993, S. 91)

Bauernorganisationen in Indien kämpfen seit Anfang der neunziger Jahre des letzten Jahrhunderts gegen diesen Bio-Imperialismus. Ich möchte das an zwei Beispielen demonstrieren.

- 1. am Beispiel der Neem-Kampagne
- 2. am Beispiel des Saatgut-Kriegs in Indien

Die Neem-Kampagne

Das US-Patentamt hat Robert (Tony) Larson das Patent dafür erteilt, dass er aus dem Neem-Samen eine Komposition »erfunden« habe, die Nahrungsmittel und andere Feldfrüchte vor Schädlingsbefall schützt. Dieser Neem-Samen-Extrakt enthält 4000 ppm Azadirachtin und hat einen pH-Wert von 3,5 bis 6,0°. Die Neem Kampagne in Indien, die gegen diese Patentierung kämpft, schreibt:

»Larsons Behauptung (einer Erfindung, M. M.) ist natürlich eine Lüge. Die schädlingsbekämpfenden Eigenschaften des Neem-Baumes sind seit Jahrtausenden in Indien bekannt und genutzt worden. Aufgrund dieser Tatsache hat das indische *Central Insecticides Board* Neem-Produkte nie unter dem Insektizid-Gesetz von 1968 registriert. Erst nach der Patentierung in den USA erfolgte diese Registrierung 1991.«

Larson hat die Lizenz für sein Produkt der Firma *W. R. Grace & Co.* in Florida übertragen, die mit *P. J. Margo Pvt. Ltd.* aus Tumkur (Indien) ein »joint venture« eingegangen ist und »die erste kommerzielle Produktion von Bio-Pestiziden auf Neem-Basis« beginnen will.

Hier wird wieder Etikettenschwindel betrieben. Neem-Forschung und Neem-Produkte gibt es in Indien seit vielen Jahren. Neem-Produkte werden meist durch kleine Firmen hergestellt und sind für den lokalen Gebrauch bestimmt. Der Neem-Baum wächst überall. Alles an diesem Baum hat eine schädlingsbekämpfende Wirkung, Blätter, Zweige, Nüsse. Neem-Blätter und -Zweige sind überall frei verfügbar, selbst in den Städten wächst der Baum. Viele Menschen benutzen Neem-Zweige als Zahnbürste, Neem-Blätter werden zur Verdauung gekaut.

Mit der Patentierung von Neem in den USA wird das Gemeineigentum an kostenlosem Neem zerstört, und Neem wird zur Ware. Darüber hinaus beanspruchen die Patentinhaber das Monopol über die Produktion von Neem-Produkten und über ihren weltweiten Verkauf. Sie erhoffen sich gerade jetzt, wo Grüner Kapitalismus zur Lösung der Umweltprobleme propagiert wird, große Profite. Neem soll die schädliche Chemie zur Insektenbekämpfung ersetzen.

Die Neem-Kampagne schreibt: »Die Patentierung von Neem, dem kollektiven Eigentum der Inder, durch eine US-Person, die in den USA lebt und ein globales Patent-Monopol repräsentiert, ist nur ein weiterer Ausdruck der Arroganz und der Verachtung, die der Norden für das traditionelle Wissen und die Wissenschaft des Südens zeigt.« (BIJA 1993, Neem-Kampagne).

Die Patentierung von Neem ist daher ein Raub am intellektuellen Eigentum eines ganzen Volkes und der Versuch der Kommerzialisierung und Monopolisierung einer bisher für alle freien Naturressource.

Es ist nicht einzusehen, wie diese Patentierung dem indischen Volke von Nutzen sein soll. Sie ist schlichter Raub. Die Neem-Kampagne fordert daher:

- Zurücknahme des Patents von Robert Larson und James Klocke
- Eindeutige Zurückweisung des US-Patent-Gesetzes durch die indische und andere Dritte-Welt-Regierungen
- Zurückweisung der GATT/WTO-Vereinbarungen über Handelsbezogene Intellektuelle Eigentumsrechte (TRIPs)
- Schutz der Bio-Diversität in der Dritten Welt und des (traditionellen) Wissens der Dritten Welt durch eine effektive Interpretation und Anwendung der UN-Konvention über Artenvielfalt. (Bija 1993)

Der Erfolg der Neem-Kampagne

Ein erster großer Sieg der Neem-Kampagne und des indischen Kampfes gegen Biokolonialismus wurde am 10. Mai 2000 errungen, als das Europäische Patentamt in München (EPA) das Patent Nr. 043 625 7 B1, das Neem-Patent, das vorher der US-Regierung gemeinsam mit der Firma *W. R. Grace* erteilt worden war, zurückziehen musste. Das EPA erklärte kurz und bündig, dieses Patent basiere auf Piraterie vorhandenen, traditionellen Wissens. Es handele sich bei dem, was Larson und *W. R. Grace* zum Patent angemeldet hätten, nicht um Erfindungen und Neuheiten. *W. R. Grace* und das US-Landwirtschaftsministerium hatten das Patent auf Neem am 12. Dezember 1990 angemeldet. Am 14. September 1994 hatte das EPA eine bestimmte Methode zur Kontrolle von Pilzbefall an Pflanzen patentiert, die auf Neem-Öl-Basis beruhte. Am 5. Juni 1995 erhoben drei Frauen Klage gegen dieses Patent. Es waren Vandana Shiva, Direktorin der *Research Foundation for Science, Technology and Ecology* (RFSTE)[4] in Neu-Delhi, Linda Bullard, Präsidentin der *International Federation of Organic Agriculture Movements* (IFOAM), und Magda Alvoet, damals Ministerin für Umwelt und Gesundheit im belgischen Parlament.

Durch zahllose ZeugInnen wiesen die Klägerinnen nach, dass Neem-Extrakte in Indien seit Jahrhunderten zur Herstellung von Fungiziden benutzt und dort seit Jahrzehnten wissenschaftlich für kommerzielle Zwecke erforscht wurden. Die Anwälte für die USA und *W. R. Grace* taten alles, was sie konnten, um die Anklage der Biopiraterie zu Fall zu bringen. Sie behaupteten sogar, Dr. Vandana Shiva habe kein Recht, vor dem Europäischen Patentamt zu klagen, weil sie keine Europäerin sei. Doch der Anwalt der Klägerinnen wies nach, dass das US-Landwirtschaftsministerium und der Multi *W. R. Grace* auch keine europäischen Subjekte seien. Die Patentrichter in München gaben den Klägerinnen Recht. Das EPA musste das Patent Nr. 043 625 7 B1 für Neem-Fungizide zurückziehen, weil es nicht auf einer wirklichen Erfindung beruht, sondern einen deutlichen Fall von Biopiraterie darstellt.

Vandana Shiva beschreibt diese »Befreiung des Neem-Baumes« als einen wesentlichen Sieg der sozialen Bewegungen, sowohl in Indien als auch in Europa, gegen den durch die Gentechnik im Verbund mit der TRIPs-Klausel in den GATT-Verträgen legal festgeschriebenen Biokolonialismus. Mit dem Richterspruch in München sind auch die anderen 14 Patente auf Neem-Produkte in der Hand von *W. R. Grace* beim EPA ungültig, ebenfalls die fast 100 Patente auf Neem in den USA.

Diese »Neem-Befreiung« durch die gemeinsame Aktion europäischer und indischer Frauen ist jedoch nicht nur ein juristischer Meilenstein im Kampf gegen die Globalisierung. In ihrem Bericht über das Gerichtsurteil in München weist Vandana Shiva auf die kulturelle Bedeutung von Neem als »freiem Baum« in der Kultur des Subkontinents hin. Der wissenschaftliche Name für die Neem-Essenz, Azadirachtin, ist aus dem persischen »Azad darakht« –

»freier Baum« – abgeleitet. Die Kampagne gegen die Neem-Patente in der Hand eines US-Multis war daher auch ein Kampf für die Befreiung der eigenen Biodiversität wie des eigenen kulturellen Wissens.

Außerdem sei der Kampf um Neem eine Auseinandersetzung zwischen dem Ökofeminismus und dem kapitalistischen Patriarchat. »Der Ökofeminismus erkennt den intrinsischen Wert und die Integrität aller Wesen an, einschließlich der verschiedenen Spezies und der verschiedenen Arten von Menschen und Gesellschaften. Das kapitalistische Patriarchat hingegen erkennt nur die Rechte derer an, die Kapital besitzen und kontrollieren, und das sind vor allem Männer ... Die Befreiung des Neem-Baumes war ein Experiment. Es war der Versuch, neue Wege zur Verteidigung unserer Freiheit im Zeitalter der Globalisierung und Konzernherrschaft zu finden.« (Shiva 9. Juni 2000, in: *The Hindustan Times* Neu-Delhi)

Mit dem Erfolg der Neem-Kampagne hört jedoch keineswegs der Run der Biotechnologie-Industrie auf Patente auf tropische Pflanzen und ihre genetische Manipulation auf. Indien und seine Artenvielfalt ist nach wie vor ein Goldgräberland für »Bioprospecting« und für die genetische Veränderung von Nutzpflanzen, für die Firmen aus Europa und den USA Patente angemeldet haben. Als weitere Beispiele möchte ich hier die Patente auf GM-Reis erwähnen: 1. den neuen Basmati-Reis, 2. Reis, in den ein Vitamin A eingebaut wurde.

Basmati-Reis ist der indische Duftreis. Indien exportiert zwischen 400–500 t Basmati pro Jahr; es ist eines der am schnellsten wachsenden Exportprodukte Indiens. Die Hauptimportregionen sind die USA, die EU und der Mittlere Osten. Der indische Basmati-Reis ist die teuerste Reissorte, die in die EU importiert wird; eine Tonne kostet 850 US-Dollar.

Basmati wächst in Nordindien und Pakistan und ist wegen seines einmaligen Aromas berühmt. Dieser Reis ist das Züchtungsergebnis von Generationen von Bauern dieser Region. Er spielt eine wichtige Rolle in der Kultur und Literatur Nordindiens und wird besonders bei festlichen Anlässen serviert.

1997 erwarb die US-Firma *Rice Tec Inc.*, eine Tochterfirma des Multis *Rice Tec* in Liechtenstein, das Patent Nr. 566 348 4 für Basmati-Reis. Dieses Patent gibt *Rice Tec Inc.* das Recht, »neue« Basmati-Reissorten zu verkaufen, die angeblich unter dem Namen Basmati in den USA entwickelt würden. Das Patent umfasst 19 verschiedene weitere *claims*, die mit diesem Patent verbunden sind.

Nach Ansicht der indischen Kampagne gegen TRIPs und Biopiraterie und der europäischen Kampagne »No Patents on Life« handelt es sich beim Patent für Basmati-Reissorten ebenfalls um einen Fall von Biopiraterie, denn das Patent wurde für eine Reissorte gewährt, die das Ergebnis mehrerer hundert Jahre von Züchtungsarbeit indischer Bauern ist. Die Anti-TRIPs-Kampagne und die RFSTE haben 1998 beim Obersten Gericht Indiens ebenfalls Klage gegen dieses Patent erhoben. Ihre Begründungen sind: Der Basmati-Fall stellt erneut einen klaren Fall von biologischem Diebstahl und eine Verletzung der Souveränität des Landes dar.

- Es ist Diebstahl am kollektiven intellektuellen Erbe und dem Wissen indischer Bauern, die bisher Basmati-Reissorten entwickelt haben.
- Es ist Diebstahl an den indischen Händlern und Exporteuren, die durch dieses Patent ihrer Märkte beraubt werden. Es ist Diebstahl des Namens »Basmati«, der in Indien für den dortigen Duftreis entwickelt wurde.
- Es bedeutet einen Betrug der Verbraucher, weil *Rice Tec Inc.* diesen gestohlenen Namen für Reis benutzt, der zwar von indischem Basmati-Reis herstammt, aber nicht in Indien gewachsen ist.

Die indische Kampagne gegen TRIPs in der WTO und gegen Biopiraterie durch Gentechnik und neues Patentrecht fordert zu Aktionen auf drei Ebenen auf:

- Sie ruft die *Verbraucher* weltweit zum Boykott von falschem US-Basmati-Reis auf.
- Sie fordert die *Erzeuger* auf, ihren echten Basmati als »patentfrei« zu kennzeichnen.
- Sie fordert die *Medien* – besonders in den USA – auf, die Bevölkerung über diesen neuen Fall von Bio-Piraterie aufzuklären.
- Sie fordert die *Bevölkerung* in Indien und weltweit auf, Druck

auf die indische Regierung auszuüben, das indische Patentrecht gegenüber dem Druck der WTO und den USA aufrechtzuerhalten. Das indische Patentrecht verbietet die Patentierung von Lebensformen, insbesondere im Bereich von Nahrung und Gesundheit (s. u.).

Der Erfolg dieser Kampagne: Die indische Regierung forderte das US-Patentamt auf, die *claims* 15–17 des Basmati-Patents zurückzuziehen. Daraufhin zog *Rice Tec Inc.* die *claims* 4, 15, 16 und 17 selbst zurück. Nun kämpft die Kampagne für die Rücknahme aller 20 *claims* (RFSTE 1998).

Ähnlich wie bei Neem und Basmati kämpft die Anti-TRIPs-Kampagne in Indien, Bangladesch und anderen Reis produzierenden Ländern auch gegen die Patentierung für gentechnisch veränderten Reis, in den ein Vitamin A eingebaut wurde. Diesem Reis wurde der Name »Golden Rice« verpasst. Die Begründung ist, damit könnten Augenkrankheiten verhindert werden.

Während ich dies schreibe, zieht die *People's Caravan 2000* durch verschiedene Reis produzierende Länder Asiens, um die Menschen vor den negativen Folgen dieser Genmanipulation ihres Hauptnahrungsmittels zu warnen (vgl. Kapitel VI).

Wie wir schon beim Neem-Fall sahen, hängt der Erfolg dieser verschiedenen Kampagnen nicht zuletzt von einer klugen Vernetzung von Bewegungen im Norden und im Süden ab. Besonders die Kämpfe gegen die Patentierung von Lebensformen haben zu einer sehr fruchtbaren Zusammenarbeit zwischen NROs wie z.B. »Kein Patent auf Leben« (No Control of Life) in Europa, der *Pure Food Campaign* in den USA, RAFI in Kanada und der Anti-TRIPs- und Anti-WTO-Bewegung in Indien geführt.

Der Saatgut-Krieg (Indien)

Der neue Bio-Imperialismus betrifft aber nicht nur einzelne Pflanzenarten in den Tropen, sondern die Unabhängigkeit der ganzen Landwirtschaft eines Landes, und damit die Nahrungsmittelversorgung der Bevölkerung.

Wie wir sahen, kämpfen in Indien Bauernorganisationen seit 1990 vor allem gegen die TRIPs und die Patentierung von Lebewesen. Nach dem indischen Patentrecht von 1970 können »keine Patente gegeben werden für landwirtschaftliche oder gärtnerische Methoden, oder für medizinische, chirurgische, heilende, prophylaktische oder andere Methoden der Behandlung von Menschen, oder für eine ähnliche Behandlung von Pflanzen oder Tieren, um ihre Gesundheit oder ihren ökonomischen Wert zu steigern, oder den ihrer Produkte« (zit. in: *Farmer's Rights* 1993, S. 7).

Nach Artikel 27 der GATT-Vereinbarung müsste das indische Patentrecht dem amerikanischen angepasst werden. Das würde für die indischen Bauern vor allem bedeuten, dass sie die Kontrolle über die Produktion, Modifizierung und den Verkauf ihres eigenen Saatgutes verlieren würden. Multinationale Saatgutfirmen wie z.B. die US-Firma *Cargill-Seeds (India)* und *Monsanto* versuchten mit Gen-Technik und den TRIPs im Rücken, das Monopol über die gesamte Saatgutproduktion Indiens in die Hand zu bekommen.

Gegen die Enteignung ihres eigenen Saatguts, ihres traditionellen Wissens, ihrer Nahrungssouveränität kämpft seit langem die südindische Bauernorganisation *Karnataka Rajya Ryota Sangh* (KRRS). Nach dem Vorbild Gandhis hat sie die oben erwähnte *Seed Satyagraha* gestartet, bei der es vor allem um die Verhinderung der Patentierung von Lebewesen und des Eindringens Multinationaler Konzerne in die indische Landwirtschaft geht.

Diese *Seed-Satyagraha* begann mit der Stürmung des Regionalbüros des amerikanischen Multis *Cargill Seeds-India Pvt. Ltd.* in Bangalore. Auf dem Flugblatt nach dieser Aktion ist zu lesen: »Die KRRS-AktivistInnen verlangen die Aufrechterhaltung des indischen Patentgesetzes von 1970, das das Patentieren aller landwirtschaftlichen, gärtnerischen und fischhalterischen Methoden untersagt und den Multinationalen Gesellschaften das Eindringen in den indischen Saatgutsektor verbietet.«

Die KRRS hat andere Multinationale Saatgutfirmen in Karnataka gewarnt und aufgefordert, ihre Tätigkeit in diesem Bundesstaat einzustellen. »Wir werden alle multinationalen Saatgutfirmen, die unser Land plündern, aus dem Land verbannen«, sagte

Dr. Nanjundaswamy, der Präsident der KRRS. Er wiederholte, was die indische Bauernlobby erklärt hatte, nämlich, dass der Schutz des intellektuellen Eigentums, der von den Multis unter den TRIPs-Bestimmungen des GATT-Abkommens beansprucht wird, unehrlich sei, da die Arten, die patentiert werden sollen, aus Genen gezüchtet würden, die kostenlos aus dem Süden beschafft worden seien.

Dr. Nanjundaswamy nannte die Saatgut-Bewegung die zweite *Quit India*-Bewegung gegen die Imperialisten.[5] Die erste wurde von Gandhi gegen den englischen Kolonialismus geführt. Er sagte, die Ideologie der KRRS sei gandhianischer Sozialismus. Ist aber das Stürmen (und Plündern) eines Büros gandhianisch? »Ja«, sagt Dr. Nanjundaswamy. »Die Medien haben eine sehr lockere Sprache. Sie kennen nicht mal die Wörterbuch-Bedeutung von Gewalt. Zerstörung von Leben ist Gewalt. Zerstörung unbelebter Gegenstände wie Eigentum ist keine Gewalt. Während der *Quit India*-Bewegung sagte Gandhi, es sei Gewalt, einen Personenzug in die Luft zu sprengen, es sei aber keine Gewalt, einen Güterzug zu sprengen.« (Flugblatt der KRRS)

In einem der Texte der *Seed-Satyagraha* wird *Cargill* sogar die neue *East-India Company* genannt, die Indien erneut kolonialisieren wolle.

Die *Seed-Satyagraha* war nicht nur aus ethischen Erwägungen und aus Empörung über den Versuch, die *Self-Reliance* Indiens in Bezug auf Nahrungsproduktion zu brechen, gestartet worden, sondern auch aus Sorge um das Überleben von Millionen von Menschen, die durch diese neue kapitalistische Offensive im Agrarsektor ohne Alternative arbeitslos würden.

»In Indien wird diese Vertreibungs-Politik der Bauern im Jahre 2000 zu den erwarteten 10 Millionen Arbeitslosen noch eine Million hinzufügen ... Millionen von Bauern werden weiter verarmen.« (Flugblatt der KRRS)

Die Aktion der indischen Bauern zeigt deutlicher als alles andere den Zynismus und die Menschen- und Naturverachtung der profitsüchtigen Gen-Ingenieure und der Bio-Industrie auf. Unter dem Vorwand, den Fortschritt zu fördern und den Hunger zu beseitigen, berauben sie Millionen von Menschen ihrer unabhängigen Lebensgrundlagen, und zwar durch den simplen Trick der

TRIPs-Klauseln des GATT/WTO-Vertrages und des neuen »harmonisierten« Patentrechts.

Es ist wichtig zu verstehen, dass diese ethischen Fragen nicht einen »Luxus-Diskurs« darstellen, sondern dass es dabei buchstäblich ums Überleben geht – nicht nur »anderer« Lebewesen, sondern auch um unser eigenes.

Die KRRS-Kampagne wurde u. a. auch von den *Seikatsu*-Clubs – den von Hausfrauen gegründeten Erzeuger-Verbraucher-Kooperativen in Japan – unterstützt. Diese kämpfen, wie die indischen Bauern, für eine vom Ausland unabhängige Lebensmittelversorgung in Japan, für *Food-Self-Reliance* und *Food Security.* Genau diese will aber das GATT zerstören.

Die *Seikatsu*-Clubs sind nach der Minamata-Verseuchung[6] entstanden. Die japanischen Hausfrauen forderten danach, dass die Nahrung, die sie auf den Tisch bringen, hauptsächlich in Japan hergestellt wird. Nur so könnten sie ihre Sicherheit überprüfen (Mies/Shiva 1995, S. 342 ff.).

Nach einem zehntägigen Workshop, den der KRRS im Juli 1993 zusammen mit Vandana Shiva über die Konsequenzen der Gentechnik in der Landwirtschaft und die Patentierung von Lebewesen durchführte, formulierte dieser Verband, der damals schon 10 Millionen Mitglieder hatte, eine Selbstverpflichtung:

Wir wollen nicht mehr für den Weltmarkt produzieren, sondern nur für die eigene nationale Selbstversorgung, die eigene Subsistenz.

Die Bauern sahen einen engen Zusammenhang zwischen ihrer eigenen Kultur, ihrer Selbstversorgung und der Souveränität ihres Landes.

Der Kampf um Erhaltung der Biodiversität

Die indischen Protestbewegungen beschränkten sich jedoch nicht auf den Kampf gegen GATT/WTO, TRIPs und die Transnationalen Konzerne , sondern sie zeigen auch Alternativen zum Freihandels-Kolonialismus auf. Die Gruppe *Navdanya* versucht z.B., die alte Saatgutvielfalt wiederherzustellen.

Die Grüne Revolution, die seit Ende der siebziger Jahre von

westlichen Staaten und Konzernen als Wunderwaffe gegen den Hunger propagiert worden war, hatte sich als Fehlschlag erwiesen. Zwar waren kurzfristig die Ernteerträge durch die hochertragreichen Sorten erhöht worden, aber langfristig hatte die Grüne Revolution mehr zerstört als aufgebaut. Die Fruchtbarkeit des Bodens war erodiert, die Böden versalzten, das Grundwasser wurde mit toxischen Substanzen vergiftet, und von den 30 000 verschiedenen Reissorten, die vorher in Indien wuchsen, blieben nur noch wenige übrig.

Die *Navdanya*-AktivistInnen suchten zunächst in drei Gebieten Frauen und Männer auf, die die alten Sorten weiterhin angepflanzt hatten und darüber hinaus über das traditionelle technische und kulturelle Wissen zur Konservierung und Fortpflanzung der einheimischen Nutzpflanzen verfügten. Mit diesen *Seed-Keepers* (BewahrerInnen des Saatguts) zusammen organisierte *Navdanya* lokale Saatgutsammlungen, Saatgutfeste, auf denen BäuerInnen aus verschiedenen Dörfern zusammenkamen und ihr Saatgut frei untereinander austauschten. Sie teilten aber auch ihr Wissen um bestimmte Pflanzen- und Anbaumethoden. Dieser freie Tausch von Saatgut und Wissen wurde bewusst der Patentierung, Kommerzialisierung, Privatisierung und Monopolisierung entgegengesetzt, mit der ausländische Saatgut- und Biotech-Konzerne versuchten, den indischen Agrarmarkt in ihre Hände zu bekommen.

Der Name *Navdanya* bedeutet »Neun Samen«. Er bezieht sich auf ein Frühlingsritual in Karnataka, bei dem Frauen aus verschiedenen Dörfern Samen von neun verschiedenen Pflanzen miteinander tauschen. Durch dieses Ritual wird nicht nur die biologische Vielfalt erweitert, sondern auch die kulturelle. Vor allem aber werden die sozialen Beziehungen zwischen verschiedenen ländlichen Gemeinschaften gepflegt und lebendig erhalten.

Selbstaufklärung durch Widerstand

Bauernbewegungen in Indien und Bangladesch, aber auch in vielen anderen Ländern der Dritten Welt, zeigen, dass die Menschen ihr Wissen über die Multis und das globale Freihandelssystem weniger aus Vorträgen und Büchern gewinnen, sondern aus ihren eigenen Widerstandsaktionen. In diesen Widerstandsaktionen erwerben sie konkrete Kenntnisse über die Strategien der transnationalen Konzerne, aber auch über das Zusammenspiel zwischen diesen und den einheimischen Kapital-Eliten wie auch zwischen den Politikern im Norden wie im Süden. Viel schneller als dies hierzulande der Fall war, wurde ihnen jedoch klar, dass Appelle an Politiker oder den Staat nicht helfen würden. Sie sahen sehr schnell den Zusammenhang zwischen Wirtschaft und Politik, die Notwendigkeit, zuerst auf wirtschaftlicher Ebene und danach auf politischer Ebene aktiv zu werden. Statt allein auf den Wahlmechanismus zu vertrauen, griffen sie, vor allem in Indien, zu Methoden der direkten sozialen Aktion, wobei sie sich meist auf das nationale Vorbild Mahatma Gandhis beriefen.

In Indien hatte diese Methode großen Erfolg. Die RFSTE zählt in ihrem Bericht an die UNO 1997 fünf große soziale Bewegungen gegen die Politik der Handelsliberalisierung auf, die nicht nur die oben beschriebene Selbstaufklärung der jeweils Betroffenen erreichten, sondern sowohl auf lokaler wie auf nationaler und internationaler Ebene Erfolg hatten. Es sind alles Bewegungen, bei denen der Zusammenhang von wirtschaftlichen, ökologischen, sozialen und politischen Aspekten aktualisiert worden war.

Erfolge indischer Basisbewegungen gegen die Globalisierung und die Liberalisierungspolitik ihrer Regierung

a) Die indische Regierung hatte ausländischen Investoren Lizenzen für die Küstenfischerei gewährt. Die ausländischen Trawler reduzierten die Fischbestände noch mehr als vorher. Die *National Fish-Workers Federation* organisierte einen landesweiten Streik und forderte die Rücknahme der Lizenzen. Die Regierung zog die Lizenzen zurück.

b) Die Regierung förderte die Errichtung industrieller Krabbenfarmen für den Export. Eine *People's Alliance Against Shrimps* klagte beim Obersten Gericht, weil die Krabbenfarmen Mangrovenwälder vernichten, Reisland versalzen und Flussmündungen verschmutzen. Das Oberste Gericht verbot daraufhin die Krabbenfarmen entlang aller indischen Küsten.
c) Die Regierung förderte die Einrichtung von Schlachthäusern für den Export von Rindfleisch. Eine Basisbewegung mobilisierte gegen die Schlachthäuser. Das Oberste Gericht verfügte eine Reduzierung der Schlachthäuser.
d) Die Regierung erlaubte der Firma Dupont, ihre toxische Industrieproduktion nach Goa (Indien) zu verlegen. Die Anti-Dupont-Bewegung kämpfte gegen diese Firma, weil sie das Land, das Wasser und die Umwelt vergiftet. Die Firma musste Goa verlassen.
e) Die Regierung hatte den Import von toxischem Müll nach Indien erlaubt. Eine breite Bewegung kämpfte gegen diese Politik. Das Oberste Gericht verbot schließlich den Import von toxischem Müll nach Indien (Shiva et al. 1997, S. 81).

Via Campesina – die weltweite Allianz von oppositionellen Klein- und Mittelbauern

Die neuen »peoples' movements«, wie ich sie aus Indien beschrieben habe, sind keinesfalls Einzelfälle. Seit Anfang der neunziger Jahre, d. h. seit Beginn der explizit weltweiten Durchsetzung neoliberaler Wirtschaftspolitik, sind in vielen Ländern der Dritten Welt ähnliche Widerstandsbewegungen und oppositionelle Bauernorganisationen entstanden.

Seit 1992 haben sich viele dieser Organisationen der Agraropposition zu einer internationalen Bewegung zusammengeschlossen, die sich den Namen *Via Campesina* (VC) gegeben hat. Zunächst war *Via Campesina* ein Zusammenschluss von oppositionellen Klein- und Mittelbauernorganisationen aus Zentralamerika, Europa und den USA. 1993 fand die konstituierende Konferenz von VC in Mons in Belgien statt. Dort wurde VC als Weltorganisation gegründet und ihre Struktur und ihre wesentlichen Ziele festgelegt. Die zweite internationale Konferenz fand 1996 in Tlaxcala, Mexiko, statt. An dieser Konferenz nahmen bereits VertreterInnen von 69 Organisationen aus 37 Ländern teil, die meisten davon aus Ländern der Dritten Welt.

In Tlaxcala wurden auch die wichtigsten Bereiche für die Arbeit von VC festgelegt; diese sind:

- Stärkung der Mitgliederorganisationen;
- Kampf um Nahrungssouveränität;
- Agrarreform;
- Stärkung der Partizipation von Frauen in sozialer, ökonomischer, politischer und kultureller Hinsicht;
- Handel und Investitionen;
- Biodiversität und genetische Ressourcen;
- Menschenrechte und Solidarität;
- Alternative Landwirtschaft.

Die *Via Campesina* versteht sich als weltweite, pluralistische, multikulturelle Bewegung von Klein- und Mittelbauern. Zur *Via Campesina* gehören bisher Bauerorganisationen aus folgenden Regionen: Zentralamerika, Südamerika, Nordamerika, Westeuropa, Osteuropa, Südasien, Kuba und der Karibik.

Diese Breite der Bewegung verlangt eine Struktur, die die Kommunikation und die Koordination zwischen den verschiedenen Regionen, aber auch innerhalb der Region, sicherstellt.

Die Struktur von VC ist darum folgendermaßen konzipiert:

Die *Internationale Konferenz* ist das höchste Entscheidungsorgan. Sie findet alle drei Jahre statt und rotiert zwischen den Regionen. Die Organisationen der einzelnen *Regionen* werden durch ein Regionalbüro koordiniert. Die wichtigste Arbeit von VC erfolgt innerhalb der Regionen. Außerdem gibt es ein *Internationales Koordinierungskomitee*, das die Regionen koordiniert. Ein *Internationales Operatives Sekretariat* mit Sitz in Tegucigalpa in Honduras führt die Beschlüsse der Vollversammlung aus.

Die *Via Campesina* formulierte eine »Erklärung von Seattle«, in der nicht nur die wichtigsten Forderungen der weltweiten Agraropposition enthalten sind, sondern auch die entscheidenden Punkte einer gemeinsamen Analyse.

Die Seattle-Erklärung der Via Campesina Bewegung

Die *Via Campesina*-Bewegung ist der Meinung, dass wir einen historischen Moment des internationalen Kampfes erleben. Die in dieser Woche erfolgten massiven Proteste waren der Höhepunkt jahrelanger intensiver Arbeit von sozialen Bewegungen und Nichtregierungsorganisationen, und sie führten zu einem nahezu totalen Stillstand der WTO-Verhandlungen. Es wurde faktisch ein Moratorium erwirkt. Außerdem haben wir einen enormen Sprung nach vorne gemacht dadurch, dass wir Millionen von Menschen direkt und indirekt mit unseren Aktionen durch die Medien erreichten. Wir sind davon überzeugt, dass unsere Widerstandsbewegung in den kommenden Jahren weiter anwachsen wird. Dieser Prozess ist nicht mehr aufzuhalten.

Wir sind eine starke Einheit ... Es ist klar, dass Landwirtschaft und Nahrung zu Schlüsselthemen wurden und dass ein grundlegender Wandel der neoliberalen Politik und globaler Institutionen wie der WTO, des IWF und der WB erfolgen muss. Wie ein Vertreter eines Verbraucherverbandes es ausdrückt: »Essen ist zu einer politischen Aktion geworden«. Die *Via Campesina*-Bewegung fügt ergänzend hinzu: »Qualitätsprodukte für unsere eigene Bevölkerung herzustellen, ist auch zu einer politischen Aktion geworden.«

Die neoliberale Agrarpolitik hat zu einer Zerstörung unserer Familienbetriebe und der kleinbäuerlichen Ökonomie und zu einer tiefen Krise in unseren Gesellschaften geführt. Sie bedroht den inneren Zusammenhalt unserer Gesellschaften: das Recht, unsere Nahrung für unsere eigenen Konsumenten herzustellen, mit großer Vielfalt in der Produktion und Konsumtion, je nach kulturellen Vorlieben. Dies berührt zutiefst unsere Identität als Bürger dieser Welt.

Das deutlichste Beispiel für die Verletzung unserer Identität ist die Tatsache, dass die TNKs uns genetisch manipulierte Nahrungsmittel aufzwingen. In ihrem jüngsten Schachzug versuchten die USA und die EU, die Diskussion über biologische Sicherheit und genmanipulierte Organismen (GMOs) – im Grunde, ob wir das Recht haben, uns selbst gegen den Import von GMO-Produkten zu schützen – durch eine »Arbeitsgruppe Biotechnologie« in die WTO hineinzutragen. Dies halten wir für eine skandalöse und provokative Verletzung unserer Bürgerrechte.

Die *Via Campesina* weist die neoliberale Politik zurück, die Länder auf Kosten der einheimischen Nahrungsproduktion in die Falle der Export-Produktion treibt. Diese Politik trägt zu geringen Erzeugerpreisen bei, die weit niedriger sind als die realen Produktionskosten. Entwicklungsländer sind gezwungen, diese Politik zu akzeptieren, um ihre Auslandsschulden bezahlen zu können. Diese Länder müssen auch ihre Grenzen für den Import von Nahrungsmitteln öffnen, was zu noch größeren Schulden führt. Die Regierungen der reichen Länder subventionieren massiv, ohne Begrenzung pro Betrieb, um Preissenkungen zu kompensieren, und ermöglichen den TNKs den Bezug billiger Rohstoffe. Auf diese Art und Weise sind diese öffentlichen Fonds eine direkte Unterstützung für die Industrie und nicht für die Bauern. Dies ist ein Teufelskreis, von dem nur die transnationalen Konzerne profitieren ...

Daher fordert die *Via Campesina*, als eine für den landwirtschaftlichen Sektor verantwortliche internationale Bewegung, dass die Landwirtschaft aus der WTO herausgenommen wird. Oder besser noch: Lasst uns die WTO aus der Landwirtschaft herausnehmen! Wir fordern andere Wirtschaftszweige dazu auf, dasselbe zu tun ...

Die Forderungen der Via Campesina-Bewegung:

- Ein sofortiges Moratorium für weitere WTO-Verhandlungen. Dies schließt den Stopp aller Diskussionen über Investitionsabkommen ein.
- Die sofortige Aufhebung der Verpflichtung zur Akzeptanz des Mindest-Imports von 5% der inländischen Lebensmittel-Konsumption. Alle Pflicht-Marktzugangs-Klauseln müssen aufgehoben werden.
- Eine Evaluierung der Auswirkungen des Marrakesch-Abkommens (GATT) und eine sofortige Aufhebung der bestehenden Ungerechtigkeiten.

- Alle Verhandlungen im Bereich der Produktion und Vermarktung von Nahrung müssen aus der WTO und aus allen regionalen und bilateralen Abkommen herausgenommen werden.
- Schaffung echter internationaler demokratischer Mechanismen zur Regulierung des Nahrungsmittelhandels; dabei ist die Nahrungs-Souveränität in jedem einzelnen Land zu respektieren.
- Die Nahrungs-Sourveränität in jedem einzelnen Land sichern, dabei der Nahrungsproduktion für das eigene Volk, sozialen Aspekten und der Umwelt Priorität geben.
- Jedem Land das Recht geben, seine eigene Agrarpolitik zu definieren, um so den eigenen internen Bedürfnissen gerecht zu werden. Dies schließt das Recht mit ein, Importe zu verbieten, um so die einheimische Produktion zu schützen und eine Agrarreform durchzuführen, die Landarbeitern und kleinen bis mittelgroßen Produzenten Zugang zu Land verschafft.
- Jegliche Art von Dumping stoppen. Die Produktion einheimischer Hauptnahrungsmittel ist zu schützen.
- Biopiraterie und Patente auf Leben (Tiere, Pflanzen, Teile des menschlichen Körpers), einschließlich der Entwicklung steriler Sorten durch Gentechnologie, ist zu verbieten.
- Den einzelnen Ländern ist das Recht zu geben, Nahrungsqualitätskriterien passend zu den Vorlieben ihrer Bevölkerung zu schaffen …

Globalisiert den Kampf – globalisiert die Hoffnung!

Globalisierung der Arbeit – Globalisierung des ArbeiterInnenprotestes

Was mich an den Protesten des 30. November 1999 besonders erstaunte, war nicht nur die große Zahl von Gewerkschaftern – insgesamt 35 000 –, die zusammen mit vielen anderen Organisationen und Initiativen gegen die WTO auf die Straße gegangen waren, sondern, dass *amerikanische* Gewerkschaften offen gegen die Globalisierung und die neoliberale Politik der Konzerne und der

WTO auftraten. Bis Seattle war ich der Meinung gewesen, dass US-amerikanische Gewerkschaften besonders zahm, besonders unpolitisch und besonders kapitalhörig seien. Offensichtlich stimmte dieser Eindruck nicht oder nicht mehr.

Was waren die Gründe für diese Veränderung?

Natürlich waren die amerikanischen Arbeiter, trotz allen Geredes vom US-Jobwunder und besonders seit dem Abschluss von NAFTA, dem *North American Free Trade Agreement*, dem Nordamerikanischen Freihandelsabkommen (1994), stark vom Lohn-Dumping und durch Konkurrenz aus Billiglohnländern, insbesondere aus Mexiko, betroffen. Der Import billiger Textilien, billigen Stahls und anderer Billigprodukte hatte hunderttausende einheimischer Arbeitsplätze gekostet. Die Stimmung im Lande war, wie wir sahen, umgeschlagen und richtete sich schon seit einiger Zeit gegen den globalen Freihandelskurs der Regierung. Doch hat dies, und die hervorragende Aufklärungs- und Mobilisierungsarbeit verschiedener Personen und Organisationen, ausgereicht, um den schwerfälligen Apparat des amerikanischen Gewerkschaftsbundes AFL-CIO in Bewegung zu setzen und gegen die WTO zu mobilisieren?

Ich vermute, dass die US-Gewerkschaften deshalb für die Folgen der WTO-Politik sensibilisiert waren, weil die ungebremste Freihandelspolitik in den USA Arbeitsverhältnisse durchgesetzt hat, wie wir sie aus den Freien Produktionszonen (FPZs) Südostasiens oder aus den *Macquila*-Industrien aus Mexiko, Haiti, Guatemala und anderen zentral- und südamerikanischen Ländern kennen. Der Schlüsselbegriff für diese Verhältnisse in den USA ist *sweatshop*-Arbeit. Zu diesen unmenschlichen Arbeitsbedingungen gehört auch die Gefängnisarbeit, eine neue Form der Sklaven- und Zwangsarbeit. Seit Anfang der neunziger Jahre gibt es solche ausbeuterischen *sweatshops* (Schwitzbuden) nicht nur in der Dritten Welt, sondern auch in Kalifornien, in New York, aber auch in Irland, London, Paris und Rom.

Die Anti-sweatshop-Kampagne

Wie wir sahen, war in den Jahren vor Seattle in den USA eine Kampagne gegen diese *sweatshops* im In- und Ausland geführt worden. Doch die *Anti-sweatshop*-Kampagne war keineswegs der Beginn des ArbeiterInnenprotestes gegen die unmenschlichen Verhältnisse in diesen Fabriken. Schon seit Ende der siebziger Jahre hatten Feministinnen unwürdige Arbeitsverhältnisse in Asien und Mexiko analysiert und über den Widerstand der dortigen Arbeiterinnen berichtet (Mies 1988).

Die *Sweatshop*-Arbeit in New York ist auf die gleiche Weise organisiert wie in Mexiko oder in Dhaka in Bangladesch. In Hochhäusern mieten Fertigungsfirmen, die für einen ausländischen Großkonzern arbeiten, ganze Etagen an, die sie mit Nähmaschinen vollstopfen. Dann heuern sie illegale Migrantinnen an, die die von Männern zugeschnittenen Teile von Hemden, Hosen und T-Shirts zusammennähen. Die Betreiber dieser *sweatshops* sind oft selbst Ausländer, die die Frauen aus ihrer eigenen Gemeinschaft beschäftigen. Der Stundenlohn einer *sweatshop*-Textilarbeiterin in New York beträgt ca. 4,75 Dollar am Tag. Wie in Asien ist sie verpflichtet, unbezahlte Überstunden zu machen, hat keinerlei Sozial- oder Krankenversicherung, darf sich nicht gewerkschaftlich organisieren, bekommt keinen Mutterschutz, ist sexuellen Belästigungen und sogar physischer Gewalt ausgesetzt.

Ich habe solche *sweatshops* in Südkorea, Bangladesch und Hongkong besucht. Neben diesen »Schwitzbuden« gibt es auch die so genannten »Freien Produktionszonen« (FPZ). Diese sind nur für die ausländischen Konzerne »frei«. Sie brauchen dort keine Steuern zu zahlen, keine Arbeitsschutzrechte einzuhalten, keinen Mindestlohn zu beachten und können ihren Gewinn meist zu 100 Prozent in ihr eigenes Land transferieren. Sie sind nur ein Teil der weltweit integrierten Bekleidungs-, Schuh-, Spielzeug-, Sportwaren- und Elektronikindustrie. Deren Gesamtproduktion ist überall in mindestens drei oder mehr Produktionsabschnitte aufgeteilt, die nicht in der gleichen Firma stattfinden. Am Anfang steht z.B. der europäische oder US-Bekleidungskonzern, der seine Ware bei einem mittleren Unternehmer in Asien, Südamerika oder eben auch wiederum in New York ordert. Dieser bezieht seine Stoffe aus großen, oft voll automatisierten Firmen. Oft werden die Teile in anderen Ländern automatisch zugeschnitten und dann an die *sweatshop*-Firma oder eine Freie Produktionszone geliefert, wo sie von Näherinnen zusammengenäht werden. Das Annähen von Knöpfen und einzelnen, besonderen Extras erfolgt meist in Heimindustrie, wo Frauen arbeiten, die kleine Kinder haben, oder zu alt zur *sweatshop*-Arbeit sind. Den verschiedenen Produktionsabschnitten entsprechen in absinkender Reihenfolge der Lohn, die sozialen Absicherungen, die Möglichkeit einer kollektiven Gegenwehr und die Arbeitsbedingungen (Mies 1988, S. 170–174, Wiener 1988, S. 118–131).

Nach dem Abschluss des NAFTA (1994) und der Gründung der WTO (1995) entstanden in den USA Protestbewegungen gegen die unmenschlichen Zustände in den *sweatshops*, sowohl im eigenen Land als auch jenseits der Grenze in Mexiko, in Guatemala, El Salvador, in Honduras, aber auch in Asien, insbesondere in Korea, Bangladesch und anderen Ländern. Diese Anti-*sweatshop*-Kampagne wurde in den USA vor allem von jungen Leuten getragen, die selbst Untersuchungen über die Arbeitsverhältnisse in solchen Fabriken im eigenen Land oder im Ausland anstellten. Kirchen, Menschenrechtsgruppen, Verbraucherverbände und Gewerkschaften unterstützten diese Bewegung. Die Bewegung verlangte, dass transnationale Konzerne wie *Nike*, *Levis* oder *Reebok*, die ihre eigentliche Produktion in solche *sweatshops* verlagert hatten, sicherstellen müssten, dass nicht nur ihr Profit, sondern auch die Menschenrechte der Arbeiterinnen stimmten. Sie verlangten von diesen Konzernen einen Verhaltenskodex, in dem diese sich verpflichteten, die Kernarbeitsstandards der Internationalen Arbeitsorganisation (IAO) einzuhalten. Dieser Verhaltenskodex müsste den Arbeiterinnen in den FPZs, den *Macquila*-Industrien und in den amerikanischen *sweatshops* bekannt gemacht werden. Bei Einhaltung dieser sozialen Mindeststandards sollten die Produkte dieser Konzerne ein Gütesiegel erhalten. Selbst Präsident Clinton unterstützte diese Bewegung.

Die Anti-*sweatshop*-Kampagne in den USA verband sich mit der »Clean Clothes Campaign« (CCC), der Kampagne für »saubere Kleidung« in Europa, die bereits in den achtziger Jahren in Holland geführt wurde. In Deutschland wurde die Kampagne für »saubere Kleidung« erst in den späten Neunzigern vor allem von Kirchengruppen, Umwelt- und Frauengruppen, wie *Terre des Femmes*, unterstützt.

Die CCC ging aus von einer Analyse der globalisierten Textil- und Bekleidungsindustrie, die fest in der Hand weltweit operierender Konzerne wie *C & A*, *Peek & Cloppenburg*, *M & S Mode* und anderen ist. Diese Warenhäuser kontrollieren eine lange Kette von Subunternehmen, die sich über die ganze Welt erstreckt, angefangen beim Supermarkt in Holland über Zwischenhändler und Fabrikbesitzer, die weitere Vertragsproduzenten in *sweatshops*, in FPZs oder außerhalb bis hin zu Heimarbeiterinnen umfasst. Diese Warenhäuser »bestimmen, was wo zu welchen Löhnen, unter welchen Arbeitsbedingungen produziert wird«. (»Clean Clothes«, Nr. 1, Nov. 1993, S. 2)

Die »Clean Clothes Campaign« wird von der *Clean Clothes Foundation* unterstützt. Diese Stiftung wird getragen von einer Konsumenten-Organisation in Holland, der *Philippine Support Group*, dem *Bangladesh Peoples Solidarity Centre*, *und SOMO* (dem Forschungszentrum über Transnationale Konzerne in Holland), *X–Z* (x minus z), *InZet* und der Holländisch-indischen Arbeitsgruppe.

Ziel der Kampagne ist erstens die Bewusstseinsbildung der KonsumentInnen und die Förderung eines kritischen Kaufverhaltens. Die KonsumentInnen sollen selbst fragen, wo und unter welchen Bedingungen diese Kleidung produziert wird. Zweitens verlangt die Kampagne, dass die Transnationalen Konzerne am Ende des »globalen Fließbandes« (Grossman 1979 in: Mies 1988) verantwortlich sind für die Arbeits- und Sozialbedingungen auf *allen* Teilabschnitten der Produktion. »Wenn sie (die Konzerne) in der Lage sind, die Qualität, die Farbe, das Auslieferungstempo zu kontrollieren, dann können sie dasselbe auch für die Löhne und die Arbeitsbedingungen in der (gesamten) Produktionskette.« (»Clean Clothes« 1993, S. 3)

Die CCC hat eine »Charta des fairen Handels« entworfen, die vor allem die Einhaltung der Kernarbeitsstandards der IAO einfordert, und zwar nicht nur für Arbeiter in »Normalarbeitsverhältnissen«, sondern für alle ArbeiterInnen, einschließlich der

HeimarbeiterInnen, SaisonarbeiterInnen, TeilzeitarbeiterInnen, GelegenheitsarbeiterInnen und so genannten illegalen ArbeiterInnen. Im Einzelnen fordert sie folgende Rechte:

- »das Recht, unabhängige Organisationen zu bilden und unabhängigen Gewerkschaften und Arbeiterorganisationen beizutreten,
- das Recht, von Organisationen ihrer eigenen Wahl vertreten zu werden, und das Recht auf kollektive Tarifverhandlungen (collective bargaining),
- das Recht auf einen Existenz sichernden Lohn, wie von der UN verlangt, der zumindest die Befriedigung der Grundbedürfnisse sowohl der ArbeiterInnen wie die der von ihnen Abhängigen befriedigt und der nicht unter dem nationalen Mindestlohn liegt. Die Charta verlangt, dass die IAO-Normen eingehalten werden in Bezug auf:
- maximale Zahl der Arbeitsstunden und Überstunden,
- Gesundheit und Sicherheit am Arbeitsplatz,
- Mindestlohn,
- Nichtdiskriminierung (nach Geschlecht, Rasse, Religion, Nation, etc.)« (»Clean Clothes« 1993, S. 3).

Die CCC wendet sich sowohl an die VerbraucherInnen als auch an die Konzerne, an die ArbeiterInnen wie an die Politiker. Wenn die oben zitierte Charta eingehalten wird, bekommen die Konzerne ein Gütesiegel.

Die CCC hat die bisher getrennten Interessenbereiche wie Kapital und Arbeit, Produzenten und Konsumenten, Dritte Welt und Erste Welt verbunden. Sie besteht auf der Einhaltung der IAO-Normen, verlangt aber nicht, dass diese durch staatliche Kontrolle und Sanktionen gesichert werden. Stattdessen hofft sie, dass das Marktverhalten der KonsumentInnen die »guten« Konzerne belohnen und die »schlechten« bestrafen werde. Sie lehnt den Boykott von Transnationalen Konzernen ab, die sich nicht um die Einhaltung jener Kernarbeitsstandards in ihrer weltweiten Produktionshierarchie kümmern. Boykott, so wird argumentiert, gefährde die Arbeitsplätze der ungeschützten ArbeiterInnen am globalen Fließband.

Damit deckt sich die Strategie der CCC zum Teil mit der der TNKs, die nichts so sehr fürchten wie große, flächendeckende Verbraucherboykotts (s. die Anti-GMO-Kampagne in England) und die überall darauf aus sind, die gesetzlich bindenden IAO-Normen durch Selbstverpflichtungserklärungen der Industrie zu ersetzen.

Diese Strategie der CCC ist weitgehend übernommen worden von der breiteren Bewegung für Fairen Handel. Auch darum lautete einer der in Seattle am häufigsten gebrauchten Slogans: *Trade: Clean, Green and Fair!* (Handel: Sauber, Grün und Fair!)

Anders als bei der Bewegung der Kleinbauern, der Verbraucher, der GMO-GegnerInnen wurde und wird von den AnhängerInnen des Fair Trade der neoliberale, globale Handel nicht in Frage gestellt. Sie verlangen lediglich, »dass das, was gut ist für die Ford-Arbeiter in Detroit auch gut sein muss für die Ford-Arbeiter in Port Elisabeth in Südafrika.« (s. o.). Ich frage mich, ob die Befürworter von weltweitem Fair Trade verstehen, dass das Geheimnis der Akkumulation im globalen Freihandelsmodell eben *nicht* die Angleichung der Produktions- und Arbeitsverhältnisse aller Arbeiterinnen und Arbeiter aus den armen Ländern und Klassen an die Arbeitsverhältnisse einer »Arbeitsaristokratie« in den reichen Ländern ist, sondern umgekehrt: weiteres kontinuierliches Wachstum ist nur durch eine Angleichung nach unten sicherzustellen. Gleichheit ist ein Ideal, das im globalen kapitalistischen Markt nur in der Anpassung von oben nach unten realisiert werden kann.

Ohne Frauen keine Globalisierung – Frauen kämpfen gegen die Globalisierung

Obwohl uns Feministinnen schon Ende der siebziger Jahre klar war, dass nicht der deutsche männliche Facharbeiter bei VW oder Siemens das »Bild der Zukunft« für alle arbeitenden Frauen und Männer auf der Welt sein werde, sondern die Heimarbeiterin aus Indien oder die Arbeiterin in Bangladesch oder Mexiko; obwohl alle AktivistInnen in der CCC und der Anti-*sweatshop*-Bewegung wissen, dass bis zu 90 Prozent der Arbeitskräfte in den *sweatshops*, den Freien Produktionszonen (FPZs), *Macquilas* oder in der Heimarbeit sowie im so genannten informellen Sektor Frauen sind, ist diese Tatsache bisher kaum explizit in die Strategie dieser Kampagnen eingegangen. Dabei hätten ältere Aktivistinnen in Holland, USA, England und Deutschland eigentlich wissen müssen, dass es bereits Ende der siebziger bzw. Anfang der achtziger Jahre, also vor NAFTA, MAI und WTO, eine gründliche feministische Analyse dieser Ausbeutung weiblicher Arbeit in den FPZs und Weltmarktfabriken in Malaysia, Hongkong, Südkorea und den Philippinen und über die Zukunft der Frauenarbeit gegeben hatte.

Schon nach der Ölkrise 1972 hatten Elektronik-, Bekleidungs- und Spielwarenfirmen ihre Produktionsstätten in die FPZs der genannten Länder verlegt, wo sie bis zu 80 Prozent junge Frauen beschäftigten. Diese hatten keinerlei Arbeitsrechte, durften sich nicht gewerkschaftlich organisieren, wurden gefeuert, wenn sie heirateten oder Kinder bekamen, denn die Konzerne wollten den Mutterschutz umgehen. Die Frauen mussten Überstunden machen, bestimmte Quoten in Akkordarbeit erfüllen, ehe sie nach Hause gehen durften, hatten kaum Zeit, zur Toilette zu gehen, und wurden von den männlichen Aufsehern schikaniert und sexuell belästigt. Der Lohn dieser ganz jungen Frauen mit den »geschickten Fingern« lag weit unter dem Durchschnittslohn in den Herkunftsländern der Weltmarktfabriken. Rachael Grossman war eine der ersten, die die unmenschlichen Zustände in diesen Fabriken bekannt machte. Sie zitiert den Personalchef der Firma INTEL, einer US-Halbleiterfirma in Malaysia. Er erklärte, warum sie junge Mädchen und nicht Männer einstellten: »Wir stellen Mädchen ein, weil sie weniger Energie haben, disziplinierter sind und leichter zu kontrollieren sind.« (Grossman zitiert in: Mies 1988, S. 148)

Die Rede von den »fügsamen orientalischen Frauen mit den geschickten Fingern« wurde weltweit ein geflügeltes Wort unter den westlichen Investoren. Wie Zuhälter boten die Regierungen dieser Länder ihre Töchter dem ausländischen Kapital für die billigsten Löhne an. Die Regierung von Haiti versuchte, deutsche Investoren mit dem Foto eines schönen haitianischen Mädchens und folgendem Werbetext anzulocken: »Jetzt bekommen Sie mehr Arbeit für Ihre DM. Für einen US-Dollar arbeitet sie freudig acht Stunden für Sie, und viele, viele hunderte ihrer Freundinnen machen das auch.« (Fröbel 1977, zitiert in: Mies 1988, S. 148)

Die Arbeitsverhältnisse von Frauen in den Weltmarktfabriken der frühen siebziger Jahre wurden zum Modell für die globale Umstrukturierung von Arbeit insgesamt – zunächst in den Ländern des Südens, dann aber auch in Europa und den USA selbst. Bis heute wird diese »Feminisierung der Arbeit« mit ähnlichen Begründungen wie den obigen erklärt. Im Rahmen der Globalisierung der Wirtschaft wird außerdem von der Notwendigkeit gesprochen, Arbeit zu flexibilisieren und zu informalisieren. Angeblich sind Frauen besonders gut für diesen Umstrukturierungsprozess geeignet, bei dem die Wirtschaft globalisiert, Arbeitsnormen dereguliert und öffentliche Betriebe privatisiert werden.

Warum gerade Frauen?

Das, was Frauen so geeignet für die Überausbeutung in der globalisierten Wirtschaft macht, sind nicht etwa »typisch weibliche Eigenschaften«, wie oft behauptet wird, sondern die Tatsache, dass sie von der herrschenden Ökonomie als »Hausfrauen« definiert worden sind, für deren »Reproduktionsarbeit« kein Lohn gezahlt werden muss, deren Lebensunterhalt jedoch von einem männlichen »Ernährer« abhängt. Diese »Hausfrauisierung«[7] (Mies 1987) der Frauenarbeit ist seit Beginn des Kapitalismus der Trick, durch den das Kapital den Prozess der »fortgesetzten, ursprünglichen Akkumulation« aufrechterhält. (Bennholdt-Thomsen/Mies/v. Werlhof 1983)

Marx hatte geglaubt, dass die »ursprüngliche Akkumulation« nur die »Geburtsstunde« des Kapitalismus darstelle, in der er unter Blut und Tränen, unter Gewalt, Sklaverei, Kolonialismus und all den bekannten historischen Scheußlichkeiten zur Welt gekommen sei. Wenn er aber zu seiner vollen Größe entwickelt sei, würde, quasi wie ein Perpetuum mobile, permanentes Kapitalwachstum aus ihm hervorsprudeln.

Christel Neusüss fand nicht nur, dass die Geburtsmetapher für den Kapitalismus nicht ganz angemessen sei, und außerdem dauere diese Geburtsstunde ja nun doch etwas zu lange. Denn Blut und Tränen, Gewalt, koloniale Verhältnisse und Sklaverei sind in der globalisierten Wirtschaft nicht verschwunden, sondern haben weltweit zugenommen (Neusüss 1985, S. 298). Das konnte man schon Anfang 1970 beobachten, wenn man sich die Verhältnisse ansah, unter denen weltweit Frauen arbeiten mussten. Ohne die Entwertung der Hausarbeit im Kapitalismus bzw. die Hausfrauisierung der Frauenarbeit wäre die ganze Globalisierung gar nicht in Gang gekommen. Wenn die Arbeiterinnen in den ersten Halbleiterfabriken Malaysias die gleichen Löhne bekommen hätten wie ein deutscher oder US-amerikanischer männlicher Facharbeiter, dann hätte es die elektronische »Revolution« nicht gegeben. Sie wäre zu teuer gewesen. Daher: *Ohne Frauen keine Globalisierung!*

Aber auch: *Globalisierung bedeutet Gewalt gegen Frauen.*

Ich habe an verschiedenen anderen Stellen nachgewiesen, dass die Globalisierung nicht nur von der weltweiten Überausbeutung von Frauen abhing und abhängt, sondern dass sie auch notwendigerweise mit Gewalt gegen Frauen, Nichtachtung von Arbeits- und Sozialstandards und mit Menschenrechtsverletzungen und absoluter Jobunsicherheit einhergeht. Es gäbe keine Billiglohnländer ohne die »billigen« Frauen (Bennholdt-Thomsen/Mies/v. Werlhof 1983, Mies 1988, Mies 1999, S. 98–119).

Uns, meinen Freundinnen Claudia von Werlhof, Veronika Bennholdt-Thomsen und mir, war jedoch schon 1983 klar, dass die »Hausfrauisierung« nicht nur das Schicksal der Frauenarbeit sein würde, sondern, dass auch Männerarbeit in Zukunft »hausfrauisiert« werden würde (v. Werlhof 1983, S. 113–136). Das heißt, auch männliche Arbeiter würden so behandelt werden, als hätten sie irgendwo noch einen »Ernährer«. Ihr Lohn braucht damit nicht mehr existenzsichernd zu sein. Werlhof schrieb bereits 1983, dass auch die Jobsicherheit und alle anderen Errungenschaften der Arbeiterbewegung zur Disposition gestellt werden würden. Mit der Durchsetzung des neoliberalen Modells nannte man das zwar nicht »Hausfrauisierung der Arbeit«, sondern »Deregulierung«, »Informalisierung«, »Flexibilisierung«, Durchsetzung »atypischer

Arbeitsverhältnisse«. Mit dieser Begrifflichkeit wurde einmal mehr die Tatsache verschleiert, dass es Frauen sind, die die Masse der bezahlten und unbezahlten Arbeit für die Kapitalakkumulation leisten.

Dieser theoretische Diskurs war notwendig, um zu verstehen, warum der Widerstand der Frauen in den FPZs, *sweatshops*, *Macquila*-Industrien oder im so genannten »informellen Sektor« in Asien und Südamerika anders ist als der der Männer in den geschützten »Normalarbeitsverhältnissen« weltweit.

Da Gewerkschaften und Streiks in diesen FPZs verboten waren und immer noch sind und die jungen Arbeiterinnen ihre Rechte nicht kannten, griffen sie in den ersten Chipfabriken in Malaysia z.B. zum Mittel der kollektiven Hysterie, um die Produktion lahm zu legen. Rachael Grossman berichtete schon 1978/79, dass die Frauen, erschöpft von der Arbeitshetze und der gesundheitsschädlichen Arbeit – sie mussten unter dem Mikroskop Schaltpläne auf den Mikrochips zusammenlöten –, plötzlich eine Massenhysterie vom Zaun brachen, wenn eine Arbeiterin schrie, sie sehe ihre tote Großmutter unter dem Mikroskop. Weder die Werksleitung noch die Regierung wussten, wie sie mit dieser Form des Widerstandes umgehen sollten.

In anderen Ländern, z.B. in Südkorea, gründeten die Arbeiterinnen illegale, eigene Gewerkschaften. Ihr Vorbild waren zwar die allgemeinen Gewerkschaften, aber sie wurden von diesen, in denen die Männer dominierten, nicht unterstützt. Die Werksleitung sperrte meist die streikenden Arbeiterinnen aus und verfolgte die Anführerinnen.

Weltweit bekannt wurde der Kampf der mexikanischen Arbeiterinnen, meist Näherinnen in *Macquilas* in Mexiko-Stadt, die nach dem schweren Erdbeben vom 19. September 1985 die unabhängige Gewerkschaft »19. September« gründeten. Der Protest dieser Arbeiterinnen entzündete sich, als 800 der in Hochhäusern untergebrachten *sweatshops* (*Macquilas*) zusammenstürzten und 8000 Näherinnen unter den Trümmern begraben wurden. Die Unternehmer hatten die Betriebsetagen nur gemietet und wollten nach dem Beben nur möglichst schnell die Maschinen aus den Trümmern retten, um sie an einem anderen Ort wieder aufzustellen. Die Arbeiterinnen interessierten sie nicht: »Während unter den Trümmern noch die Hilfeschreie der Verschütteten zu hören waren, setzten die Unternehmer – teilweise unter Militärschutz – die Räumgeräte zur Bergung von Maschinen und Stoffen, nicht aber zur Bergung der noch unter den Trümmern Lebenden ein, deren Hilferufe erst nach Tagen verstummten ...« (Wiener 1988, S. 120)

Die Unternehmer weigerten sich auch, die 40 000 Frauen, die ihren Arbeitsplatz verloren hatten, wieder einzustellen oder ihnen eine Entschädigung zu zahlen. Regierung und offizielle Gewerkschaften kümmerten sich ebenfalls nicht um die Opfer, die bis dahin nicht organisiert waren. Nur die mexikanische Frauenbewegung organisierte Garküchen und Notunterkünfte. Diese Erfahrung veranlasste die mexikanischen Arbeiterinnen, eine eigene, unabhängige Gewerkschaft zu gründen, die Gewerkschaft »19. September«. Sie wurden bei dieser Initiative unterstützt von »Intellektuellen, feministischen Gruppen, JournalistInnen und linken Parteien aus dem In- und Ausland« (Wiener, 1988, S. 120). Die Näherinnen machten einen Marsch zum Regierungssitz, um die Anerkennung ihrer Gewerkschaft durchzusetzen. Ihre Anerkennung verzögerte sich, weil die staatstreuen Gewerkschaften die Forderungen der Arbeiterinnen nach Entschädigung nicht unterstützten. Sie waren fest eingebunden in den »Dreierbund« von Staat, Unternehmen und offiziellen Gewerkschaften. Diese setzten sogar Schlägertrupps, *charros*, bei Streiks, Demonstrationen und nicht genehmigten Abstimmungen in den Betrieben zur Verteidigung staatlicher und unternehmerischer Interessen ein.

Die Frauengewerkschaft »19. September« war dem »Dreierbund« vor allem deshalb suspekt, weil sie nicht nur die üblichen Arbeiterrechte auch für Frauen forderte, sondern die Arbeiterin als *ganzen* Menschen, als Erwerbsarbeiterin und Familienarbeiterin, als Mutter und Hausfrau ins Zentrum stellte. Schon auf ihrem ersten Gewerkschaftskongress thematisierte die Gewerkschaft die mehrfache Ausbeutung von Frauen und machte eine Reihe von feministischen Forderungen zum zentralen Bestandteil ihres Programms, z.B.:

- Recht auf freie Entscheidung über Mutterschaft
- Einrichtung von Kindergärten

- Kampf gegen Gewalt gegen Frauen (am Arbeitsplatz und in der Gesellschaft)
- Kampf gegen die doppelte Ausbeutung (Wiener 1988, S. 123).

Der Fall der Näherinnen vom 19. September in Mexiko ist ein klassisches Beispiel dafür, wie das internationale und nationale Kapital weltweit im Bund mit komplizenhaften Männerbünden in Regierung und offiziellen Gewerkschaften die patriarchalen Strukturen der Gesellschaft ausnutzt und weiter verstärkt, um das unendliche Wachstum seiner Profite sicherzustellen. Die Durchsetzung des neoliberalen Wirtschaftsmodells nach 1990 hat diesen Prozess der Neo-Patriarchalisierung weltweit vorangetrieben und verstärkt (Mies 1999, S. 98–116).

Aber auch die Gegenwehr gegen dieses System war und ist global. 1971 war die Gruppe *Mujeres en Acción Solidaria*, MAS, gegründet worden. MAS fördert gewerkschaftliche Organisation in als »traditionell weiblich« bezeichneten Berufsgruppen. MAS erhebt aber auch klassisch feministische Forderungen. »MAS versucht, durch nationale und internationale intergewerkschaftliche Zusammenarbeit ein gewerkschaftliches Konzept zu entwickeln, das feministische Forderungen aufgreift und auf der Basis der Erwerbstätigkeit anwendet.« (MAS 1986, zit. in: Wiener 1988, 127)

Im Fall der Gewerkschaft »19. September« ging die Initiative für die internationale Solidarität von mexikanischen Frauen aus, d. h. von Frauen des Südens. Doch es gab auch den umgekehrten Fall: US-Arbeiterinnen, deren Firma geschlossen und nach Mexiko verlagert wurde, besuchten die mexikanischen Kolleginnen und unterrichteten sie über die Tricks und ungesetzlichen Machenschaften der transnationalen Unternehmer und auch über ihre Methoden der Gegenwehr. Auf diese Weise versuchten sie, die bekannte Teile-und-Herrsche-Politik der Herrschenden zu durchkreuzen.

Der massive Protest der im Stadion von Seattle am 30.11.1999 versammelten Arbeiterinnen und Arbeiter aus der ganzen Welt zur Überwindung der Teile-und-Herrsche-Politik in der globalisierten Wirtschaft wäre wohl ohne diese früheren Erfahrungen kaum möglich gewesen. Doch es bleibt abzuwarten, ob die leidenschaftlichen Appelle zur Einigkeit nur Rhetorik bleiben oder ob ihnen strategische Entwürfe und praktische Schritte folgen, die tatsächlich in die Lage versetzen, die globalen und neokolonialen Interessengegensätze zwischen »uns und ihnen«, »unseren Jobs, Löhnen, Arbeitsbedingungen« und »ihren Jobs, Löhnen, Arbeitsbedingungen« zu überwinden.

Ein neuer ArbeiterInnen-Internationalismus?

Die offiziellen Gewerkschaften im Norden haben meines Erachtens bis jetzt der neoliberalen und neokolonialen Herausforderung der Konzerne wenig entgegenzusetzen. Wenn diese ihre Produktionsstätten in Billiglohnländer verlagern, um Lohn- und Lohnnebenkosten zu sparen, können sie zwar, wie in Seattle, fordern, dass Lohn- und Umweltdumping weltweit verboten werden sollen, dass Arbeits- und Sozialklauseln in die WTO eingebaut werden müssen, sie können aber nicht verhindern, dass die Regierungen der Länder des Südens gegen die Integration von Sozialklauseln in die WTO stimmen werden. Denn die Länder des Südens fürchten, dass dann *ihr* Standortvorteil, *ihre* »komparativen Kostenvorteile«, die sie in niedrigen Löhnen, niedrigen Umweltstandards und Nicht-Verbot von Kinderarbeit sehen, verschwinden werden (Bennholdt-Thomsen/Mies 1997, S. 30–55). Man kann kein »ebenes Spielfeld« unter so ungleichen Spielern herstellen.

Das Problem der Gewerkschaften im Norden sehe ich darin, dass die Arbeiter und Arbeiterinnen nach dem Zweiten Weltkrieg bis etwa 1990 ebenfalls von der ökonomischen Kolonisierung des Südens profitierten. Als sich jedoch mit der Globalisierung Dritte-Welt-Verhältnisse zunehmend auch in den reichen Industrieländern durchsetzten, versagte die alte Gewerkschaftsstrategie, die auf dem so genannten (männlichen) »Normalarbeitsverhältnis« aufgebaut war.

Hinzu kommt, dass sich die Gewerkschaftsführung, besonders in Deutschland, politisch stets an die Vorgaben der SPD gehalten hat. Als diese, wie alle anderen sozialdemokratischen Parteien

Europas, jedoch mit wehenden Fahnen ins Lager des Neoliberalismus überwechselte, war auch für einen solch starken Gewerkschaftsbund wie den DGB die Stunde des TINA-Syndroms gekommen: »Es gibt keine Alternative!«

Wahrscheinlich ist dies der Grund, warum der TUAC, der *Trade Union Advisory Council*, der Internationale Gewerkschaftsbeirat, der weltweit 70 Millionen ArbeiterInnen vertritt, während der mehr oder weniger geheimen MAI-Verhandlungen bei der OECD mit am Verhandlungstisch saß, ohne die Gewerkschaftsbasis über Inhalt und Folgen dieses Abkommens zu informieren (Mies/v. Werlhof 1998, S. 25–28).

Anmerkungen

1 Institute of Science in Society, Website: www.i-sis.dircon.org

2 Satyagraha (Sanskrit) bedeutet »Kampf um die Wahrheit«. Seit Gandhi diesen Begriff für seine gewaltfreien, direkten Aktionen benutzt hat, bedeutet Satyagraha »gewaltfreie Aktion oder Kampagne«.

3 Z.B. von Reissorten, die von indischen Forschern in eigenen Gen-Banken gesammelt worden waren. Durch Betrug und Korruption wurde dieses Gen-Material außer Landes und in die Gen-Banken des *International Rice Research Institute* (IRRI) auf den Philippinen geschafft.

4 Die Research Foundation on Science, Technology and Ecology, RFSTE, (Direktorin: Vandana Shiva) kämpft sei Anfang der neunziger Jahre gegen den globalen Freihandel, gegen GATT/WTO, gegen Biopiraterie und das TRIPs-Abkommen. Mit Erfolg haben Vandana Shiva und das RFSTE gegen die Patentierung traditionellen Wissens gekämpft.

5 Gandhi hatte 1942 zur *Quit India*-Bewegung (»Raus aus Indien!«) aufgerufen, um die englische Kolonialmacht endgültig aus Indien zu vertreiben. Die KRRS benutzte diesen Slogan bewusst, um so den Widerstand gegen die TNKs als neue Kolonialmächte in die Tradition des indischen Unabhängigkeitskampfes zu stellen.

6 Die Fischer der Minamata Bay in Japan lebten vom Fischfang. Nachdem die Chemiefirma *Chissio* über einen Zeitraum von 30 Jahren Methylquecksilber in die Bucht geschüttet hatte, starben viele Menschen an Vergiftung. Die Fischer verloren ihre Arbeit.

7 Ich habe den Begriff »Hausfrauisierung der Arbeit« 1987 im Rahmen meiner

Forschungen über indische Arbeiterinnen geprägt. Diese Frauen häkelten Spitzen für den Weltmarkt (Mies, M. 1982 The Lace Makers of Narsapur. Indian Housewives Produce for the World Market, London: Zed Books).

V. Die Inspiration von Seattle wirkt weiter

Wie wurde der Vorsatz, die *Inspiration von Seattle* weiterzuverbreiten, bisher eingelöst? Was ist nach Seattle geschehen? Im Folgenden werde ich versuchen, diese Fragen zu beantworten. Vorweg ist anzumerken, dass es den GlobalisierungsgegnerInnen in Seattle nicht nur um eine Art Aktionstourismus ging, wie manche ihrer Slogans suggerieren mögen, wie z.B.: *Von Seattle nach Washington, nach Brüssel, nach Millau, nach Prag!* Im Internet gibt es zahllose Berichte von lokalen Veranstaltungen und Aktionen gegen WTO, Weltbank, IWF und gegen die Globalisierung insgesamt – Veranstaltungen auf der ganzen Welt, die sich in der einen oder anderen Weise auf Seattle berufen. An manchen Orten ging es nicht nur um Aufklärung über die Großtaten der *global players*, sondern auch um die Konsequenzen der neoliberalen GLP-Politik (Globalisierung – Liberalisierung – Privatisierung) für die lokale, kommunale Ebene. Es zeigte sich dabei, dass die Inspiration von Seattle sich besonders dort entfalten konnte, wo sich lokale Betroffenheit mit einer eher abstrakten, globalen Betroffenheit verbinden ließ. Dies ist z.B. bei der Kritik der Privatisierungspolitik auf globaler, nationaler und kommunaler Ebene der Fall.

Wenn auch diese verschiedenen Aktivitäten noch nicht zu einer drastischen Wende in der Wirtschaftspolitik geführt haben, so haben sie doch ein Signal gesetzt, das nicht mehr übersehen werden kann. Darüber hinaus haben sie einen wesentlichen Beitrag zur Selbstaufklärung der Menschen geleistet. Ehe ich zu diesen Fragen komme, möchte ich über die Chronologie der Aktionen und internationalen Treffen der weltweiten Bewegung einer *Globalisierung von unten* im Jahr 2000 berichten.

Chronologie der Ereignisse im Jahre 2000

11.–14. Februar 2000, San Francisco: Offene Weltkonferenz der Arbeitnehmerinnen für die Verteidigung der Gewerkschaftsunabhängigkeit und der demokratischen Freiheiten

Nancy Wohlforth, die stellvertretende Vorsitzende des AFL-CIO Kalifornien, präsidierte und eröffnete die Konferenz mit dem Satz, den sie auch schon in Seattle den versammelten WTO-GegnerInnen zugerufen hatte: »Wir antworten denen, die behaupten, der Satz ›Proletarier aller Länder, vereinigt euch‹ sei eine überholte marxistische Losung, dass er aktueller ist als je zuvor.« Sie betonte, dass Seattle der Anfang einer weltweiten Bewegung gegen die Multis sei. Diese vernichteten das Leben der ArbeiterInnen und das Leben ganzer Völker, besonders in Afrika. Durch ihr Instrument, die WTO, zerstörten sie auch den Frieden, die Gewerkschaftsfreiheit und das Recht auf Tarifverhandlungen. Die Industrie mit den höchsten Wachstumsraten in den USA sei die Gefängnisarbeit. In den neunziger Jahren habe sich die Zahl der Gefangenen in 163 der größten Städte verdoppelt. Es gäbe mehr Obdachlose als je zuvor. »Wir können nicht eher ruhen, bis die WTO beseitigt, für ungesetzlich erklärt ist.«[1]

Auf dieser Konferenz wurde nicht nur die radikale Kritik von Seattle an der Globalisierung und der WTO von 560 Delegierten aus 58 Ländern wiederholt. Sie wurde vielmehr ergänzt und radikalisiert durch die Verurteilung eines neuen, totalitären Weltsystems, das die in 200 Jahren erkämpften Arbeiterrechte zerstöre, die Demokratie ersticke und die ArbeiterInnen und Völker in Armut und Not stürze. Insbesondere griffen die Delegierten die neoliberalen Versuche an, die *Internationale Arbeitsorganisation* (IAO) als Ganze durch die WTO zu ersetzen. An die Stelle gesetzlich bindender, von den Regierungen garantierter Arbeiterrechte sollen nunmehr freiwillige, nicht einklagbare Selbstverpflichtungserklärungen der Unternehmer treten. Dieser schleichende Prozess der Entmachtung und Unterordnung der UNO-Organisationen, insbesondere der IAO, unter die Kapitalinteressen hat schon längst begonnen.

Als Beispiel kritisierte Daniel Gluckstein (Frankreich), mit welcher Unverfrorenheit das IAO-Übereinkommen 103 über den Mutterschutz »reformiert« wurde. Dieses Übereinkommen 103 verbietet u. a. jede Kündigung schwangerer Frauen. Im Revisionsvorschlag der IAO wird diese Passage umgewandelt in ein »Verbot jeder Entlassung, außer aus einem Grund, der nichts mit der Schwangerschaft zu tun hat«.

»Kolleginnen und Kollegen«, rief Daniel Gluckstein, »wir alle wissen, wie lange ein Unternehmer brauchen wird, eine Entlassung damit zu rechtfertigen, dass sie aus so genannten anderen Gründen als der Schwangerschaft erfolgen muss. Sogar der dümmste Boss der Welt braucht nicht mehr als 10 Minuten, um einen Weg für eine willkürliche Entlassung zu finden.« (Dokumentation 2000, vgl. Anm. 1)

Die Bosse hätten es gerne, wenn sich die Gewerkschaften an diesen Revisionsverfahren der IAO-Übereinkommen beteiligen würden[2], wenn sie sich einbinden ließen in den Prozess der Selbstliquidierung aller mit großen Opfern erkämpften Arbeiterrechte.

»Deshalb versuchen sie, alle nationalen und internationalen Gewerkschaftsorganisationen zu ›reformieren‹, sie zu überzeugen, nicht weiter ihre Rolle als Interessenvertretung der ArbeitnehmerInnen auszufüllen, sondern im Gegenteil zu Repräsentanten der WTO und der Multis – das heißt, zu Werkzeugen gegen die ArbeitnehmerInnen – zu werden.« (ebd.)

In ihrer Schlusserklärung knüpft die Konferenz an den Sieg von Seattle an, warnt aber davor, sich auf den Lorbeeren auszuruhen: »Es wäre jedoch ein Fehler zu glauben, dass die multinationalen Konzerne, die Welthandelsorganisation, der Internationale Währungsfonds, die Weltbank und sämtliche Regierungen, die ihnen dienen, ihre Ziele aufgegeben hätten.« (ebd.) Wie nach dem Scheitern des MAI verfolgen sie sie nun an anderen Orten, in anderen Zusammenhängen, z.B. beim »Millenniumgipfel« der Staatschefs bei der UNO im September 2000, bei dem es um die »Reform der UNO« ging. Mit der Integration der IAO in die WTO »würden die Gewerkschaften der ganzen Welt sich gezwungen sehen, zu Bestandteilen des Welthandels zu werden. Die Arbeitnehmerrechte selbst, die Tarifverträge und Arbeitsgesetze wären nicht länger staatlich garantierte Rechte, sondern mögliche Klauseln, die nach

Gutdünken der Multis im Rahmen von Handelsverträgen zugestanden werden oder nicht.« (ebd.)

Die Delegierten lehnten die Integration von Arbeits- und Sozialstandards in die WTO ab, wie sie von Teilen der US- und anderen Gewerkschaften (z.B. dem DGB) gefordert wird. Sie bestehen auf dem Erhalt »der IAO-Übereinkommen, der Arbeitsgesetzte, der Tarifverträge und des Dienstrechts, der Ablehnung der Privatisierungen und der Verteidigung der öffentlichen Dienste, des öffentlichen Gesundheits- und Bildungswesens«. Sie fordern einen menschenwürdigen Mindestlohn für alle ArbeiterInnen auf der Welt, die ersatzlose Streichung der Auslandsschulden, ein Verbot von Zwangsarbeit, Gefängnisarbeit und Kinderarbeit und vor allem den Erhalt unabhängiger Gewerkschaften. Da gerade die WTO im Dienste der Multis alle diese Ziele bekämpfe, sei sie nicht reformierbar. Die Versammelten unterstützten ausdrücklich den Aufruf für den Erhalt des IAO-Übereinkommens 103, »das die Rechte der arbeitenden Frauen auf Mutterschutz garantiert«. Darüber hinaus forderten sie die Verteidigung aller 158 Übereinkommen in der IAO. Sie riefen auf zum Kampf gegen die Globalisierung, die WTO, gegen Weltbank und IWF und gegen die Zerstörung der Demokratie durch die globale und totalitäre Herrschaft der Multis.

16. April 2000, Washington: Frühjahrstagung von Weltbank und IWF

Im Aufruf zu den Protesten in Washington heißt es: »Eine machtvolle Bewegung für ökonomische und Menschenrechte und fairen Handel hatte ihre Coming-out-Party während des WTO-Treffens in Seattle ... Wir haben eins der schlimmsten Instrumente der profitgierigen, niemandem Rechenschaft schuldigen Herrschaft herausgefordert: die Welthandelsorganisation, und wir können eine Reihe von Siegen verzeichnen. Im April wird der Kampf in Washington fortgesetzt ... Die Finanzminister und internationalen Bürokraten, die die Weltwirtschaft bestimmen und die Armen ärmer und die Reichen reicher machen sollen, wissen, dass Seattle nicht nur ein Schlagloch auf ihrer Straße zur globalen Herrschaft war. Wir müssen ihnen klarmachen, dass die sozialen Bewegungen der Welt nicht müßig zusehen werden, während die Machthaber fortfahren, die Mehrheit der Menschheit in die Armut zu treiben, zu unterdrücken und die Umwelt auszuplündern, um sich selbst und die Konzerne zu bereichern.

Der IWF und die Weltbank sind gewissermaßen die ›Eltern‹ der WTO; heute bilden diese drei die unheilige Trinität, die das Ziel hat, die Konzernherrschaft aufrechtzuerhalten und die Rechte und Chancen der Mehrheit der Menschen auf der Welt zu beschneiden.«

Etwa 10 000 Menschen aus 250 Organisationen kamen nach Washington. Wie in Seattle versuchten sie, die Konferenz durch friedliche Sitzblockaden und Menschenketten lahm zu legen. Sie forderten einen sofortigen Schuldenerlass und drohten, Washington »dichtzumachen«. Doch auch die Polizei hatte ihre Lektion von Seattle gelernt. Früher als die Demonstranten war sie zur Stelle, um den Delegierten den Weg zum Tagungsort freizuhalten.

10.–14. April 2000, Havanna: Treffen der G77-Gruppe

In Havanna traf sich die G77-Gruppe, die Gruppe der 77 ärmsten Länder der Welt, die sich gegen die G7-Gruppe der reichsten Länder zusammengeschlossen hat. Auch das Havanna-Treffen war vom Geist von Seattle inspiriert. Der Vorsitzende der G77-Gruppe, Olusegun Obasanjo aus Nigeria, sagte in seiner Eröffnungsrede: »Das multilaterale ... Handelssystem, das auf den Abkommen der Uruguay-Runde beruht, ist in einer ernsthaften Krise, wie der Kollaps in Seattle gezeigt hat.« Die Hoffnungen, die die Länder des Südens in die Uruguay-Runde gesetzt hätten, seien zerschlagen worden, weil die WTO die legitimen Interessen der Länder des Südens nicht berücksichtigt habe (Khor 2000, S. 26).

Fidel Castro rief sogar zu einem neuen Nürnberger Prozess auf, auf dem die Verbrechen der Globalisierung angeklagt und die Verantwortlichen bestraft werden könnten. Als Schuldige klagte er vor allem den IWF und die USA an, die durch ihre Finanzpolitik einen »Wettlauf in die Katastrophe« fördern (Khor 2000, S. 27–30).

4. Mai 2000, Brüssel

Für manche der AktivistInnen in der Anti-WTO-Bewegung bestand die Fortsetzung dieser weltweiten Mobilisierung zunächst darin, dass sie die nächsten Termine der Gipfeltreffen wichtiger globaler Institutionen und *global players* bekannt machten und zu weiteren Aktionen aufriefen, z.B. zu dem Treffen der Weltbank und des IWF in Washington im April 2000, zum Sozialgipfel in Genf im Juni 2000, zum Treffen des World Economic Forum (WEF), dem Club von Industriemanagern, Politikern und Journalisten, am 11. September im australischen Melbourne oder zum Jahrestreffen von Weltbank und IWF in Prag, vom 26.–28. September 2000.

Für andere war indessen die Frage wichtiger, wie man die Medien besser für die weltweite Kampagne gewinnen könnte oder wie die Gewerkschaften stärker zu integrieren seien. Allen war klar, dass die WTO das Ziel der weiteren Liberalisierung des globalen Handels nicht aufgeben würde, und klar war auch, dass noch sehr viel mehr Menschen über die wahren Ziele und Ergebnisse der neoliberalen Freihandelspolitik aufgeklärt werden müssten. Denn in vielen Ländern schwiegen die Medien sowohl zu den Hintergründen als auch zu den Folgen der weltweiten Freihandelspolitik. Die Frage war nur, wie diese Aufklärung erfolgen könnte. Ein Weg schien besonders Erfolg versprechend, nämlich die Verbindung von globaler und lokaler Analyse und Aktion.

Nach Seattle hatte man auch in der WTO verstanden, dass man nicht mehr so weitermachen konnte wie bisher. Die Regierungsvertreter der vier reichsten Wirtschaftsmächte – USA, EU, Kanada, Japan – und die WTO-Beamten hatten gemerkt, dass ihr undemokratisches Verhalten nicht mehr akzeptiert würde, auch nicht von den armen Mitgliedern der WTO. Sie versprachen daher Besserung und wollten den »Dialog mit der Zivilgesellschaft« fördern.

An der Substanz der WTO-Abkommen wollten sie allerdings nichts ändern. Das wird deutlich an der Politik, die die WTO seit Seattle betreibt. Ohne es an die große Glocke zu hängen, hat sie seit Januar 2000 ihr »business as usual« wieder aufgenommen. Sie verhandelt weiter über die noch offen stehenden und strittigen Fragen im Rahmen der »Inbuilt Agenda«, des »eingebauten«, fortlaufenden Programms. Der Generaldirektor der WTO, Mike Moore, beschrieb die neue Taktik so: Die WTO werde die Haltung eines Schwans annehmen – heiter und ruhig über der Wasseroberfläche schwebend und unter dem Wasser wild rudernd (zit. von Chakravarthi Raghavan, in: *Third World Resurgence*, Nr 114/115, S. 48).

Auch die AktivistInnen erkannten, dass sie möglichst bald nach Seattle ein Zeichen setzen mussten, das deutlich machte, wo und wie die Anti-WTO-Kampagne weitergehen würde. Im Zusammenhang der Massenproteste gegen die Weltbank und den IWF in Washington im April 2000 traf sich eine Anzahl von Menschen in Boston, die an der Protestbewegung der letzten Jahre teilgenommen hatten. Sie verfassten eine weitere Anti-WTO-Erklärung, die *Boston-Erklärung*[3] Die *Boston-Erklärung* trägt den Titel: »Die WTO muss schrumpfen oder untergehen!« *(WTO: Shrink or Sink!)* (s. Anhang: Protesterklärung Nr. 2).

Diese Boston-Erklärung geht in ihrem Kern weit über die Erklärung gegen die Millenniumrunde (s. Anhang: Protesterklärung Nr. 1) hinaus. Die UnterzeichnerInnen verlangen nicht nur, dass keine neue Liberalisierungsrunde eingeleitet wird, sie fordern vielmehr, dass Abkommen über ganze Wirtschaftssektoren, wie z.B. die Landwirtschaft (AoA), und andere lebenswichtige Bereiche wie Nahrung, Wasser, die TRIPs und Patente auf Leben sowie der Gesundheits- und Bildungssektor aus der WTO herausgenommen werden müssen (siehe Boston-Erklärung). Aus logistischen Gründen soll auch diese Erklärung nur von Organisationen, nicht von Einzelpersonen unterschrieben werden. Bis September 2000 hatten dies bereits 650 Organisationen getan. Die Boston-Erklärung endet mit dem Satz: »Wir verpflichten uns, den Geist von Seattle in der ganzen Welt zu verbreiten.«

Von Seattle nach Brüssel

Am 4. Mai 2000 fand ein Treffen europäischer NROs und anderer Gruppen in Brüssel statt. Bei diesem Treffen sollte es darum gehen, den »Geist von Seattle nach Europa zu tragen« (s. Anhang: Protesterklärung Nr. 2), den europäischen Widerstand gegen die WTO und die ungebremste Freihandelspolitik besser zu vernetzen und zu koordinieren und vor allem die EU-Institutionen, insbesondere die EU-Kommission und ihre undemokratische Politik einer unkontrollierten Machterweiterung, zu kritisieren und zu verändern. Zentrales Ziel des Brüssel-Treffens am 4. Mai war daher die Formulierung einer gemeinsamen Erklärung, in der der Versuch der EU-Kommission, vor allem des derzeitigen Handelskommissars Pascal Lamy, eine neue Liberalisierungsrunde zu initiieren, kategorisch zurückgewiesen wird. Bereits vor Seattle hatte die weltweite Protestbewegung eine weitere Liberalisierungsrunde in der WTO abgelehnt. Jetzt bereitet Lamy genau wieder eine solche umfassende Liberalisierungsrunde vor. Diesmal ist allerdings noch weniger darüber bekannt als über die Millenniumrunde in Seattle, denn die Entscheidungen über Außenhandelsfragen werden in Brüssel in einem besonderen Komitee getroffen, dem der Öffentlichkeit nicht zugänglichen Komitee 133. Dieser Ausschuss setzt sich aus den Unterhändlern der Handels- und Wirtschaftsministerien der einzelnen EU-Länder zusammen.

Die EU-Kommission versucht auch, ihre Macht dadurch zu erweitern, dass der Art. 133 Abs. 1 des Europäischen Einigungsvertrages (EGV) dahingehend ergänzt werden soll, dass die EU neben dem Warenhandel, für den sie bereits jetzt zuständig ist, auch die Kompetenz für die Bereiche Dienstleistungen, Geistiges Eigentum und Investitionsschutz an sich ziehen will. Damit würden die Parlamente der Mitgliedstaaten die Kompetenz in Bezug auf sämtliche Investitionsverhandlungen im Außenhandel verlieren. Sie hätten in Zukunft praktisch nichts mehr in Bezug auf Außenhandelspolitik zu sagen. Das ist WTO-Politik in EURO-Land.

Einen weiteren Versuch der undemokratischen und undurchsichtigen Machterweiterung der EU-Kommission sehen die AktivistInnen in den derzeit laufenden Verhandlungen über die Osterweiterung der EU. Auch hier weiß die Bevölkerung in West und

Ost kaum Bescheid über die Inhalte und die Bedingungen, unter denen den beitrittswilligen Ländern in Zentral- und Osteuropa der Zutritt zum Club der Reichen, der EU, gewährt werden soll. Es gibt kaum eine öffentliche Diskussion über die Folgen dieses Beitritts in Bezug auf Umwelt, Landwirtschaft, Arbeit und Demokratie.

In der Tat, die »Reformen der EU-Institutionen« sind vor allem vor dem Hintergrund der Osterweiterung notwendig geworden. Denn wenn die EU nicht nur mehr aus den bisherigen 15 Mitgliedsländern besteht, sondern aus noch wenigstens zwölf weiteren, würde die Zahl der Kommissare nach den derzeit geltenden Regeln von 20 auf 33 anwachsen. Wie soll aber bei Entscheidungen im Rat und in der Kommission die Stimmgewichtung erfolgen? Sollen kleine Staaten genauso viele Stimmen haben wie große? Soll das bestehende Konsensprinzip einem »qualifizierten Mehrheitsprinzip« weichen? Die deutsche Regierung macht sich für die Veränderung des Artikels 133 stark. Die französische Regierung war bis vor kurzem noch gegen eine Änderung, weil sie die Souveränität der Einzelstaaten in Bezug auf Handel mit Intellektuellem Eigentum (TRIPs), Investitionen und Dienstleistungen in der Hand der einzelnen Mitgliedsländer belassen wollte. Doch die EU-Kommission selbst, insbesondere Pascal Lamy, möchte die Mitwirkung der nationalen Parlamente bei Entscheidungen über Außenhandel quasi ausschalten. Nach Meinung von Mitgliedern des Netzwerks »From Seattle to Brussels« strebt er eine »Fast Track«-Regelung an, ähnlich der, die in den USA unter Clinton gegolten hatte. »Fast Track« hieß, dass der Präsident ohne vorherige Befragung des Kongresses Entscheidungen in Bezug auf Außenhandel treffen konnte. Die EU-Kommission strebt eine ähnliche Vollmacht durch die Veränderung des Artikels 133 an, der bisher den einzelnen Mitgliedsländern noch eine Mitsprache und ein Veto bei empfindlichen Bereichen wie intellektuellem Eigentum und Dienstleistungen gewährte.

Nach Seattle hat freilich auch die EU-Kommission ihre Lektion gelernt. Auch Pascal Lamy hat einen »Dialog mit der Zivilgesellschaft« initiiert, von oben herab, versteht sich. Ziel dieses »Dialogs« ist es, in der Öffentlichkeit den Schein von Transparenz und

Demokratie zu erzeugen und so die Entscheidungen, die schon vorher im 133er Ausschuss getroffen wurden, dadurch zu legitimieren, dass gesagt werden kann: Ihr wart ja bei den Verhandlungen vertreten. Wenn wir aber die Liste der von Lamy eingeladenen NROs ansehen, wird klar, worum es bei diesem »Dialog« geht. Die Eingeladenen sind zum großen Teil Vertreter von großen Industrieverbänden und -lobbies, denn auch die gelten als Vertreter der »Zivilgesellschaft«, andere sind Gewerkschaftsvertreter und etablierte Verbraucherverbände. Außerdem wurde eine so genannte Kontaktgruppe aus diesen Verbänden gebildet, als Ansprechpartner für den Außenhandelskommissar Lamy.[4]

Der erste »Dialog« von Herrn Lamy mit den Vertretern der »Zivilgesellschaft« fand am 19. April 2000 statt. Aus dem Protokoll dieses Treffens geht eindeutig hervor, dass erstens die EU-Kommission und Herr Lamy eine weitere, umfassende Liberalisierungsrunde, ähnlich der gescheiterten Millenniumsrunde, anstreben, und dass zweitens die TeilnehmerInnen an diesem »Dialog« nichts gegen eine solche Runde einzuwenden hatten, sondern lediglich einige Verbesserungsvorschläge anbrachten.

Deshalb distanzierten sich die WTO-GegnerInnen am 4. Juli in Brüssel bereits in ihrem ersten Tagesordnungspunkt von solchen »Dialogen«. Einige betonten, dass solche von oben organisierten Dialoge nicht nur keine Transparenz herstellten, sondern lediglich der Legitimierung von gänzlich undemokratischen Entscheidungsprozessen im Dienste der Konzerne dienten.

Darum schreibt Colin Hines, einer der Initiatoren des Brüssel-Treffens: »Wenn die WTO Veränderung braucht, warum nicht die EU? Es ist natürlich wichtig, die WTO zu überprüfen und einen Richtungswandel vorzuschlagen. Aber es macht genauso viel Sinn, eine solche Übung auch in Europa durchzuführen und den Vertrag von Rom einer kritischen Durchleuchtung zu unterziehen. Denn die Sorgen, die in Seattle für die globale Ebene geäußert wurden, treffen genauso zu für das Funktionieren der Europäischen Union, z.B. dass das ganze EU-System von den Transnationalen Konzernen konzipiert wurde (durch die Lobby-Organisation: European Round Table of Industrialists, ERT) durch Strukturanpassungsprogramme (SAPs), die Unterminierung bestehender oder vorgeschlagener Umweltstandards, durch die Bedrohung von Arbeitsplätzen und Arbeitsbedingungen und eine unfaire Beziehung zwischen reichen und armen Ländern.« (Hines 2000, Vorbereitungspapiere für Brüssel)

Die Rolle, die die WTO für den Welthandel und die Weltwirtschaft spielt, nämlich die Konsolidierung und Expansion der neoliberalen Wirtschaftspolitik im Dienste der multinationalen Konzerne zu sichern, spielt in Europa die EU, hier vor allem die EU-Kommission. Die VertreterInnen der in Brüssel versammelten AktivistInnen sahen daher in der EU-Kommission keinen Partner, mit dem man konstruktive »Dialoge« führen könne, sondern ein »target«, eine Zielscheibe für Kritik und Widerstand. Obwohl man sich nicht in allen Punkten einig war, herrschte Konsens darüber, dass die EU-Institutionen und ihre Wirtschafts- und Handelspolitik einer grundlegenden Änderung, einer Kehrtwende bedürfen. Vor allem sei nicht länger hinzunehmen, dass Lobbyverbände der Großindustrie wie UNICE (*Union of Industrial and Employers Confederation in Europe* – die Union europäischer Unternehmerverbände), der ERT (*European Roundtable of Industrialists*) oder der TABD (*Trans-Atlantic Business Dialogue*) die Profitinteressen der Transnationalen Konzerne über das Instrument der EU-Kommission hinter dem Rücken der gewählten Volksvertreter durchsetzten, und zwar auf Kosten der Menschen, der Umwelt und der Demokratie.

Um diesen Widerstand sofort und europaweit beginnen zu können, wurde eine *Brüssel-Erklärung* entworfen, über die am 6. Juni 2000 abgestimmt wurde. Sie sollte von möglichst vielen Gruppen und Initiativen unterschrieben, der Presse und der EU-Kommission bekannt gemacht werden und vor allem als Kampfmittel bei den anstehenden verschiedenen Aktionsanlässen in Europa benutzt werden können (s. Anhang: Protesterklärung Nr. 3).

Bei der Regierungskonferenz der EU-Staatsoberhäupter am 7. Dezember in Nizza sollten die oben genannten Reformen der EU-Institutionen abgesegnet werden. Damit wäre dann nicht nur die Europäische Kommission mit ihrem neoliberalen Wirtschaftsprogramm weiter gestärkt, sondern Europa hätte einen weiteren gravierenden Verlust an Demokratie zu beklagen. Mehr noch, die neoliberalen »Reformen«, wie die Liberalisierung und Privatisierung von Dienstleistungen, des öffentlichen Beschaffungswesens und der Investitionen, würden nach diesem EU-Gipfel dann »von oben« und ohne Diskussion in den einzelnen Ländern durchgesetzt werden, nach der Devise: EU-Recht bricht Länderrecht.

Offensichtlich haben nicht nur konservative Regierungen, sondern auch die sozialdemokratischen in England und Deutschland und selbst die »pluralen Linken in Paris« unter Lionel Jospin inzwischen den Markttotalitarismus als einzig wahre Lehre akzeptiert. Bernard Cassens von *Le Monde Diplomatique* schreibt, dass die EU sich als Büttel des IWF erweist, wo die einzelnen Regierungen nur noch die Funktion »des Aufpassers und Ausputzers« hätten, um die Wirtschafts- und Finanzsphäre vor Störungen zu schützen. »In der Welthandelsorganisation stellt die EU in puncto Liberalisierung selbst die Vereinigten Staaten in den Schatten.« (Cassens 2000, S. 18–19)

Die »Firma Europa«, so schreibt die Gruppe »Corporate Europe Observatory« (CEO) aus Amsterdam in ihrem hervorragenden Buch über den Einfluss der Industrielobby-Verbände auf die EU-Politik – besonders auf die nichtgewählte, niemandem Rechenschaft schuldige Europäische Kommission –, operiert längst an den europäischen Wählern und ihren Parlamenten vorbei (Balanyá et al. 2000). Die Regierungen der EU-Mitgliedsländer, so Cassens, begrüßen diese totalitäre Politik der »Aktiengesellschaft Europa« sogar als »Reform«.

Wenn es schon kaum noch eine Opposition seitens der Parteien zu dieser neoliberalen EU-Politik gibt, so mobilisierten doch eine Reihe von Organisationen und Gruppen gegen die Regierungskonferenz in Nizza. Zu ihnen gehörten vor allem die Euro-Marsch-Gruppen sowie viele Globalisierungs- und WTO-Gegner aus Frankreich, Dänemark, Finnland, England und anderen Ländern, das europäische Netzwerk *From Seattle to Brussels*, verschiedene Gewerkschaften und das *Netzwerk gegen Konzernherrschaft und neoliberale Politik* in Deutschland. Sie verlangten nicht nur, dass die geplanten institutionellen »Reformen« des Maastricht-Vertrages unterbleiben, sondern auch, dass weitere Liberalisierungen in Europa gestoppt werden. Sie wollen ein Europa der Menschen und nicht eines der Konzerne.

22.–25. Juni 2000, Genf: Alternativgipfel zum UNO-Sozialgipfel »Kopenhagen + 5«

Vor dem 5. Jahrestag des UN-Sozialgipfels von Kopenhagen fand ein großes internationales Treffen von Sozialbewegungen und Gewerkschaftern in Genf statt. Dieser »Alternativgipfel« bezog sich ebenfalls auf die Proteste in Seattle und Washington und erklärte als Ziel, die internationale Protestbewegung gegen die konzerngesteuerte Globalisierung zu erweitern und zu vertiefen. Man wollte Wissen austauschen, die Argumentation verfeinern und weitere internationale Aktionen planen und ihnen eine solide Grundlage geben. Dieses Treffen wurde vorbereitet von dem Schweizer Komitee für die Bangkok-Erklärung, die schon im Februar 2000 in Bangkok verabschiedet worden war.

Es wurden hunderte von Organisationen und zigtausende aus der ganzen Welt für diesen Alternativgipfel erwartet, der zum Schluss eine Erklärung und einen Aktionsplan verabschieden wollte.[5]

30. Juni 2000, Millau/Südfrankreich

»In Millau wird Geschichte gemacht«, so hieß es in einer E-Mail-Botschaft, die mir anlässlich des Prozesses von José Bové am 30. Juni 2000 in Millau, Südfrankreich, zugeschickt wurde. Wer ist José Bové? Was hat er verbrochen? José Bové ist Schafbauer im Larzac. Er hat 1999 mit zehn Kollegen mit seinem Traktor ein im Bau befindliches McDonald's-Restaurant in Millau demoliert. Bové wurde natürlich verhaftet, aber dann auf Kaution freigelassen. Die Kaution wurde u. a. von indischen Bauernverbänden und von der *National Coalition of Family Farms* in den USA bezahlt. Bové protestierte gegen die hundertprozentigen Strafzölle, die die USA für europäische Produkte verordnet hatte, u. a. auch für französischen Roquefort-Käse, ein Produkt der Schafbauern vom Larzac. Bei den Strafzöllen handelte es sich um eine Vergeltungsmaßnahme der USA gegen die EU, die sich weigerte, hormonbehandeltes Rindfleisch aus den USA zu importieren. Wie erwähnt, sah die USA in dieser Weigerung einen Verstoß gegen die Freihandelsregeln der WTO und hatte die EU bei der Streitschlichtungsstelle der WTO verklagt (s. Kap. IV). »Ja, die Aktion war illegal«, sagte Bové. »Aber sie ist legitim. Ich übernehme die volle Verantwortung dafür. Ich erwarte keine Milde, sondern Gerechtigkeit. Entweder haben wir im Interesse aller gehandelt, und dann müsst ihr uns freisprechen, oder wir haben das Establishment erschüttert, und dann werdet ihr uns bestrafen.«

Am Fall McDonald's gegen Bové wird der Unsinn der ganzen Freihandelspolitik der WTO, vor allem des Agrarabkommens, deutlich, das seit 1995 Teil der WTO ist. Warum müssen die Europäer hormonbehandeltes Rindfleisch oder genmanipuliertes Soja aus den USA importieren? Nicht nur in Frankreich wurde Bové wegen seiner Aktion zum Volkshelden. Die Franzosen verbündeten sich sofort mit Bové, weil er gegen die »Malbouffe«, den »Scheißfraß«, rebellierte, den die transnationalen Konzerne durch Gentechnik und industrielle Nahrungsproduktion den Leuten aufzwingen. Bové gründete die französische Bauernopposition *Confédération Paysanne* (CP) und wurde deren Vorsitzender und Sprecher. Die CP ist Mitglied der weltweiten Kleinbauernallianz *Via Campesina.*

Bové wurde weltweit zur Symbolfigur für die Widerstandsallianz von Erzeugern und KonsumentInnen gegen die WTO. Er nahm an den Protesten in Seattle teil und sprach dort auf den Kundgebungen am Tag der Landwirtschaft und der Nahrung.

Diese breite internationale Unterstützung zeigte sich auch am 30. Juni in Millau. Nach einem Bericht der *Frankfurter Rundschau* hatten sich 40 000 Menschen in der Kleinstadt versammelt. »Die Welt ist keine Ware« war das Motto der Kundgebung. Dies war nicht nur einer der klarsten Slogans in Seattle, sondern ist auch der Titel des neuen Buches von Bové. All dies zeigt, dass der massive Protest gegen die WTO und den globalen Freihandel nicht allein aus den jeweiligen Eigeninteressen zu erklären ist. Die WTO-Bestimmungen mögen zwar formal legal sein, aber sie verstoßen gegen das Rechtsempfinden und die ökonomische und ökologische Einsicht von Menschen auf der ganzen Welt. In Millau waren nicht nur VertreterInnen der Agraropposition aus Indien, Südamerika, den USA und Europa vertreten, sondern auch von Umweltverbänden, Verbraucherorganisationen und Koalitionen gegen die Globalisierung. International bekannte Persönlichkeiten, wie der bekannte französische Kritiker des Neoliberalismus, der Soziologe Pierre Bourdieu, sprachen auf Diskussionsforen oder traten als »moralische Zeugen« für Bové auf. Ralph Nader und Lori Wallach von *Public Citizen's Global Trade Watch* (USA) waren angekündigt, Bill Christianson von der *U.S. National Family Farms Coalition*, Susan George von ATTAC und dem *Observatoire de la Mondialisation*, Vandana Shiva von der *Research Foundation for Science Technology and Ecology* (Indien) verteidigten Bové.

Wenn schon die Allianz zwischen Erzeugern und Verbrauchern sowie die internationale Solidarität mit einem französischen Schafbauern erstaunlich ist – vor allem die Solidarität von Bauernvertretern aus dem Süden mit einem Bauern aus dem Norden –, dann ist meines Erachtens noch erstaunlicher, dass auch französische Gewerkschaften den »Gesetzesbrecher« José Bové unterstützten. Sie tun das, weil sie fürchten, dass mit dem Prozess gegen Bové sozialer Protest insgesamt kriminalisiert werden soll. In der Tat wurde vor kurzem eine ganze Gewerkschaft und nicht wie bisher ein individueller Verantwortlicher angeklagt, ein Novum in der französischen Rechtsgeschichte. Der Richter Gilles Sainati, Nationalsekretär der Gewerkschaft der Magistrate, wies auf die bedenklichen Folgen der Kriminalisierung öffentlichen Protests für die Demokratie und die französische Verfassung hin.

Die weltweite Bewegung, die in Seattle das Debakel der WTO mitbewirkt hat, wurde in Millau fortgesetzt und zeigte, dass aus den vielen Einzelbewegungen inzwischen eine breite, weltweite Koalition geworden ist, die sich sowohl gegen »Global Food« wie gegen »Global Finance« richtet. »Globalisierung bedeutet eine planetarische Diktatur. Wenn du nicht MarktteilnehmerIn bist, existierst du nicht«, sagte Bové. Er ist der Meinung, dass sich der Protest gegen diese Diktatur in der nächsten Zeit, besonders unter der EU-Präsidentschaft Frankreichs, ausweiten werde. Mehr und mehr Menschen erklären heute: »Die Welt ist keine Ware!«

In Millau forderte der Staatsanwalt Alain Durand zehn Monate Gefängnis für José Bové, davon neun zur Bewährung. Für die Mitangeklagten gab es kurze, zur Bewährung ausgesetzte Strafen. Der Verteidiger, Henri Leclerc, ehemaliger Präsident der Liga für Menschenrechte, forderte Freispruch.[6]

26.–28. September 2000, Prag, »Prag 2000«

Vom 26.–28. September fand die 55. Jahreskonferenz der Weltbank und des IWF in Prag statt – zum ersten Mal in einem Land des ehemaligen Ostblocks. Der 26. September – kurz S26 – war zum neuen Weltaktionstag erklärt worden, und die KritikerInnen von Weltbank, IWF, WTO und der neoliberalen Globalisierung insgesamt wurden aufgerufen, nach Prag zu kommen.[7]

Die Aktionen in Prag wurden koordiniert von der tschechischen *Initiative gegen ökonomische Globalisierung* (INPEG), einem hauptsächlich von jungen Leuten gegründeten Zusammenschluss, der die konzerngesteuerte Globalisierung, wie sie von den Bretton Woods-Organisationen weltweit vorangetrieben wird, bekämpft. INPEG bezieht sich dabei auf die Methoden der direkten, gewaltlosen Aktion, wie sie auch vorher schon in Seattle praktiziert worden waren.

Deutlicher noch als in Seattle wird im INPEG-Aufruf das kapitalistische System als solches angegriffen, weil es für die »heutigen sozialen und ökologischen Desaster verantwortlich ist. Daher ist es notwendig, Proteste zu organisieren, um den IWF und die Weltbank zu stoppen. Denn eine solche Bewegung kann nur durch direkte Aktion, zivilen Ungehorsam und das Praktizieren direkter Basisdemokratie geformt werden. Der Widerstand muss so global wie das Kapital sein – aber sehr viel kreativer« (INPEG-Aufruf).

Zu diesen Zielen bekennt sich auch das weltweite Netzwerk *People's Global Action* (PGA).[8]

Am 28. September 2000 war auf der Titelseite der *International Herald Tribune* zu lesen: »Wegen der Proteste hat die Weltbank ihr Treffen einen Tag früher abgebrochen.« Die Delegierten beendeten ihre jährlichen Beratungen schon am 27.9.2000 und reisten ab, einen Tag früher als geplant.

Ohne Zweifel ist es ein Erfolg der weltweiten Antiglobalisierungsbewegung, dass die Herrschenden der Welt heute bei all ihren Gipfeltreffen mit einer wachsenden Protestbewegung konfrontiert werden. Genau das hatte man sich in Seattle vorgenommen. Es kann auch als Erfolg verbucht werden, dass diese Bewegung nicht mehr ignoriert werden kann (s. Anhang: Protesterklärung Nr. 4).

Richtig ist aber auch, dass die Gegenseite seit Seattle gelernt hat. Während in Seattle die amerikanische Polizei noch von der Breite und Heterogenität des Protestes gegen die WTO überrascht wurde, konnte sie in Washington bereits verhindern, dass die Protestierer die Frühjahrskonferenz von Weltbank und IWF blockierten. In London gab es am 1. Mai heftige Zusammenstöße zwischen Polizei und 4000 Demonstranten, bei denen 42 verhaftet wurden (*The Guardian*, 24.8.2000).

Die Innenminister der Länder, in denen diese Gipfeltreffen stattfanden, tauschten ihre Informationen aus und gaben die Listen der Namen der Verhafteten an ihre Kollegen in den anderen Ländern weiter. Seit Seattle wurde aber vor allem eine weltweite Kriminalisierung der internationalen Protestbewegung initiiert, die sich hauptsächlich auf die Mitwirkung der Medien stützte. Sie hat in Prag ihren bisherigen Höhepunkt gefunden.

Diese Kriminalisierung wurde schon ein halbes Jahr vor der IWF-Weltbank-Tagung im September vom tschechischen Innenminister Gross begonnen. Die tschechische Bevölkerung wurde buchstäblich auf einen Bürgerkrieg vorbereitet. 11 000 Polizisten und 5000 Soldaten wurden als Sicherheitskräfte nach Prag gezogen. Das Gesundheitsministerium riet den vier wichtigsten Krankenhäusern in Prag, zusätzliches Personal einzustellen und sich auf Attacken mit chemischen und biologischen Waffen einzustellen. Die Schulen in Prag wurden für eine Woche geschlossen, Kinder und Alte sollten aufs Land gehen. Den Bewohnern Prags wurde geraten, Vorräte an Lebensmitteln und Medizin anzulegen und ihre Wohnungen möglichst in der Zeit vom 24.–29. September nicht zu verlassen. Die Boulevardpresse riet den Prager BürgerInnen, Türen und Fenster vor dem Einfall der »Barbaren« zu verrammeln. 800 Sicherheitsjacken wurden an Journalisten verteilt, die außerdem rote Westen tragen mussten, um sich von den »Anarchisten« – so die allgemeine Bezeichnung für die Demonstranten – zu unterscheiden (*The Guardian*, 24.8.2000).

Diese Strategie der Kriminalisierung der WeltbankkritikerInnen und die Erzeugung einer allgemeinen Panik und Hysterie unter der Bevölkerung scheint nach dem Bericht des *Guardian* jedoch nicht allein im tschechischen Innenministerium entworfen worden zu sein. Scotland Yard (England) und FBI (USA) hatten schon im Vorfeld der tschechischen Regierung ihre Hilfe angeboten. Anfang August flog eine Delegation von Scotland Yard nach Prag, darunter auch PR-Spezialisten. »Wir sind rübergeflogen, um ihnen zu helfen, obwohl sie uns offiziell nicht um Hilfe gebeten haben. Wir wollten unsere Erfahrungen und Informationen mit ihnen teilen«, so ein Sprecher von Scotland Yard (*The Guardian*, 24.8.2000).

Schon im Frühjahr waren 24 tschechische Polizeibeamte zum Training ins Hauptquartier des FBI in Washington eingeladen worden. Der Chef dieser Behörde flog nach Prag, um die tschechische Polizei bei der Vorbereitung auf gewaltsame Auseinandersetzungen zu beraten. Doch diese Panikmache war selbst dem Präsidenten der Tschechischen Republik, Vaclav Havel, zu viel: »Es ist, als ob wir uns auf einen Bürgerkrieg vorbereiteten«, sagte er. In der *Frankfurter Rundschau* vom 23.9.2000 wird er folgendermaßen zitiert: »Es gibt so viele Menschen, die weder wissen, was der IWF und die Weltbank tun, noch von den Argumenten der Kritiker eine Ahnung haben; aber alle Welt ist darüber informiert, wie viele Knüppel und Wasserwerfer der Polizei zur Verfügung stehen.« Diese Aussage des tschechischen Staatspräsidenten drückt sehr klar den Kern der ganzen Antiglobalisierungsstrategie aus: Kriminalisierung der KritikerInnen auf der einen und Panikmache und Hysterisierung der Bevölkerung auf der anderen Seite, gekoppelt mit Ignoranz den eigentlichen Akteuren und ihrer Politik gegenüber.

Ich halte die Kombination aus Kriminalisierung, Panikmache und Ignoranz für das effizienteste Mittel, die Grundlagen der Demokratie zu zerstören (s. Anhang: Protesterklärung Nr. 5).

Die Strategie hat jedoch gewirkt. Als wir am 25. September in Prag ankamen, kamen wir in eine tote Stadt. Die Straßen waren leer. Es fuhren keine Autos, und nur wenige Menschen waren unterwegs. Die psychologische Kriegsführung im Vorfeld der Ereignisse war erfolgreich gewesen. Die Prager hatten gehorsam die Anweisungen von oben befolgt.

Wir Frauen des Netzwerks *Diverse Women for Diversity* bekamen die Auswirkungen der allgemeinen Einschüchterung sehr schnell zu spüren. Als wir unsere öffentliche Veranstaltung im Narodni Dum, dem »Volkshaus«, abhielten, waren kaum Tschechinnen gekommen. Die tschechische Presse war nicht erschienen, obwohl viele Einladungen verschickt worden waren.

Wir wollten durch unsere Veranstaltung klarmachen, dass die Politik von Weltbank und IWF, besonders durch die Strukturanpassungsprogramme überall in den verschuldeten Ländern des Südens, aber auch zunehmend in den ehemaligen Ostblockländern, eine hässliche Spur von zunehmender Verarmung, Hunger, Krankheit, Flüchtlingsströmen, sozialen Konflikten und so genannten »ethnischen« Kriegen hinter sich zurücklässt.

Doch die Veranstaltung konnte nur unter den Bedingungen eines Quasi-Ausnahmezustandes stattfinden. Eine Stunde vor Beginn der Veranstaltung hatte die Polizei alle Straßen rings um den »Friedensplatz«, wo auch unsere Tagungsstätte lag, weiträumig abgesperrt. Ich selbst sollte dort einen Vortrag zu dem Thema halten: »Das globale Freihandelssystem als neokoloniales Kriegssystem«.

Vor dem Hintergrund der bürgerkriegsähnlichen Mobilisierung in Prag war mein Vortrag durchaus der Situation angemessen.

Über die Demonstration am 26.9. wurde in den tschechischen und ausländischen Medien ausführlich berichtet, besonders über die Eskalation der Gewalt am Ende des Demonstrationszuges. Dieser Zug hatte sehr friedlich und fröhlich begonnen. Ich wunderte mich, dass er nach all den Vorwarnungen fast ohne Polizeibegleitung durch die Straßen Prags bis kurz vor das Kongresszentrum ziehen konnte, wo die Delegierten tagten. Das Kongresszentrum war durch bewaffnete Polizisten hermetisch abgeriegelt. Als die Spitze des einen Strangs der Demo – sie hatte sich inzwischen in drei Stränge geteilt – die Polizeisperre erreichte, flogen Pflastersteine und auch Molotowcocktails auf die Polizisten. Diese schossen mit Tränengas zurück, und es gab die bekannten Straßenkämpfe zwischen Polizei und Demonstranten.

Als später das tschechische Fernsehen wieder und wieder Bilder von Steine werfenden Demonstranten und geschlossenen Reihen von voll bewaffneten Polizisten zeigte, wurde mein Verdacht bestätigt, dass es sich hier um eine Art »Sich-selbst-erfüllender-Prophezeiung« handelte. Man sah, wie Vermummte in aller Ruhe Pflastersteine ausgruben und in die Fenster von Banken, *McDonald's*, *Kentucky Fried Chicken* und *C & A* warfen. Man sah, wie Fernsehjournalisten diese Szenen ungestört filmten, ohne dass einer der vielen Polizisten die Täter verhaftete. Als wir am Abend in unsere Pension zurückkamen, kam uns der Besitzer der Pension wütend entgegen: »Wozu bezahlen wir diese Polizei aus unseren Steuergeldern? Da stehen sie wie die Bleisoldaten und lassen sich mit Steinen bewerfen! Sie sehen zu, wie diese Anarchisten, Bolschewisten, Kommunisten alles wieder kurz und klein schlagen, was wir in zehn Jahren durch unsere Arbeit aufgebaut haben.«

Ist es wirklich ein Erfolg, wenn ein Mann wie dieser Pensionswirt, der viele Jahre in Deutschland gearbeitet hat, sich eher mit McDonald's und Kentucky Fried Chicken solidarisiert als mit den Demonstranten, die gegen Weltbank und IWF protestieren? Die Fernsehbilder über Straßenschlachten zwischen Polizei und »Anarchisten« überlagerten jede Möglichkeit, dass die eigentliche Botschaft der KritikerInnen der Bretton Woods-Institutionen überhaupt von einer breiten Öffentlichkeit gehört werden konnte.

James Wolfensohn, Präsident der Weltbank, und Wolfgang Köhler, der Präsident des IWF, jedoch hatten diese Botschaft sehr wohl gehört und verstanden. Sie hatten sich in einer offenen Diskussion, zu der Vaclav Havel eingeladen hatte, den Kritikern gestellt, sowohl den jungen Leuten von INPEG als auch bekannten Intellektuellen wie Professor Walden Bello von den Philippinen. Alle zeigten an zahllosen Beispielen aus den verschuldeten Ländern der Welt auf, wie die Kredite der Weltbank für aufwendige Projekte, an denen hauptsächlich westliche Konzerne verdienen, sowie die Strukturanpassungsprogramme des IWF die Wirtschaften ganzer Völker ruiniert, Diktaturen unterstützt, Armut und Flüchtlingselend hervorgerufen hatten. Walden Bello griff Präsident Wolfensohn direkt an: »Ja, Herr Wolfensohn, in Ihrer Amtszeit haben Sie geholfen, das Suharto-Regime in Indonesien zu legitimieren! Das wird die Welt nie vergessen.« (*Prague Post*, 27.9.2000) Auf dem Gegengipfel, den INPEG organisiert hatte, solidarisierte sich Bello mit INPEG und allen anderen AktivistInnen: »Ich bin nicht hergekommen, um akademische Diskussionen zu führen. Ich bin hier als einer von euch, um die Weltbank und den IWF zu stoppen.« (*Prague Post*, 27.9.2000)

Bello sagte, dass das, was sich seit 20 Jahren an Kritik um die Bretton Woods-Institutionen zusammengebraut hatte, zu einer grundlegenden Legitimationskrise dieser Institutionen geführt habe. Keine Institution, keine Regierung könne auf Dauer eine solche Legitimationskrise überleben.

Vielleicht nicht so radikal wie die Bellos, vielleicht aber gefährlicher für die Weltbank ist die Kritik des früheren Chef-Ökonomen der Weltbank, Joseph Stiglitz. Stiglitz nahm ebenfalls am 23.9. an dem von Havel organisierten Treffen von Bankchefs und NROs auf der Prager Burg teil. Er griff nicht nur die Weltbank und den IWF an, sondern auch die US-Regierung und ihre Wirtschaftspolitik seit 1995. Er kritisierte das Programm der Privatisierung in Russland, das von IWF und Weltbank verordnet worden war. »Diejenigen, die die Privatisierung an die erste Stelle vor allem anderen gestellt haben, hatten ganz klar Unrecht.« (*Prague Post*, 27.9.2000). Stiglitz hat die Weltbank verlassen, weil er die Politik des IWF während der Asienkrise für katastrophal hielt.

Wie Bello stellte sich Stiglitz auf die Seite der NRO-KritikerInnen. Im Gegensatz zu Köhler und Wolfensohn seien diese sich darüber im Klaren, was heute viele Menschen bewegt: die Umweltproblematik, die Demokratiefrage, Transparenz, Offenheit und »vielleicht am wichtigsten ... die Armen«. Köhler und Wolfensohn hätten den KritikerInnen nur ausweichende Antworten gegeben. Sie seien nicht in der Lage gewesen, etwas Substanzielles zu sagen.

Was Michel Chossudovsky schon vor etlichen Jahren geschrieben hatte (Chossudovsky 1998, S. 5–10), nämlich, dass das Finanzdebakel in Asien von der Weltbank und dem IWF, in Zusammenarbeit mit dem US-Finanzministerium und den Wallstreet-Banken, verursacht worden sei, wurde in Prag vom ehemaligen

Chefökonom der Weltbank zugegeben. Der Druck, der von diesen Institutionen ausgegangen sei, die Kapitalmärkte zu deregulieren, habe zur Krise beigetragen (*Prague Post*, 27.9.2000).

James Wolfensohn zeigte sich offen für Kritik. Er gab zu, dass die jungen KritikerInnen in vielen Punkten Recht hätten, dass die Weltbank Fehler gemacht habe. Wolfensohn verwies jedoch auch auf die mangelnde Bereitschaft der reichen Länder, sich in der Entwicklungshilfe zu engagieren. Schon vorher waren die ominösen Strukturanpassungsprogramme umgetauft worden in »Armutsbekämpfungsprogramme«. Mit diesem Etikettenschwindel wollten die Banker sich die Forderungen nach Gerechtigkeit für die Armen, die vor allem von der Erlassjahrkampagne *Jubilee 2000*, aber auch von vielen anderen NROs erhoben wurden, für ihre Zwecke zu Eigen machen.

Es bleibt zweifelhaft, ob die Regierungen der reichen Länder der Welt überhaupt daran denken, die Weltbank und den IWF tatsächlich zu einem Instrument der Gerechtigkeit zu machen. Da nützen auch die Beteuerungen Wolfensohns wenig, der den Kritikern sagte: »Ihr solltet uns nicht als eine schwarze, böse Macht ansehen ... bitte versteht, dass unsere Ziele denen der Leute auf der Straße sehr ähnlich sind ... Unser Ziel ist es, die Armut zu bekämpfen. Das ist ein zentrales Anliegen.« (Christopher P. Winner in: *Prague Post*, 27.9.2000)

War Prag ein Erfolg?

Nach dem Vorherigen müssen wir noch einmal fragen: War Prag ein Erfolg? Geschah die vorzeitige Abreise der Delegierten aus Prag, weil sie sich von den Protestlern bedroht fühlten, oder hatten sie mit dem öffentlichen *Mea Culpa* von Wolfensohn und Köhler ihre Aufgabe in Prag bereits erfüllt? Oder war Prag tatsächlich eine weitere Etappe im Prozess der De-Legitimierung einer globalen, wachstumsbesessenen, profitgierigen Wirtschaft, für die alles, was da ist, zur Ware werden muss?

Ich glaube nicht an die Unausweichlichkeit eines linearen Fortschritts, weder in der Wissenschaft noch in sozialen Bewegungen.

Der Triumphalismus in den Äußerungen mancher Globalisierungsgegnerlnnen, dass wir von Seattle über Washington, über London, über Melbourne »von Sieg zu Sieg« schreiten würden, macht mich skeptisch. Vor allem aber ist mir in Prag klar geworden, dass die Situation der Menschen in Prag sich sehr von der in Seattle unterscheidet. Von Leuten, die gerade erst nach einer »samtenen Revolution« im Kapitalismus angekommen sind und immer noch im Stadium des »Nachholens« sind, ist nicht zu erwarten, dass sie die Argumente derer verstehen, die die Institutionen in Frage stellen, die – angeblich – Reichtum, Gleichheit und Frieden für alle bringen sollen.

Ich kann nicht einfach von »Erfolg« sprechen, solange die Mehrzahl der Menschen in Unwissenheit und Panik gehalten wird und nicht versteht, was Weltbank, IWF und auch die ausländischen Protestierer wollen.

Ist das zu pessimistisch? Vielleicht. Auf der Rückreise von Prag las ich in der *International Herald Tribune*: »Der Globalisierungsdrive des Westens hat sich als massiver Fehlschlag erwiesen.« Der Autor, William Pfaff, zeigte, dass die neoliberale Umstrukturierung der Wirtschaft, die von den USA und England begonnen und durch IWF, Weltbank und WTO vorangetrieben wurde, jetzt nicht nur gefährdet wird von Globalisierungsgegnern und deren Erfolgen weltweit, sondern ebenso von Dissens und Konflikten innerhalb der globalen Institutionen selbst. Vor allem seit der Finanzkrise in Asien hat man in vielen asiatischen Ländern das Vertrauen in das Dogma der Marktliberalisierung verloren. Doch auch in den USA, in Europa, in Kanada und Japan könne man nicht mehr übersehen, dass die Freihandelspolitik nicht nur die Kluft zwischen reichen und armen Ländern vergrößert, sondern besonders auch in den reichen Ländern, wie den USA und England, zu immer größerer Ungleichheit führt.

Der Autor zitiert Vaclav Havel, der in Prag sagte: »Ich glaube, dass wir eine andere Umstrukturierung anstreben müssen, eine, die das ganze Wertesystem in Frage stellt, auf dem die derzeitige Zivilisation beruht.« (*International Herald Tribune*, 29.9.2000)

War Prag ein Erfolg? Einerseits ja – doch andererseits? Die internationale Protestbewegung steht vor einem Dilemma: Wenn sie friedlich demonstriert und diskutiert, wird sie von den Medien ignoriert. Wenn es indessen zu Straßenschlachten kommt, berichten zwar die Medien, aber »das Volk« wird nicht aufgeklärt über das, worum es geht. Die Gewaltdiskussion überlagert alles, sowohl bei Befürwortern wie bei Gegnern der Globalisierung.

Vielleicht hängt dies mit einem weiteren Widerspruch zusammen, der mir in Prag auffiel. Die Stadt hing voll von riesigen, obszönen, frauenfeindlichen Reklametafeln für Sexshops und Pornoläden. In einer Boulevardzeitung war neben dem knackigen Hintern einer jungen Frau zu lesen: »Was ist einem IWF-Beamten tschechischer Sex wert?« In keine dieser Reklametafeln waren Steine geworfen worden. Soweit mir bekannt, tauchte die tschechische Sexindustrie und die organisierte Prostitution als neue Wachstumsbranche in der Kritik am globalen Kapitalismus nicht auf. Kann ich da als Feministin von Erfolg reden?

Auf dem »Friedensplatz«, wo der Demonstrationszug sich am Vormittag des 26. September sammelte, gab es viele kleine Luftballons mit dem Slogan: »Liquidate the IMF«. Ich nahm einen als Souvenir mit. Als ich ihn später in meinem Gepäck verstauen wollte, versuchte ich, die Luft herauszulassen. Aber er war ziemlich fest zugeschnürt; es gelang mir nicht, den Knoten zu öffnen. Dennoch entwich die Luft langsam. Übrig blieb ein schlappes, verschrumpeltes Säckchen, dessen stolze Aufschrift kaum noch zu erkennen war. Ich musste lachen. Ja, das war's! Statt all der martialischen Aufrufe wie »Liquidieren«, »Zerstören«, »Bekämpfen«, »Vernichten«, wäre es nicht besser zu rufen: »Wir lassen ihnen die Luft raus!«?

»Glokale« Aktionen

Widerstand gegen die Privatisierungen in Köln

Eines der Probleme, mit denen sich die internationale Bewegung gegen die konzerngesteuerte Globalisierung konfrontiert sieht, ist die Abstraktheit der globalen Politik und der sie betreibenden Institutionen sowie die Entfernung und Unerreichbarkeit der globalen Akteure. Was kann der/die normale BürgerIn mit Kürzeln wie MAI, WTO, IWF/Weltbank, GATT, NAFTA, ja, sogar

EU anfangen? Wie soll sie oder er durchschauen, was die meist hinter verschlossenen Türen auf globaler Ebene beschlossenen Freihandelsabkommen für ihr konkretes Leben bedeuten? Wie kann eine Frau, die ihren festen Arbeitsplatz in einem gerade privatisierten öffentlichen Betrieb verloren hat, verstehen, dass dies etwas mit der von der WTO und der EU gesteuerten neoliberalen Umstrukturierung der Wirtschaft zu tun hat? Politische Betroffenheit und politischer Widerstand entstehen in der Regel auf lokaler, nationaler oder regionaler Ebene, wo noch konkrete Akteure für die Missstände verantwortlich gemacht werden können. Gegenüber global agierenden Institutionen und Konzernen empfinden die meisten Menschen jedoch Ohnmacht. »Da kann man nichts machen«, ist die häufigste Reaktion auf die zunehmende Verschlechterung auch der lokalen Lebensbedingungen.

Dass diese Ohnmachtsgefühle zu durchbrechen sind, hat jedoch schon die Anti-MAI-Bewegung gezeigt. Mit klugen Aktionen sowohl auf kommunaler wie nationaler Ebene wurde in verschiedenen Ländern deutlich gemacht, wie dieses Abkommen den Menschen die demokratische Kontrolle über ihre kommunale und nationale Wirtschaftspolitik entziehen und in die Hand riesiger multinationaler Konzerne legen würde. In der Folge erklärten sich in Kanada, den USA, Österreich, Italien und anderen Ländern dutzende von Kommunen zu MAI-freien Städten. Selbst Seattle, wo später die WTO-Konferenz stattfand, hatte sich als MAI-frei erklärt (Mies/v. Werlhof 1998).

Die Verbindung von lokaler Betroffenheit und Aktion mit globaler Analyse und Aktion hat in der MAI-Kampagne und danach zu einer neuen Politisierung vieler Menschen geführt. Hellwach beobachteten sie kritisch, was um sie herum, aber auch in entfernten Ländern geschah. Und sie überließen es nicht mehr den gewählten Volksvertretern allein, in ihrem Namen Politik zu machen. Sie mischten sich als politische Subjekte selbst ein.

In Deutschland hatte diese »glokale« Strategie zunächst noch wenig Erfolg. Die meisten Menschen verstehen immer noch nicht, was das viel zitierte Wort von der Globalisierung mit ihnen selbst zu tun hat.

In Köln ist es uns, dem *Netzwerk gegen Konzernherrschaft und neoliberale Politik,* nach Seattle jedoch gelungen aufzuzeigen, dass das, was die WTO in Seattle weltweit durchsetzen wollte, z.B. die Privatisierung des Dienstleistungssektors, der öffentlichen Betriebe und des öffentlichen Beschaffungswesens, in Köln bereits praktiziert wird. In einer Veranstaltung klärte der Journalist Werner Rügemer die ZuhörerInnen darüber auf, unter welchen Bedingungen der Rat der Stadt Köln die Kölner Kläranlagen im Wert von 1,2 Mrd. DM für 25 Jahre an eine Briefkastenfirma auf den Cayman-Inseln verleasen und dann wieder zurückmieten wolle. Dabei würde der Stadt ein Abschreibungsvorteil von 54 Millionen DM entstehen. Das Geschäft war von der Deutschen Bank eingefädelt worden, die auch den Vertrag zwischen der Stadt Köln und jener Briefkastenfirma ausgearbeitet hatte. Der Rat der Stadt Köln, der dieses Geschäft unterschreiben musste, bekam lediglich eine von der Deutschen Bank erarbeitete Zusammenfassung des ganzen Vertragswerks vorgelegt. Wir schrieben einen Offenen Brief an die Ratsmitglieder, in dem sie aufgefordert wurden, keinen Vertrag zu unterschreiben, den sie nicht in seiner Gänze gelesen hätten (s. Anhang: Protesterklärung Nr. 7).

Doch unsere Intervention blieb ohne Erfolg. Der Vertrag wurde unterschrieben, die Kölner Kläranlagen sind an jene dubiose Briefkastenfirma verleast und werden von der Stadt Köln zurückgemietet. Der Vertrag gilt für 25 Jahre und gibt dem Leaser ein Vorkaufsrecht.

An diesem Fall konnte den ZuhörerInnen sehr deutlich gemacht werden, dass die neoliberale Globalisierungspolitik, besonders die Politik der Privatisierung, die Grundlagen der Demokratie unterminiert. Sie verstanden sofort, dass dies nicht nur für die WTO auf der globalen Ebene zutrifft, sondern sich ebenfalls auf der lokalen Ebene, sozusagen vor ihren Augen, abspielt.

Viele Leute wollten sofort mehr über solche kommunalen Privatisierungsgeschäfte und ihre Folgen erfahren. Ein neuer Arbeitskreis »Gegen die Privatisierungen in Köln« wurde gegründet, der im Laufe des Frühlings und Sommers 2000 mehrere Veranstaltungen durchführte, die auf ein großes Echo stießen. Besonders erfolgreich war eine Veranstaltung in der Antoniterkirche, in der wir den KandidatInnen für das Amt des Oberbürgermeisters unsere

Erkenntnisse über die verschiedenen schon vollzogenen oder geplanten Privatisierungsgeschäfte in Köln vortrugen und sie um ihre Stellungnahme baten. Es handelte sich um die Privatisierung der Verkehrsbetriebe, der Müllverbrennungsanlage, der Kläranlagen und des Trinkwassers.[9]

Die Kandidaten von FDP und CDU sprachen sich unverblümt für weitere Privatisierungen aus und wiesen alle Hinweise auf negative Folgen zurück. Die Kandidatin der SPD ging zwar auf die Befürchtungen der BürgerInnen ein. Doch es gelang ihr nicht, die Volkswut, die in der Kirche brodelte, zu ihren Gunsten zu nutzen.

Einen grundsätzlichen Einwand gegen die kommunale Privatisierungswelle brachte schließlich eine Schülerin vor. Sie fragte die KandidatInnen, ob sie überhaupt bedächten, für wen sie solche Verträge abschlössen, die eine Laufzeit von 25, 50 oder gar 100 Jahren haben. »Wer sind später Ihre Vertragspartner?«

Auf die Frage des jungen Mädchens gab es keine Antwort. An ihrer Frage wurde jedoch Verschiedenes klar:

- Die Privatisierungsverträge werden über Zeiträume hinweg abgeschlossen, in denen spätere Generationen zwar die meist negativen Folgen dieser Privatisierungen zu tragen haben, die Privatverträge aber nicht ändern können. Sie müssen selbst dann eingehalten werden, wenn die BürgerInnen andere Parteien in die Regierung wählen.
- Die negativen Folgen sind bereits an den jetzigen Privatisierungen abzulesen. Es sind: höhere Gebühren und Preise (für Müllentsorgung, Wasser, Straßenbahnen), schlechterer Service, besonders für ökonomisch Schwache, Alte, allein erziehende Frauen, Arbeitslose. Z. B. werden Straßenbahnlinien in Vororte stillgelegt, wenn sie sich nicht mehr rentieren. Dort wohnen jedoch oft alte Menschen, die sich kein Auto leisten können. Hinzu kommt der Verlust vieler Arbeitsplätze – im Übrigen das einzige Argument gegen die Privatisierung der Verkehrsbetriebe, das von Gewerkschaftern der ÖTV bis jetzt aufgegriffen wurde.
- Eine noch kaum beachtete negative Folge ist auch die durch diese Privatisierungen bewirkte Zerstörung der kommunalen Autonomie und die Unterhöhlung der Verantwortung der ge-

> wählten VolksvertreterInnen für die Sicherung der unmittelbaren Daseinsvorsorge, wie Wasserversorgung, Abfallentsorgung, Verkehr, Gesundheits- und Bildungseinrichtungen usw. Wenn die kommunalen Dienstleistungsbetriebe, die diese Daseinsvorsorge für *alle* BürgerInnen garantieren, privatisiert werden, dann werden Profit- und Konkurrenzgesichtspunkte inländischer oder ausländischer Investoren im Vordergrund stehen, nicht aber die Daseinsfürsorge für die Menschen. »WTO = Profit over People« (Für die WTO ist der Profit wichtiger als die Menschen) lautete ein Slogan in Seattle. Vor allem geben die gewählten VolksvertreterInnen mit der Unterschreibung von Privatisierungsverträgen, die zudem noch in nichtöffentlichen Sitzungen beschlossen werden, die Kontrolle über die privaten Firmen letztlich aus der Hand, auch wenn Vertreter der gewählten Parteien anschließend einen Sitz in den Aufsichtsräten bekommen. Dies gilt auch dann, wenn ausländische Investoren Käufer der kommunalen Betriebe sind. Wie wir von MAI und der WTO wissen, darf keine nationale oder kommunale Regierung ausländischen Investoren Auflagen machen, die den »freien Handel« und den Wettbewerb beeinträchtigen (Mies/ v. Werlhof 1989, S. 38–42).

In der Frage der langen Laufzeit von Privatisierungsverträgen ist noch ein zusätzlicher Aspekt problematisch: Wieso darf ein Stadtrat, der nur für eine kurze Periode gewählt ist, den kommunalen Besitz (Land, Wald, Gewässer) oder die Betriebe der kommunalen Daseinsvorsorge so verkaufen, als ob er der Eigentümer wäre? Die Stadt- oder Gemeinderäte sind doch nur die *Treuhänder* dieser Güter. Sie sollen sie zum Wohl der BürgerInnen pflegen, verwalten und so erhalten, dass nachfolgende Generationen ebenfalls in den Genuss dieser Güter kommen können. Nur das kann *nachhaltige* Stadt- oder kommunale Entwicklung genannt werden. Die Privatisierung dieser Güter und Betriebe nach kapitalistischen Gesichtspunkten im Rahmen einer globalen, wettbewerbsorientierten Ökonomie kann niemals »nachhaltig« im Sinne der ursprünglichen Definition sein.

Stadt- oder Gemeinderäte, die die zzt. laufende Privatisierungswelle vorantreiben, verhalten sich nicht wie demokratisch gewählte VolksvertreterInnen, sondern wie Feudalherren. Allerdings wie Feudalherren, die nicht bloß ihr »Tafelsilber« verkaufen, sondern die Lebensgrundlagen der Bevölkerung. Dazu haben sie kein Recht.

Nach dem Fiasko der *Millenniumrunde* in Seattle haben die *global players*, die Betreiber der neoliberalen Globalisierung, ihr Programm keineswegs aufgegeben. Zu diesem Programm gehört – neben der Liberalisierung des Wettbewerbs, der Investitionen und des Dienstleistungsbereichs – auch die Liberalisierung des öffentlichen Beschaffungswesens.

Weil es nicht möglich war, diese Liberalisierungen auf globaler, multilateraler Ebene in der WTO juristisch zu verankern, werden sie nun auf nationaler oder kommunaler Ebene ohne lange Verhandlungen faktisch durchgesetzt.

Auch die andere Seite schläft nicht

Die Erfolge der globalen Protestbewegung sollten uns nicht darüber hinwegtäuschen, dass auch die »Unheilige Trinität« Weltbank, IWF und WTO und die hinter ihnen stehenden Konzerne gelernt haben. Dieses Lernen zeigt sich zwar vor allem in einer besseren PR-Arbeit, in der Kooptierung der Sprache und von Themen der Protestbewegung und in dem Angebot von »Dialogen« mit der »Zivilgesellschaft«. Der Generaldirektor der WTO, Mike Moore, schreibt in einem Artikel in der *International Herald Tribune*, dass die WTO jetzt auf dem Wege sei, den Umweltschutz und den globalen Freihandel miteinander zu versöhnen. Er ist sogar der Meinung, dass der globale Freihandel wesentlich zur Verringerung von Umweltproblemen beitrage, weil Ressourcen effizienter genutzt werden könnten, als wenn alle Länder alle Güter und Dienstleistungen selbst herstellen würden (Moore 2000).

Doch abgesehen von solchen PR-Manövern, die den Wölfen grüne oder rote Schafspelze verpassen sollen, betreiben Weltbank/IWF und die WTO ihre Geschäfte weiter wie gehabt.

Die WTO ist dazu sogar durch ihre »eingebaute Agenda« (inbuilt agenda) verpflichtet. Diese Agenda verpflichtet die WTO, auch außerhalb der großen Ministertreffen über verschiedene Abkommen mit den Mitgliedsländern weiterzuverhandeln. Dazu gehören insbesondere das Abkommen über Agrarhandel (AoA), die TRIPs sowie das Allgemeine Abkommen über Handel mit Dienstleistungen, *General Agreement on Trade in Services* (GATS).

GATS: Das MAI durch die Hintertür

Die Verhandlungen über GATS sind trotz des *Fiaskos von Seattle* ungebrochen weitergegangen. Anders als bei anderen Abkommen ist das GATS in seiner Reichweite und seinen Konsequenzen kaum bekannt. Doch manche Kritiker sagen, das GATS sei die Hintertür, durch die das MAI wieder auf die Tagesordnung gesetzt würde.

Die meisten Menschen denken bei Globalisierung und Liberalisierung von Dienstleistungen nur an elektronischen Handel. Doch unter dem Begriff »Dienstleistungen« kann fast jede Tätigkeit unter der Sonne verstanden werden, ob es sich um die Arbeit einer Putzfrau handelt oder um Tätigkeiten im Öffentlichen Dienst.

Viele NROs, besonders in Frankreich und Kanada, kämpfen gegen das GATS. Die vom Neoliberalismus geforderte Freihandelspolitik, die von der WTO garantiert wird, verlangt die Deregulierung, Privatisierung und Globalisierung auch des Dienstleistungssektors. Welche Konsequenzen die Öffnung dieses Bereichs für die BürgerInnen haben wird, wird in Deutschland weder von den Parteien noch von den Gewerkschaften angemessen kritisch diskutiert.

Die Gewerkschaften thematisieren allenfalls den Verlust von Arbeitsplätzen, der den Privatisierungen in der Regel auf dem Fuße folgt. Sie kümmern sich aber wenig um die anderen negativen Folgen dieser Politik, wie die Unterminierung der Gemeindeautonomie, den Verlust an Demokratie, die Erhöhung von Gebühren und Preisen, die Benachteiligung bestimmter Bevölkerungsgruppen, die Umweltfolgen und die allgemeine qualitative Verschlechterung der Dienstleistungen.

Vor allem ist überhaupt nicht klar, dass die derzeit laufende

Privatisierungswelle im Dienstleistungssektor deutscher Kommunen überhaupt etwas mit dem GATS und der WTO zu tun haben. Die meisten Kommunen leiden unter Verschuldung, sinkenden Steuereinnahmen, hohen Sozialausgaben und suchen deshalb nach Möglichkeiten, Teile der kommunalen Dienstleistungsbereiche an private Investoren abzustoßen. Wie wir sahen, sind es zum großen Teil Bereiche der unmittelbaren Daseinsvorsorge.

Es ist zwar noch nicht so, dass das GATS bereits von der EU-Kommission, die ja für die EU-Länder bei der WTO verhandelt, unterschrieben worden wäre. Doch sie betreibt schon jetzt WTO-Politik in der EU. Da die angesagte weitere Öffnung des Dienstleistungssektors für den globalen Freihandel Teil der »inbuilt agenda« der WTO ist, kann sich die EU-Kommission auf die WTO berufen, um die weitere Liberalisierung des Dienstleistungssektors zu legitimieren.

Wie beim gescheiterten MAI gibt es in Deutschland in Bezug auf GATS wieder dieses merkwürdige Gemisch aus Unwissenheit, Schweigen, Sachzwängen und vorauseilendem Glauben, das dazu führt, die derzeitige Privatisierungswelle wie eine naturgesetzliche Notwendigkeit zu akzeptieren, gegen die man nichts machen könne.

Wer aber verstehen will, dass das GATS nicht wie die Schwerkraft funktioniert, sondern dass dahinter bestimmte Interessengruppen stehen, gegen die man vorgehen kann, der tut gut daran, einen Blick über den deutschen Zaun hinaus zu werfen und sich bei den Bewegungen in anderen Ländern kundig zu machen.

In Kanada z.B. haben vor allem die Städte und Gemeinden zum Widerstand gegen das GATS aufgerufen. Sie sehen im GATS eine Bedrohung der Gemeindeautonomie. Schon während der Anti-MAI-Kampagne hatte sich eine Reihe kanadischer Städte als MAI-frei erklärt. Jetzt hat der Stadtrat von Vancouver eine Resolution verabschiedet, in der das GATS abgelehnt wird. Die Resolution ist ein Warnschuss an die Zentralregierung in Ottawa. Denn sie ist es, die mit der WTO verhandelt. Wie beim MAI müssen Abkommen, denen eine nationale Regierung einmal zugestimmt hat, auf allen sub-nationalen Ebenen eingehalten werden, also auch auf Provinz-(Landes-) oder Kommunalebene. Aus Sorge um ihre Gemeindeautonomie hatte Vancouver schon damals das MAI abgelehnt.

Die Resolution von Vancouver soll als Muster für oppositionelle Stadt- oder Gemeinderäte im ganzen Land gelten. Die Hauptforderungen der Resolution sind folgende:

1. Die Zentralregierung in Ottawa soll eine umfassende Beratung mit der kanadischen Bevölkerung und den gewählten lokalen Volksvertretern führen, ehe sie irgendwelche Entscheidungen bezüglich des GATS fällt.
2. Obwohl sie nicht prinzipiell gegen Freihandel ist, verlangt die Stadt Vancouver, dass der kanadische Premier eine permanente Ausnahme der kanadischen Gemeinden vom GATS verabschiedet und das GATS lediglich auf die nationale Ebene beschränkt, damit die Autorität der lokalen Regierungen, ihre öffentlichen Aufgaben zu regeln, erhalten bleibt.
3. Die (Provinz-)Regierung von British Columbia (wo Vancouver liegt) soll ebenfalls öffentliche Anhörungen veranstalten, um die Auswirkungen des GATS auf die Gemeinden zu überprüfen. Die Stadt Vancouver verlangt, dass der kanadische Unterhändler bei der WTO den gewählten lokalen Volksvertretern Rede und Antwort stehen muss.
4. Der Bund kanadischer Städte und Gemeinden (Städtetag) soll ein Team ernennen, das die Verhandlungen über das GATS bei der WTO verfolgt und sofort Alarm schlägt, wenn es die geringsten Anzeichen einer Bedrohung der Rechte und der Jurisdiktion der Kommunen feststellt.
5. Die kanadischen Kommunen fürchten außerdem, dass die großen amerikanischen Konzerne im Gesundheits- und Bildungssektor auch in Kanada US-Verhältnisse schaffen werden. »45 Millionen Amerikaner haben keine Krankenversicherung, die Privatisierung der Gefängnisse ist eine Katastrophe. Wir möchten nicht dieses Wirtschaftsmodell nachahmen, wo nur wirtschaftliche Kräfte dominieren.« (Julien 2000)

Der Städtetag der Provinz British Columbia hat am 27.10.2000 eine ähnliche Resolution in Bezug auf das GATS verabschiedet.

Wenn Dienstleistungen unter die Kontrolle der WTO geraten, dann bedeutet das Billionen Dollars kommerzieller Transaktionen, denn fast jede menschliche Tätigkeit kann als Dienstleistung angesehen werden: Verkauf, Bau, Architektur, Dekoration, Putz- und Ordnungsdienste, Ingenieurdienste, Finanz- und Bankdienste, Verwaltung, Verkehr, Post, Telekommunikation, Müllentsorgung, Wasserversorgung, Energieversorgung, Kultur, Bildung und Gesundheitsversorgung, um nur einige Dienstleistungsbereiche zu nennen.

Worüber im Rahmen von GATS zur Zeit verhandelt wird, sind vor allem a) der Gesundheitssektor, und b) der Bildungssektor.

Dabei geht es um die volle Liberalisierung, und das heißt, *Privatisierung* dieser Sektoren. Amerikanische Gesundheitskonzerne stehen schon in den Startlöchern, um in das europäische Gesundheitsgeschäft einzusteigen. Hier winken saftige Gewinne. Die europäische Bevölkerung ist überaltet. Die Kosten für Krankenhäuser, medizinische Versorgung und Medikamente explodieren. Allerdings steht in den meisten europäischen Ländern der Staat einer solchen Privatisierung im Wege, denn in den meisten europäischen Sozialstaaten ist die Gesundheitsversorgung (noch) Teil der öffentlichen Daseinsfürsorge.

Die amerikanische Handelsministerin Charlene Barshefsky kämpft dafür, dass die Europäer den Gesundheitssektor für Privatisierungen öffnen, mehr Wettbewerb zulassen und die Anwendung der GATT-Klauseln über »Inländerbehandlung« akzeptieren. Ausländische Firmen können dann in den Gesundheitssektor einsteigen.

Was die Folgen der Liberalisierung und Privatisierung des Gesundheitssektors, von Krankenhäusern, Pflege- und Betreuungsdiensten, von Verwaltung und öffentlichem Beschaffungswesen – denn das soll ja auch liberalisiert werden –, sind den meisten Menschen, ja, nicht einmal den Politikern heute klar, die dieser Liberalisierung und Privatisierung nach den Vorgaben des GATS, der WTO und der EU-Kommission zustimmen.

Einen Vorgeschmack dieser Konsequenzen gibt uns ein Bericht aus der Provinz Saskatchewan in Kanada. Dort hat die amerikanische Hotelkette Sodexho-Marriott-Services 1997 den Pflegedienst in den Krankenhäusern von Swift Current übernommen. In der Folge wurde die Anzahl des Pflegepersonals reduziert, was die verbleibenden Angestellten unter enormen Zeitdruck setzte und die Qualität der Pflegeleistung deutlich reduzierte. Die Firma Marriott bezieht nichts mehr von lokalen Zulieferfirmen, sondern von dort, wo es am billigsten ist.

Inzwischen kämpft eine Koalition von Gewerkschaften und BürgerInnen gegen diese Firma, von der sie sich in Geiselhaft genommen fühlen: »Durch ihr parasitenhaftes Verhalten sorgt die Firma dafür, dass die Gemeinde am Ende total von ihr abhängt.« Die AktivistInnen beklagen vor allem, dass die Distrikt-Gesundheitsbehörde einer amerikanischen Service-Firma den gesamten Pflegedienst ihrer Stadt übertragen habe, weil dies angeblich »kostenneutral« sei. Sie kämpfen dafür, dass der amerikanische Service-Multi verschwindet und der Pflegedienst in den Krankenhäusern der Provinz wieder entprivatisiert wird (Gardner 1998).

Auch die Privatisierung des *Bildungssektors* würde ähnliche Konsequenzen haben. Wie sie aussehen könnten, darüber haben Tony Clarke und Maude Barlow schon 1998 aus Kanada berichtet. Amerikanische Bildungskonzerne streben mit Macht danach, den gesamten Bildungssektor, soweit er noch unter der Kontrolle der öffentlichen Hand ist, zu privatisieren. Nach Clarke/Barlow sehen sie in der Kommerzialisierung der Bildung einen profitablen Markt, nicht nur in den USA, sondern auch in anderen Ländern. Schon 1998 existierten in Kanada 20 000 Partnerschaften zwischen Schulträgern – meist Gemeinden – oder *Education Boards* und Privatkonzernen. Zu den multinationalen »Partnern« gehören AT & T, IBM, General Electric, Hewlett-Packard, Unitel, Bell Canada und Northern Telecom.

Da viele Schulen finanziell nicht mehr in der Lage sind, eine eigene Cafeteria zu betreiben, gehen sie Partnerschaften mit transnationalen Konzernen wie Burger King, Coca Cola, McDonald's, Pepsi Cola und Pizza Hut ein.

Clarke und Barlow fürchten, dass diese »Partnerschaften« nicht nur dazu führen könnten, dass Konzerne die Schulen als lukrativen Markt für ihre Werbung und ihre Produkte benutzen, sondern dass die Schulbehörden den Konzernen z.B. auch keine Auflagen mehr machen dürften, *welche* Werbung sie in den Schulen verbreiten. Wie auch bei der Privatisierung des Gesundheitssektors dürften, dem GATS gemäß, einheimische Firmen bei der öffentlichen Beschaffung von Schulmaterial nicht mehr bevorzugt werden (Clarke/Barlow 1997).

Erfahrungen aus dem Hochschulbereich der USA zeigen, dass die Liberalisierung und Privatisierung dazu führen, dass Konzerne als Sponsoren oder gar Eigentümer ganzer Fakultäten und Abteilungen auftreten. Was das für die Rekrutierung der Hochschullehrer, die Frage der Gebühren, die Gestaltung der Curricula und die Freiheit von Forschung und Lehre allgemein bedeutet, kann man sich an fünf Fingern ausrechnen. Vor allem hätte die Privatisierung und damit die Kommerzialisierung des Bildungsbereiches die Folge, dass Schulbildung, vor allem höhere Schulbildung, nicht mehr ein Recht wäre, das für alle gilt, sondern ein Privileg für diejenigen, die sich Bildung leisten könnten.

Wer geglaubt hat, der neoliberale Angriff auf kommunale Dienstleistungsbetriebe, Selbstverwaltung und die lokale Daseinsfürsorge würde unter sozialdemokratischen Regierungen in Europa gestoppt, der sieht sich heute enttäuscht. Besonders in England unter Tony Blairs »New Labour« und in Deutschland unter Gerhard Schröders SPD ist die Liberalisierung und Privatisierung des kommunalen Dienstleistungssektors schneller vorangeschritten als vorher.

George Monbiot weist in seinem neuen Buch »Captive State« für England ausführlich nach, dass der Einfluss der großen Konzerne auf die Regierungspolitik unter Tony Blair enorm zugenommen hat. Durch die *Private Finance Initiative* (PFI) der Regierung wurden im Gesundheitsbereich private Gesundheitstrusts gegründet, deren Ziel es ist, u. a. den Gesundheitssektor rein nach Profitgesichtspunkten umzustrukturieren. In Coventry z.B. wurde die Zahl der Krankenhäuser von fünf auf zwei, und die Zahl der Betten um 20 Prozent reduziert, was einen entsprechenden Abbau von Arbeitsplätzen nach sich zog.

Skandalöser an dieser Privatisierungspolitik in England – so Monbiot – ist jedoch, dass diese Privatisierungen die Steuerzahler 36 Millionen Pfund im Jahr kosten, und zwar über Jahrzehnte hinaus, weil die Verträge mit den Investoren Laufzeiten zwischen 30 und 60 Jahren haben.

In Edinburgh bekommen vier Investoren im Gesundheitsbereich 990 Millionen Pfund aus dem öffentlichen Haushalt für ein Projekt, das sonst nur 180 Millionen gekostet hätte.

Über ähnliche Geschäfte berichtet Monbiot in den Bereichen

Straßenbau und Stadtentwicklung, beim Bau der Skye-Brücke in Schottland und vor allem im Zusammenhang mit der Subventionierung großer Warenhausketten.

An diesen Fällen wird klar, dass die sozialdemokratische Regierung Englands die Steuergelder benutzt, um öffentliche Dienstleistungsbetriebe zu privatisieren und gleichzeitig große Privatfirmen subventioniert (Monbiot 2000).

Was Monbiot für England festgestellt hat, hat Steven Gorelick schon 1998 ganz allgemein für die konzerngesteuerte Globalisierung gesagt, nämlich, dass Regierungen und selbst Kommunen bereit sind, massive Subventionen aus Steuergeldern an multinationale Konzerne zu zahlen, in der Hoffnung, dass diese sich dann auf ihrem Territorium niederlassen werden (Gorelick 1998).

In Deutschland betreibt die Schröder-Regierung eine ähnliche Politik. Sie wird auch hier inzwischen unter dem Begriff der *Private-Public-Partnership* diskutiert[10], also einer Partnerschaft zwischen dem öffentlichen und dem privaten Sektor. Mir ist zur Zeit keine Untersuchung, wie die von Monbiot über die Auswirkungen dieser Politik in Deutschland bekannt.

Obwohl inzwischen die negativen Folgen früherer Privatisierungen überall zu beobachten sind – prominentes Beispiel ist das Fiasko der privatisierten Eisenbahn – wird in Deutschland die Privatisierungspolitik öffentlich nicht in Frage gestellt.

Anmerkungen

1 Quelle: Dokumentation der San Francisco-Konferenz 2000: Offene Weltkonferenz der ArbeitnehmerInnen für die Verteidigung der Gewerkschaftsunabhängigkeit und der demokratischen Freiheiten. Kontakt: Carla Boulboullé, Postfach 12 07 55, D-10597 Berlin.

2 In Deutschland hat diese Beteiligung der Gewerkschaften an der Auflösung des Mutterschutzes hervorragend funktioniert. Die »Revision« der Übereinkunft 103 hat nicht nur keinen Proteststurm bei den Gewerkschaften hervorgerufen, nicht einmal bei den Frauen. Im Gegenteil: Eine Initiative von Gewerkschafterinnen, die gegen die Aufweichung des Mutterschutzes protestierte, bekam in Köln kein Rederecht bei der Gewerkschaftskundgebung zum 1. Mai. Als eine dieser Frauen die stellvertretende

Vorsitzende des DGB, Frau Engelen-Kefer, aufforderte, die Revision der Übereinkunft 103 in Genf nicht zu unterschreiben, bekam sie zur Antwort, diese Revision bedeute eine Verbesserung für Frauen. Frau Engelen-Kefer hat die Revision der Übereinkunft 103 mit unterschrieben. Die Übereinkunft 103, die nach langen Kämpfen 1919 in der IOA verankert worden war, wurde am 11. Juni 2000 so revidiert, wie es die Arbeitgeberseite verlangt hatte. Die Öffentlichkeit weiß von dieser Aufweichung der Mutterschaftsrechte so gut wie nichts.

3 Die erste Anti-WTO-Erklärung war die der »Mitglieder der Zivilgesellschaft gegen die Millennium-Runde in der WTO«, die vor Seattle von über 1600 Organisationen unterschrieben worden war.

4 Mitglieder dieser Kontaktgruppe sind: Ms. Monique Julien, Director, UNICE, Mr. Peter Coldrick, Confederal Secretary ETUC, Mr. Devisch, Chairman COPA-COGENA, Mr. Risto Volanen, Secretary General COPA-COGENA, Mr. Pascal Kerneis, Managing Director ESF (European Services Forum) Ms. Jill Johnstone, Head of Policy Department, National Consumer Council, Ms. Mary McPhail, General Secretary of the European Health Alliance, Mr. Hervé Lefeuvre WWF, EC-funding, Mr. Peter With, Chairman Euron Aid Liaison Committee on Food Security, Mr. Bruno Vever, Chairman Groupe des Employeurs, COMITE ECONOMIQUE ET SOCIAL, Mr. Kallio, Chairman, Membre du Comite Economique et Social, Mr. J.F. Bence, Secretaire Comite Economique et Social, Vertreter der EU-Kommission: Pascal Lamy, Handelskommissar, Mr. Madelin, Generaldirektor für Handel (DG Trade), Mr. Ignacio Garcia Bercero, Deputy Head of Unit DG Trade, Ms Sabine Weyand, Mitglied von Lamys Kabinett.

5 Quelle: e-mail-Aufruf von Juan Tortosa, Präsident des Schweizer Komitees für die Bangkok-Erklärung. Die Bangkok-Erklärung war bei einem Vorbereitungstreffen zum Sozialgipfel in Bangkok verabschiedet worden.

6 Quellen: Frankfurter Rundschau vom 3.7.2000, und www.millau-30juin.-ras.eu.org

7 Außer in Prag fanden auch in vielen anderen Städten der Welt am 26. September Proteste gegen die Weltbank und den IWF statt.

8 Die PGA wurde im Februar 1998 gegründet. Sie ist ein loser Zusammenschluss von bereits bestehenden Basisorganisationen und -bewegungen aus allen fünf Kontinenten. Das *Movimento Sin Terra* (MST), die Landlosenbewegung in Brasilien, gehört ihr ebenso an wie die mexikanische zapatistische Befreiungsfront FZLN und die *Karnataka Ryota Rajya Sangh* (KRRS), die oppositionelle Bauernbewegung in Südindien.
Die PGA unterscheidet sich von anderen NGOs insofern, als sie sich explizit *nicht* als NGO versteht, keine Lobbyarbeit macht und einen klaren

Konfrontationskurs verfolgt. Sie glaubt nicht, dass Institutionen wie WTO, NAFTA oder EU reformierbar sind. Die PGA lehnt bürokratische und hierarchische Strukturen ab und setzt auf dezentrale autonome Basisorganisation. Die PGA-AktivistInnen halten auch nicht viel von theoretischen Erklärungen. Stattdessen rufen sie zu zivilem Ungehorsam und zu gewaltloser direkter Aktion Auf. Sie vertrauen auf die Vernetzung vieler »lokaler Kämpfe« zu einer »Internationale der Hoffnung«.

9 Die Privatisierung der Trinkwasserversorgung wird von der Weltbank unterstützt, wie folgendes Zitat aus einem Strategiepapier des Konzerns Monsanto zur Wasserprivatisierung, belegt: »Wir sind vor allem begeistert über die Möglichkeit, mit der International Finance Corporation (IFC) der Weltbank bei der Gründung von Joint Ventures in Entwicklungsländern partnerschaftlich zusammenzuarbeiten.« (Vandana Shiva: »Monsanto dehnt seine Monopolstrategie vom Saatgut jetzt auf das Wasser aus.« in: *Infobrief Nr. 3 des Netzwerks gegen Konzernherrschaft und neoliberale Politik*, Köln 2000, S. 20.) Doch auch die Bundesregierung verfolgt schon konkrete Pläne, die Trinkwasserversorgung in Deutschland zu privatisieren (vgl. Projektbeschreibung: »Sicherung einer nachhaltigen und leistungsfähigen Wasserversorgung bei wettbewerblicher Öffnung des Wassermarktes« IB2–808103, Berlin, 13.5.2000)
Gegen diese Privatisierung des Wassers kämpft das bundesweite Netzwerk »Unser Wasser«, das von NABU und der »Grünen Liga« unterstützt wird. Kontaktadresse: Michael Bender, c/o Grüne Liga, Prenzlauer Allee 230, D-10405 Berlin, e-mail: wasser@grueneliga.de

10 vgl. Euroforum Seminar: Privatisierung kommunaler Aufgaben – Rechtsfragen und Lösungsmodelle – Berlin, 6. April, 10. Mai 2000.

VI. Alternativen zur konzerngesteuerten Globalisierung

Schon während der Kampagne gegen das MAI wurden wir immer wieder gefragt: Wenn ihr die neoliberale Globalisierung ablehnt, welches andere Wirtschaftsmodell schlagt ihr denn vor? Wollt ihr etwa zum alten nationalstaatlichen, keynesianischen Protektionismus zurückkehren? Oder gar zum gescheiterten Staatskapitalismus sowjetischer Prägung?

Auf diese Fragen gibt es keine einfachen Antworten. Viele der in der globalen Protestbewegung engagierten Menschen drücken sich ein wenig vor einer Antwort auf die Frage nach den Alternativen. Manche sind der Meinung, dass der internationale Widerstand zu gegebener Zeit von selbst solche Alternativen hervorbringen werde.

Andere jedoch – ich gehöre zu ihnen – können sich damit nicht zufrieden geben. Sie sehen, dass der Protest gegen MAI, WTO, Weltbank und IWF notwendigerweise zu einer Auseinandersetzung darüber führt, welche Wirtschaft, welche Gesellschaft und welche Politik die Menschen an die Stelle des neoliberalen, globalen kapitalistischen Wirtschaftssystems setzen wollen.

Wie wir sahen, ist die Bewegung der *Globalisierung von unten* keineswegs einer einheitlichen Ideologie oder einer neuen »Großen Idee« (Kingsworth 2000) verpflichtet, sie hat kein Politbüro, keine hierarchische Struktur und keine Exekutivorgane. Sie ist so vielfältig wie das Leben und die menschlichen Gemeinschaften und taucht überall in der Welt auf, wo das globale Kapital seine moderne »transnationale Tyrannei« (George) über Menschen, Kulturen und die Natur errichtet. Diese Vielfalt ist, da stimme ich Paul Kingsworth zu, eine Stärke und nicht eine Schwäche dieser Bewegung.

Aus diesem Grunde fallen die Antworten auf die Fragen nach den Alternativen sehr unterschiedlich aus. Da gibt es nicht nur Unterschiede in der Reichweite der Alternativen: Die einen wollen die Bretton Woods-Institutionen und den Neoliberalismus lediglich reformieren. Andere glauben nicht an die Wirksamkeit solcher Reformen und fordern: Die WTO, die Weltbank, der IWF sollen verschwinden. Wieder andere gehen noch weiter und schlagen eine radikale Kehrtwendung der Wirtschaftspolitik vor. Eine solche Kehrtwendung verstehen sie nicht einfach als Rückkehr zu alten Modellen, sondern als eine Umstrukturierung, die von ganz anderen Werten und Prinzipien ausgeht als denen, die den neoliberalen Wettbewerbskapitalismus beherrschen.

Wenn man die verschiedenen »Erklärungen« betrachtet, die im Laufe der Jahre 1999 und 2000 verfasst wurden (s. Anhang), dann wird deutlich, dass sich da ein Prozess vollzogen hat, der mit ziemlich moderaten Forderungen begann – z.B. »Keine Millenniumrunde in der WTO« –, sich im Laufe der Zeit aber immer weiter radikalisierte und auch ausweitete. Nicht mehr allein die Bretton Woods-Institutionen wurden angeklagt und in Frage gestellt, sondern ihnen wird auch – wie in der Erklärung von Prag – jede Legitimation, die Weltwirtschaftspolitik weiter zu bestimmen, abgesprochen. Dort heißt es: »Was die Welt braucht, ist eine ökonomische Revolution, die die Kontrolle über die Wirtschaft den Menschen zurückgibt, die von ihr betroffen sind. Die Zeit ist gekommen, die Wirtschaft in den Dienst der Menschen zu stellen und nicht ganze Gesellschaften in den Dienst von ökonomischen Modellen, die in den letzten 20 Jahren versagt haben.« (Erklärung von Prag, 2000, s. Anhang: Protesterklärung Nr. 4).

In Seattle kulminierte das Ziel dieser »ökonomischen Revolution« in dem Slogan *People and the Planet over Profit* (Die Menschen und der Planet sind wichtiger als der Profit). Auch der Slogan von Prag, *Life is not for Sale* (Das Leben ist keine Ware), deutet in dieselbe Richtung einer Wirtschaft, die nicht von Wachstumszwang, universaler Konkurrenz und der Verwandlung aller materiellen und immateriellen Dinge in Waren vorangetrieben wird. Der Zeitpunkt scheint günstig für eine solche Umkehr. Denn nicht nur den ProtestiererInnen in Seattle, Washington, Melbourne und Prag ist klar geworden, dass die Religion des neoliberalen globalen Kapitalismus eine Luftblase ist, die zerplatzt, sobald man sie mit der Realität konfrontiert, sondern inzwischen gibt es eine Reihe von prominenten Häretikern, die nach Alternativen Ausschau halten (Luttwak, Gray, Stiglitz).[1] Doch es ist eine Sache, eine Zukunftsperspektive in einen guten Slogan zu verpacken, eine andere dagegen, die nächsten Schritte zur Realisierung dieser Zukunftsperspektive plausibel zu beschreiben. Im Hinblick auf diese Aufgabe gibt es unterschiedliche Strategien. Ich werde hier einige der wichtigsten kurz vorstellen.

Wiedereinführung von Kapitalverkehrskontrollen

Die Vertreter dieses Ansatzes wollen als ersten Schritt das durch die Liberalisierung der Finanzmärkte über den Globus vagabundierende, meist spekulative Kapital durch eine Steuer kontrollieren, die jedes Mal dann erhoben werden soll, wenn Kapital die nationalen Grenzen überschreitet.

Diese nach dem Nobelpreisträger Tobin benannte *Tobin-Steuer* soll den globalen Finanztransfer so verteuern, dass der Anreiz für das schnelle, ungehinderte Verschieben von Kapital aus einem Land hinaus oder in ein anderes Land hinein erheblich gebremst würde. Wie Martin Khor und Michel Chossudovsky gezeigt haben, war diese Deregulierung der Finanzmärkte hauptsächlich verantwortlich für die Finanzzusammenbrüche 1997/98 in Asien und in Russland (Chossudovsky 1998, S. 5–10, Khor 1998, S. 29–30).

Diese Strategie wurde zuerst von der französischen ATTAC-Bewegung vorgeschlagen. ATTAC ist das Kürzel für *Association pour une Taxation des Transactions financières pour l'Aide des Citoyens.* Man kann ATTAC übersetzen als »Vereinigung für eine Besteuerung von Finanztransaktionen zum Besten der BürgerInnen«. ATTAC beschränkt sich jedoch nicht auf die Kampagne für eine Tobin-Steuer und andere Kontrollen des weltweit herumvagabundierenden Finanzkapitals. ATTAC ist in Frankreich zu einem Sammelbecken für die von der Globalisierung unmittelbar Betroffenen geworden: für Arbeitslose, für die »Sans-Papiers«, illegale Einwanderer und Arbeitssuchende, für Obdachlose und Kleinbauern, die gegen die EU- und WTO-Agrarpolitik rebellieren, für Intellektuelle und Gewerkschafter, die gegen die Globalisierungspolitik kämpfen, für Alte und Junge, für Organisierte und Nichtorganisierte.

ATTAC hatte im Sommer 2000 20 000 Mitglieder, täglich kommen 100 hinzu. Besonders nach Seattle, wo die Organisation sehr präsent war, erlebt sie einen großen Zulauf. Im Sommer 2000 organisierte ATTAC eine Sommeruniversität, an der 700 vorwiegend junge Menschen teilnahmen. »Die Parteien kann man ja nicht mehr ernst nehmen«, sagte eine junge Teilnehmerin dieser Sommeruniversität. Sie war begeistert von den Vorträgen und Diskussionen, die dort stattfanden. ATTAC beschränkt sich nicht auf die Kritik an der Liberalisierung der weltweiten Finanztransaktionen, sondern greift auch die neoliberale Ideologie als solche an und entlarvt das, was ihre Befürworter den Leuten als quasi naturgesetzlich bedingtes und alternativloses Modell von Wirtschaft vorsetzen, als Bluff. Besonders junge Menschen finden ATTAC attraktiv. »Wir wollen verstehen, was los ist – warum der Run auf die Börsen Blödsinn ist und was hinter den Börsen steht«, sagte die junge Frau.

Der Vorsitzende von ATTAC ist Bernard Cassens von *Le Monde Diplomatique*. Ein Beirat von kritischen Wirtschaftswissenschaftlern steht ATTAC zur Seite.

Nach Seattle griffen auch einige deutsche NROs, vor allem *Kairos Europa*, *Share e.V.* und andere diesen Ansatz auf. Sie gründeten ein neues *Netzwerk zur demokratischen Kontrolle der internationalen Finanzmärkte*. Im Gegensatz zu ATTAC beschränkt sich das deutsche Netzwerk jedoch auf Kontrollmechanismen im Rahmen liberalisierter Finanzmärkte. Die Gründungsmitglieder lehnen auch nicht eindeutig den Neoliberalismus und die Globalisierung ab. Sie gehören zu den moderaten NROs, die sich auf einzelne Verbesserungen des Systems beschränken. In ihrer Grundsatzerklärung fordern sie:

- die Einführung einer Steuer auf internationale Finanztransaktionen (z.B. Tobin-Steuer);
- die Schließung der Steuerparadiese und »Off-Shore-Zentren«;
- keine Privatisierung der Alterssicherung (z.B. Pensionsfonds);

- das Verbot von spekulativen »Derivaten« und der hochspekulativen »Hedge-Funds«;
- Schuldenstreichung für die Entwicklungsländer;
- strengere Banken- und Börsenaufsicht auch für die so genannten institutionellen Anleger;
- Stabilisierung der Wechselkurse zwischen den drei Hauptwährungen Dollar, Euro und Yen;
- die demokratische Umgestaltung internationaler Finanzinstitutionen;
- die stärkere Besteuerung von Kapitaleinkünften und großen Vermögen.

Es ist klar, dass die Einlösung dieser Forderungen den Fortbestand der nationalen Souveränität der einzelnen Länder in Bezug auf wirtschaftspolitische Entscheidungen voraussetzt. Denn nur funktionierende Nationalstaaten können so etwas wie eine Tobin-Steuer oder eine Ökosteuer einführen. Auf der anderen Seite muss es zur Durchsetzung dieses Programms auch funktionierende internationale Institutionen geben. Sollen das UNO-Organisationen sein, wie etwa die UNCTAD? Oder erwartet das Netzwerk, dass die Kontrolle der internationalen Finanzströme von reformierten globalen Institutionen wie der Weltbank, dem IWF und der WTO ausgehen wird, Institutionen, deren einziges Ziel bisher ja gerade die Aufhebung aller nationalen oder internationalen Beschränkungen für den freien Kapitalverkehr transnationaler Konzerne und Banken ist?

Diese Fragen sind bisher, soweit ich weiß, nicht aufgeworfen oder gar eindeutig beantwortet worden. Für mich ist noch nicht plausibel geklärt, wie diese Institutionen und vor allem die transnationalen Konzerne, deren Interessen sie schützen, dazu gebracht werden sollen, solche Einschränkungen anzunehmen. Die Einsicht, dass solche Kontrollen notwendig sind, wird in einem auf universale Konkurrenz festgelegten System nicht reichen.

Hoffnung auf die »Global Governance« im »Globalen Dorf«

Manche hoffen darauf, dass das ungezügelte, kapitalistische globale Marktsystem politisch durch etwas kontrolliert werden könnte, was man seit 1997 »Global Governance« nennt.

Am 16. Juli 1997 hatte der Generalsekretär der Vereinten Nationen, Kofi Annan, einen Plan für eine grundlegende Reform der UNO vorgelegt. Diese Reform sollte u. a. durch die Kommission für »Global Governance« vorangebracht werden. Die Kommission bestand aus 16 Staatsoberhäuptern.

Im August 1997 legte die *Commission for Global Governance* ihren Bericht vor. Dort ist zu lesen, dass die Globalisierung eine neue Zusammenarbeit unter den Gesellschaften und Nationen notwendig mache, um den globalen Herausforderungen wie Friedenssicherung, Demokratie, Aufhebung der Armut, nachhaltige Entwicklung, Menschenrechte, organisiertes Verbrechen, Terrorismus, Drogen, humanitäre Katastrophen, Flüchtlingsprobleme, nukleare Abrüstung u. a. entgegentreten zu können. Keine einzelne Nation könne diese Probleme allein bewältigen. Die Kommission betont die Notwendigkeit des Respekts für die Ansichten aller Länder und hebt hervor, dass »internationale Probleme und Krisen von der Internationalen Gemeinschaft behandelt werden müssen«. Die Vereinten Nationen seien das wichtigste Forum dafür.

Um die UNO zu stärken, fordert sie als Erstes die Regierungen der Welt auf, ihren finanziellen Beitrag zur UNO vollständig und pünktlich zu zahlen.

In ihren Reformvorschlägen wiederholt die Kommission, dass die Welt unter dem Einfluss der Globalisierung zu einer »globalen Nachbarschaft« zusammengewachsen sei. Darum seien sowohl die Rechte wie die Verantwortlichkeiten aller Menschen zu betonen sowie die grundlegenden Werte der Menschheit, wie »Respekt für Leben, Freiheit, Gerechtigkeit, Gleichheit, gegenseitige Achtung, und Integrität«. Im Einzelnen werden bekannte Rechte aufgezählt wie Recht auf sicheres Leben, gleiche Behandlung, friedliche Konfliktlösung, Teilnahme am Regieren, Recht auf Information, das Recht, ein ausreichendes Einkommen zu verdienen, gleiches Recht des Zugangs zu den globalen »commons« (Wasser, Luft, Sonne etc.).

Für den Bereich der Wirtschaft stellt die Kommission fest, dass die ökonomische Globalisierung »die Kluft zwischen Reich und Arm erweitern wird. Dass bereits jetzt eine gebildete und zunehmend reicher werdende Welt neben einer marginalisierten, globalen Unterklasse existiert.« (*The Commission on Global Governance*). Sie räumt ein, dass die Globalisierung der Finanz- und anderer Märkte die Möglichkeiten nationaler Regierungen überfordert, um diese interne Polarisierung einzudämmen. Dennoch stellt sie die ökonomische Globalisierung als solche nicht in Frage. Vielmehr fordert sie ein globales Forum, das die Führerschaft in ökonomischen, sozialen und Umweltfragen übernehmen könne. Ein solches Forum müsse repräsentativer sein als die G7-Gruppe, (der Club der sieben reichsten Länder der Welt) oder die Bretton Woods-Institutionen Weltbank und IWF. Außerdem müsse es effektiver sein als das UN-System. Die Kommission schlägt einen internationalen »ökonomischen Sicherheitsrat« vor, der das Ziel hätte:

- den Zustand der Weltwirtschaft langfristig zu überprüfen,
- einen langfristigen ökonomischen Rahmenplan auszuarbeiten, um stabile, gerechte und ökologisch nachhaltige Entwicklung zu fördern, und
- Übereinstimmung zwischen den politischen Zielen der wichtigsten internationalen Organisationen zu schaffen, z.B. den Bretton Woods-Institutionen und der WTO.

Der ökonomische Sicherheitsrat habe jedoch keine Sanktionsmacht. Er solle durch seine moralische Autorität wirken. Die Kommission schlägt vor, dass die WTO, die über solche Sanktionsmacht verfügt, ein »Büro für globalen Wettbewerb« einrichtet, um die 37000 transnationalen Konzerne und die nationalen Regierungen festen, einklagbaren Wettbewerbsregeln zu unterwerfen.

In Bezug auf die globale Umweltproblematik schlägt die Kommission Umweltsteuern und die Anwendung des Prinzips »Der Verschmutzer zahlt« vor. Insgesamt glaubt die Kommission, dass sie durch die Instrumente der Marktwirtschaft, einschließlich

Steuern, die schädlichen Folgen der globalen Marktwirtschaft bekämpfen kann.

Die Kommission empfiehlt ferner »eine internationale Steuer für ausländische Finanz- und Währungstransaktionen«, also etwas wie die oben erwähnte Tobin-Steuer. Außerdem erwägt sie »die Möglichkeit einer internationalen Steuer für multinationale Konzerne«.[2]

Wenn wir heute fragen, was von den guten Vorschlägen der *Commission on Global Governance* übrig geblieben ist, müssen wir feststellen, dass sie nicht von den Regierungen der reichen Länder und erst recht nicht von den transnationalen Konzernen beachtet wurden. Im Gegenteil: Die Amerikaner weigern sich immer noch, ihren fälligen Beitrag zur UNO zu zahlen. Das macht bereits zwei Drittel der fehlenden Beiträge aus. Die Multis konnten ungebremst fortfahren, den ganzen Globus ohne Rücksicht auf Umwelt, Arbeiter-, Menschenrechte und soziale Gerechtigkeit auszuplündern. Sie haben sogar, unter Mithilfe von Kofi Annan, erreicht, dass die UNO-Organisationen sie jetzt als »Partner« betrachten und sich für die Durchsetzung marktwirtschaftlicher Interessen instrumentalisieren lassen (s. Anhang: Protesterklärung Nr. 6).

Die Institutionen, von denen die *Commission on Global Government* erwartete, dass sie den globalen Markt im Sinne aller Menschen und der Natur kontrollieren würden, sind zu parteiischen Wahrern der Interessen von privaten Großkonzernen geworden, allen voran die WTO, die Weltbank und IWF, und jetzt selbst die UNO.

So hat sich die UNO-Organisation für Nahrung und Landwirtschaft (FAO) das neoliberale Freihandelsprogramm voll zu Eigen gemacht. Auf dem Welternährungsgipfel im November 1996 erklärte sie, die Lösung des Problems des Hungers und der Ernährungssicherheit solle nicht mehr durch eine Politik der Förderung der Selbstversorgung und *self-reliance* angestrebt werden, sondern durch die Integration aller Länder in den globalen Freihandel mit Agrarprodukten (Mies 1996).

Die transnationale Tyrannei abschaffen (Susan George)

Immer mehr KritikerInnen der ökonomischen Globalisierung glauben jedoch nicht (mehr) daran, dass die transnationalen Konzerne und die ihnen dienenden Institutionen reformiert, humanisiert und ökologisiert werden könnten. Aus Tigern könne man keine Unschuldslämmer machen. Susan George ist eine derjenigen, die die Hoffnung auf Verbesserung der »transnationalen Tyrannei« als gefährliche Illusion entlarvt. Vor allem weist sie die vielen Selbstverpflichtungserklärungen der transnationalen Konzerne als Humbug zurück. Diesen gehe es nur darum, alle bestehenden Gesetze zu ihrem Vorteil zu deregulieren. In ihrem »Lugano Report« (1999) sagt sie unverblümt, dass es heute zunächst darum gehe, zu erkennen, was diese Konzerne sind: Tyrannen. Nach ihrer Meinung befinden wir uns in der gleichen Situation wie die Bürger in der Mitte des 18. Jahrhunderts. Diese hatten damals noch keine genaue Vorstellung von der Gesellschaft, die sie anstrebten, sie wussten aber genau, dass sie die Tyrannei des feudalistischen Absolutismus abschaffen mussten. Heute, so George, ist es unsere Aufgabe, die weltweite Tyrannei der transnationalen Konzerne abzuschaffen. Leicht gesagt. Aber wie?

Susan George zählt verschiedene Strategien auf:

- Wir müssen neue Allianzen schaffen, die die kapitalistische und imperialistische Logik des »Teile und Herrsche« durchbrechen. Darum müssten sich Junge mit Alten, Bauern mit Arbeitern, VerbraucherInnen mit ProduzentInnen, Umweltschützer mit Arbeitern und Menschen aus dem Süden mit denen aus dem Norden und Osten verbünden. Kämpfe auf der lokalen Ebene müssten mit Kämpfen auf der globalen Ebene verknüpft werden.
- Diese Allianzen sind nach Susan George heute leichter zu realisieren, weil alle Menschen, überall auf der Welt, die Folgen der TNK-Tyrannei *an ihrem eigenen Körper* zu spüren bekommen. Umweltprobleme, Arbeitsplatzprobleme, strukturelle und direkte Gewalt, Zerstörung von Menschenwürde, Isolation und Heimatlosigkeit, Entfremdung, Unsicherheit, Armut und Nah-

rungsmangel sowie eine globale Agrarpolitik mit Folgen wie BSE – alles manifestiert sich in unseren Körpern.

- Aus diesem Grunde sei es richtig, der globalen ökonomischen Tyrannei *lokale Ökonomien* entgegenzusetzen, Parallel-Ökonomien, bei denen alle Menschen mitmachen können. Man müsse vor allem die Dissidenz zum herrschenden System fördern. Man müsse die lokale wie die nationale Demokratie stärken, d. h. man müsse verhindern, dass demokratische Strukturen durch die TNK-Tyrannei weiter ausgehöhlt werden.
- Außerdem müsse es auch eine »alternative Globalisierung« geben. Diese besteht nach Susan George aus vielen lokalen Ökonomien, die sich kooperativ zusammenschließen zu einer »kooperativen Globalisierung«. Ihre Grundlage sind gesunde, gerechte Gesellschaften. Als Beispiel berichtet George über das Projekt brasilianischer Arbeiter, die eine »Sozialökonomie« erfunden haben, einen nichtstaatlichen, öffentlichen Sektor mit einem breiten Spektrum verschiedener Eigentumsformen und Managementmethoden, die alle miteinander kooperieren und Handel treiben. Auf diese Weise sind sie in der Lage, die mörderische Konkurrenz aller gegen alle, die der Neoliberalismus vorschreibt, zu überwinden (vgl. auch Bennholdt-Thomsen/Mies 1997, S. 182–201).
- Auch die »Fair-Trade«-Bewegung zählt George zu den hoffnungsvollen Ansätzen, weil die Frage des »ethischen Konsums« zu einer allgemeinen Politisierung der Konsumenten führe (vgl. auch: Mies 1988).
- Gewerkschaftliche Zusammenschlüsse von Arbeitern an den verschiedenen Standorten eines transnationalen Konzerns, quer über den Globus, könnten die Macht der Konzerne stark einschränken. So verlangten in Seattle die versammelten GewerkschafterInnen die Festsetzung weltweiter Mindestlöhne. Der Internationale Betriebsrat von VW in Wolfsburg kooperiert bereits mit Shop Stewards in den VW-Werken in Brasilien, Südafrika, Mexiko und China.
- George spricht sich ebenfalls für eine Tobin-Steuer aus, um das um den Globus vagabundierende Geld zu kontrollieren. Sie plädiert dafür, dass BürgerInnenorganisationen weltweit mitbestimmen sollen, wie das Geld ausgegeben wird. Die Regie-

rungen müssten von vielen Leuten unter Druck gesetzt werden.

- Sie setzt ihre Hoffnung auch auf die Ökosteuer und ähnliche Steuern. Dies sieht sie als einzige Lösung für die Umweltproblematik an.
- Sie spricht auch das Bevölkerungswachstum an und schlägt als Lösung mehr Bildung und Ausbildung für Frauen vor.
- Zum Schluss plädiert sie für die Schaffung transnationaler Allianzen, über alle Grenzen, Sektoren, Interessenverbände hinweg, die alle das Ziel verfolgen, die transnationale Tyrannei zu beenden. (George 1999, S. 183–188)

Vieles in der obigen Aufzählung ist schon früher von anderen vorgeschlagen worden. Neu ist vielleicht das eindeutige politische Ziel, das globale Tyrannensystem der Großkonzerne (George spricht seltener vom kapitalistischen System) zu stürzen. Neu ist hier jedoch auch der ökonomische Ansatz. George fängt nicht mit Forderungen an die nationale oder internationale Politik an, sondern richtet sich an die Mehrzahl der Menschen und fordert sie auf, den Aufbau einer »anderen Ökonomie« schon jetzt zu beginnen. Und zwar sowohl auf lokaler wie auf globaler Ebene. Dem Vorschlag, dass transnationaler Konzerne wieder unter die demokratische Kontrolle lokaler Gemeinwesen gebracht werden müssen, entspricht auch das nächste Beispiel einer ökonomischen Alternative.

Taking Care of Business (Grossman & Frank, USA)

Auch in den USA gibt es eine Bewegung, die ausdrücklich die transnationalen Konzerne bekämpft. Diese Bewegung wurde initiiert von Richard Grossman und seinen Kollegen. In ihrer Schrift »Taking Care of Business« fragen sie, warum Großkonzerne eine solche Macht über unser Leben gewinnen konnten? Warum können sie diktieren, was wir produzieren, wie wir arbeiten, was wir essen, trinken und atmen? Wie konnte ein freies Volk wie die USA zulassen, dass so etwas geschah? (Grossman/Adams 1993).

Grossman und Adams betonen, dass die amerikanischen »Corporations« (Konzerne) heute Freiheiten und Privilegien als konstitutionelle Rechte genießen, die ihnen die Gründerväter der USA nie zugedacht hatten. Nach heutigen Verfassungsrechten können sie frei entscheiden, was sie produzieren, wie sie »Geld und Berge versetzen, Wahlen beeinflussen und Regierungen nach ihrem Willen manipulieren«. Vor allem seien sie, einmal unter einer »Charter« (Gründungsurkunde) eines Bundesstaates registriert, heute quasi unsterblich. Privatpersonen könnten sterben, eine Firma nicht.

Zu Anfang der amerikanischen Geschichte hatten Gemeinden und Bundesstaaten privaten Firmen, die z.B. Straßen oder Brücken bauen wollten, eine »Charter« für diese Aufgabe gegeben. Die »Charter« konnte jederzeit widerrufen werden, wenn die Firma die Rechte der Bürger verletzte oder sonstwie Schaden verursachte. Die Zulassungsurkunde war ursprünglich ein vom englischen König ausgestelltes Dokument, das Kapitalgesellschaften wie z.B. der *East India Company* oder der *Hudson Bay Company* das »Recht« gewährte, ferne Kolonien auszubeuten. Die Gründer der USA, die sich von der Herrschaft der englischen Krone befreien wollten, legten Wert darauf, dass die gewählten Legislatoren die Kontrolle über solche privaten Kapitalgesellschaften behielten. Sie formulierten daher strenge Regeln für die Zulassung solcher Firmen und konnten diese Zulassung jederzeit zurückziehen.

Doch inzwischen ist die Praxis des US-Kongresses weit von diesen ursprünglichen Prinzipien abgewichen. Die Bewegung »Taking Care of Business« kämpft dafür, dass die BürgerInnen diese anfängliche Souveränität über ihre ökonomischen wie politischen Angelegenheiten wieder in die Hand bekommen. In ihrem Vorschlag für eine Bürgerresolution fordern sie u. a. die Parlamente der Bundesstaaten auf:

- »den Prozess und die Kriterien für die Zulassung von Kapitalgesellschaften neu zu definieren;
- die bürgerliche Autorität über die bestehenden Firmensatzungen nach unseren Vorschlägen wiederherzustellen, und
- schädlichen Firmen die Zulassung zu entziehen«. (Grossman/Adams, 1993)

Lokalisieren statt Globalisieren

Lokale Ökonomien

Die bisher beschriebenen theoretischen Alternativvorschläge sind hauptsächlich erwachsen aus der Erkenntnis, dass heute *die Wirtschaft*, sprich, Großbanken und Großkonzerne, über die Politik entscheidet und nicht umgekehrt, dass das Volk, der Souverän, durch seine gewählten politischen Vertreter die Wirtschaftspolitik bestimmt. Diejenigen, die diesen Zustand ändern wollen, wollen in der Regel *der Politik* wieder das Kommando über die Wirtschaft zurückgeben.

Doch es gibt viele Gruppen und Bewegungen im Rahmen der *Globalisierung von unten*, denen dieser Prozess der Veränderung zu langsam, zu kompromisslerisch und vor allem zu sehr »von oben« gedacht ist. Solche Bewegungen wollen sofort mit einer »anderen Ökonomie« beginnen, dort, wo sie gerade sind, in ihrem Alltag jetzt und hier. Das heißt, sie warten nicht, bis Parteien und Parlamente eine veränderte Politik betreiben, sondern verändern die Wirtschaft, indem sie die Kontrolle über die Wirtschaftsprozesse, die sie und ihre Gemeinwesen betreffen, wieder in die eigenen Hände nehmen.

Dieser Ansatz zum Aufbau attraktiver – nicht allein wachstumsorientierter – ökologischer, kooperativer, lokaler, kommunaler oder regionaler Wirtschaften wird bereits von zahllosen Initiativen, Projekten und Bewegungen in der ganzen Welt befolgt, im Süden wie im Norden und sogar in einzelnen Ländern des ehemaligen Ostblocks.

Entsprechend der Unterschiedlichkeit der lokalen Verhältnisse sind die »lokalen Ökonomien von unten« – so möchte ich sie nennen – sehr vielfältig, was ihre Reichweite, ihre Arbeitsformen und ihre Zielsetzung betrifft. Manche sind aus der Not entstanden, weil nämlich der gepriesene globale Markt sie auf dem Trockenen hat sitzen lassen. Das ist vor allem der Fall in vielen Ländern des Südens, wo neue soziale Bewegungen wieder für lokale und nationale ökonomische *self-reliance* kämpfen.

Aber auch in Osteuropa haben viele Verlierer der kapitalistischen Marktwirtschaft angefangen, ihr Überleben dadurch zu sichern, dass sie Gärten und Kleinlandwirtschaft innerhalb und außerhalb der Städte betreiben. Auf der »Internationalen Gartenkonferenz«, die Ende August 2000 in der Humboldt-Universität in Berlin stattfand, wurde über eine Vielzahl solcher Initiativen in Russland, Polen und anderen Ländern des ehemaligen Ostblocks berichtet (Meyer-Renschhausen/Holl 2000).

Die osteuropäischen Initiativen beruhen jedoch mehrheitlich nicht auf einer Kritik an der kapitalistischen Globalisierung. Es handelt sich um Überlebensstrategien, die meist keine weitergehende soziale, ökonomische und politische Perspektive verfolgen.

Das ist anders in vielen Initiativen zur lokalen Ökonomie, die in den vergangenen Jahren sowohl in den reichen Ländern des Nordens als auch im armen Süden entstanden sind.

In Europa, Kanada und den USA erwuchsen die Projekte zu einer »Wirtschaft von unten«[3] in der Regel aus einer grundsätzlichen Kritik an den negativen ökologischen, sozialen und kulturellen Folgen des globalen Konkurrenzkapitalismus. Die AnhängerInnen der »Lokalen Ökonomie« sind nicht nur einfach AussteigerInnen, sondern wollen durch eine andere ökonomische Praxis und Theorie schon jetzt nachweisen, dass es Alternativen zum herrschenden Wirtschaftsmodell gibt. Sie verbinden mit dem Aufbau dezentraler, lokaler Ökonomien auch andere ethische und soziale Prinzipien. Z. B. statt permanentem Wachstum – Begrenzung von Produktion und Konsum auf das, was lokal und regional möglich ist, statt Globalisierung – Wiederaufbau lokaler und regionaler Kreisläufe in miteinander verknüpften Gemeinwesen, statt Konkurrenz – Kooperation, statt Naturausbeutung – Mitwirken mit der Natur, statt Monokultur – biologische und kulturelle Vielfalt, statt Förderung der Gier – Förderung des Bewusstseins einer wirklichen Bedürfnisbefriedigung, statt Abhängigkeit vom Staat und/oder den Großkonzernen – Selbstproduktion, Selbstorganisation, Selbsthilfe; soziale Wirtschaft statt individuellem Gewinnstreben, statt Zentralisierung von immer mehr ökonomischer und politischer Macht in riesigen regionalen und globalen Wirtschaftsblöcken – Dezentralisierung und Lokalisierung.

Diese Projekte einer lokalen Ökonomie folgen keinesfalls einer einheitlichen Ideologie. Sie sind nicht alle links oder prinzipiell antikapitalistisch. Was sie jedoch verbindet, ist das Streben nach einer Wirtschaft, die wieder unter der Kontrolle der Menschen ist und die nicht auf einem permanenten Krieg mit der Natur und mit anderen Menschen und Völkern beruht.

In Europa ist die Bewegung hin zur Lokalisierung vielleicht in England am weitesten vorangeschritten. Wie wir sahen, war der Widerstand gegen Gen- und Industrienahrung dort der Funke, der der schon vorhandenen Bewegung der »Local Economy« einen enormen Auftrieb gab.

Eine, die diese Lokalisierungsbewegung seit langem vorantreibt, ist Helena Norberg-Hodge, Trägerin des Alternativen Nobelpreises, Direktorin der *International Society for Ecology and Culture* (ISEC) und Mitherausgeberin der Zeitschrift *The Ecologist*. Wie wir sahen, hat *The Ecologist* eine maßgebliche Rolle in der Bewegung gegen Gen-Nahrung und *Monsanto* gespielt. Doch neben dieser Kritik haben Helena Norberg-Hodge und ihre Mitarbeiter sowohl praktisch als auch theoretisch die Bewegung zur Lokalisierung der Wirtschaft stimuliert.[4] Dabei spielt die Rückgewinnung der Kontrolle über gesunde, lokal hergestellte Nahrung eine entscheidende Rolle. In England gibt es jetzt – besonders nach den neuesten Erkenntnissen über den Zusammenhang zwischen BSE und der neuen Variante der Creutzfeld-Jakob-Krankheit – einen wahren Boom der Biolandwirtschaft. Doch Helena Norberg-Hodge betont, dass dieser Nachfrage-Boom nach Bioprodukten nicht ausreicht, um das globale Nahrungssystem zu ändern. Denn Bio-Nahrung sei immer noch »genauso Teil des ungerechten und destruktiven globalen Handelssystems wie andere Lebensmittel, sie kann, für sich allein genommen, kein Allheilmittel sein«. (mündliche Mitteilung). Verschiedene Supermarktketten haben Bio-Produkte in ihre Regale aufgenommen. Sie ruinieren inzwischen mit ihrem Bio-Angebot – das bereits 67 Prozent des englischen Verkaufs ausmacht – die kleineren, lokalen Läden. Die riesige Nachfrage nach Bioprodukten in England hat inzwischen dazu geführt, das 90 Prozent der in England gekauften Bio-Nahrung importiert werden muss.

Dies führt automatisch dazu, dass die Supermarktketten mehr und mehr Kontrollen der Lebensmittel fordern, dass kleinere

Biobauern nicht mehr mit größeren konkurrieren können, und schließlich, dass die Lebensmittelsicherheit trotz aller Kontrollen in einem globalen Markt nicht mehr gewährleistet ist.

Wer diese Folgen vermeiden will, so Norberg-Hodge, hat keine andere Wahl, als die *lokale Ökonomie* zu fördern. Dies geschieht dadurch, dass die Menschen bewusst die Lebensmittel kaufen, die in der eigenen Region produziert werden, dass Bauernmärkte gefördert, Verbraucher-Erzeuger-Kooperativen gegründet und Gemüse-Abos mit lokalen Bauern errichtet werden. Wichtig für den Aufbau lokaler Ökonomien ist es, dass das Geld und die Arbeitsplätze in der Region bleiben, dass Konsumenten und Produzenten sich wieder selbst verantwortlich dafür fühlen, was, wie und unter welchen hygienischen und sozialen Bedingungen die Nahrung in ihrer Region hergestellt wird. Die lokale Nahrungsproduktion und -konsumption ist der Anfang jeder lokalen Ökonomie (Norberg-Hodge 2000).

Ich stimme Helena Norberg-Hodge in ihrem Appell zum Aufbau lokaler Nahrungssysteme voll zu. Nach dem Auftauchen der ersten BSE-Fälle in Deutschland im November 2000 hat sich deutlicher als je zuvor gezeigt, dass es in so großen Wirtschaftsräumen wie der EU – oder gar des Globus – keine Lebensmittelsicherheit mehr geben kann. Vor allem deshalb nicht, weil diese Wirtschaftsräume nach den Prinzipien des neoliberalen Freihandels, der Konkurrenz und des Profitstrebens strukturiert sind. Der Ruf nach mehr Tests, schärferen Kontrollen, mehr Forschung kommt gegen diese Strukturen nicht an. Es ist an der Zeit, dass auch in Deutschland die Menschen realisieren, dass nicht der *Rinderwahn* das Hauptproblem ist, sondern der *Wirtschaftswahn*.

ISEC hat im Oktober 2000 eine Großveranstaltung organisiert. Sie hatte das Motto »Bringing the Food Economy Home« (Norberg-Hodge/Merrifield/Gorelick 2000). Bente Madeira, die Leiterin des *Reading International Solidarity Centre* (RISC), sagte mir, dass diese Veranstaltung ein breites Echo in England gefunden habe. Die nationalen Zeitungen und der BBC berichten inzwischen ausführlich über diese Bewegung.

In Kanada hat vor allem der Kampf gegen NAFTA, MAI und WTO dazu geführt, dass die Strategie »Lokalisieren statt Globalisieren« von vielen Einzelnen und Kommunen als Lösung angesehen wird. Dabei geht es diesen KritikerInnen der Globalisierung vor allem um den Erhalt der Souveränität des Volkes und der in vielen Jahren harter Arbeit und harten Kampfes erworbenen sozialen Errungenschaften des Landes. Terry Wolfwood schreibt: »... wir haben eine Nation aufgebaut, die die Gleichheit aller als Ziel ansieht, wir haben ein universales Bildungs-, Gesundheits- und Sozialsystem aufgebaut. Das haben wir ohne fremdes Kapital gemacht, ... diese sozialen Systeme sind unsere nationalen Schätze.« (Wolfwood 1999, S. 26)

Um diese »nationalen Schätze« vor dem Raub durch NAFTA, WTO und die TNKs zu schützen, appellieren viele Kanadier nicht zuerst an die nationale Zentralregierung in Ottawa, sondern berufen sich, wie wir sahen, auf die autonomen, souveränen Rechte der Kommunen. Der Zentralregierung wird das Recht abgesprochen, diese Autonomie an irgendwelche regionalen oder globalen Handelssysteme abzugeben und über die Köpfe der BürgerInnen hinweg Verträge abzuschließen.

Auch *in Deutschland* gibt es seit langem eine Vielzahl von Projekten der »alternativen« oder »lokalen Ökonomie«. Verschiedene Autoren haben gute Übersichten über diese verschiedenen Formen des lokalen Wirtschaftens gegeben.[5]

Doch im Gegensatz zu England und Kanada verstehen sich diese verschiedenen Projekte der Lokalen Ökonomie in Deutschland noch nicht bewusst als Teil einer weltweiten Anti-Globalisierungsbewegung. Was nicht heißt, dass nicht einzelne dieser Projekte sich aktiv an den Kampagnen gegen das MAI und die WTO beteiligt hätten. Es fehlt aber zur Zeit noch die notwendige Verknüpfung zwischen dem Aufbau lokaler Alternativen und einer bewussten und umfassenden internationalen Perspektive. Eine solche Perspektive ist aber notwendig, wenn man verhindern will, dass die jeweils lokalen Alternativen wieder in den Verwertungszusammenhang des globalen Akkumulationsprozesses einbezogen werden. Die Perspektive der Lokalisierung muss meines Erachtens daher notwendigerweise mit einer *Globalisierung von unten* verbunden werden, wenn sie denn tatsächlich eine Alternative zum Status quo bedeuten soll. Zugegeben, das bedeutet zunächst einen ziemlichen theoretischen wie praktischen Spagat.

Dass er nicht nur möglich, sondern im Zeitalter der *Globalisierung von oben* geradezu notwenig und sogar Erfolg versprechend ist, belegen folgende Beiträge:

Die internationalen Gärten in Göttingen

Unter dem Motto »Wurzeln schlagen in der Migration« haben sich 220 Frauen, Kinder und Männer aus 14 Nationen zusammengeschlossen, um auf einer Fläche von etwa 12 000 Quadratmetern in vier Gärten Obst, Gemüse und Kräuter nach biologischen Gesichtspunkten anzubauen. Die InitiatorInnen – die meisten sind Frauen – stellten ihr Projekt in einer Ausstellung auf der oben erwähnten Gartenkonferenz in Berlin vor. Es geht der Gruppe eben nicht nur um »biologischen Anbau«, sondern gleichzeitig um den Aufbau einer internationalen Gemeinschaft, die auch die Deutschen umfasst. Gleichzeitig sind diese internationalen Gärten Orte des Austauschs von Erfahrungen unterschiedlichen lokalen und kulturellen Wissens und neuer Erfindungen. Sie sind Orte der Begegnung, der Diskussion und des Feierns. Kinder und Jugendliche machen selbstverständlich und gern bei diesen kommunalen Gärten mit.

Das Erstaunliche an diesen internationalen Gärten ist, dass sie tatsächlich Menschen unterschiedlicher Herkunft und mit oft sehr traumatischen Fluchterfahrungen eine neue gemeinsame Heimat ermöglichen. Die Arbeit an und in den Gärten bringt Serben und Kroaten, Türken und Kurden zusammen. Die jeweiligen ethnischen oder religiösen Unterschiede, die in ihrer ursprünglichen Heimat oft zu Krieg und Flucht geführt haben, erweisen sich hier als Bereicherung und stimulieren Kreativität. So etwa beim Brotbacken im selbst gebauten orientalischen Steinofen. »Jedes Volk hat sein eigenes Brot, die Art, wie es gebacken wird, sagt etwas über die jeweilige Kultur aus«, sagt Shimeles aus Äthiopien.

Das Projekt der internationalen Gärten in Göttingen zeigt, dass bei einem solchen Versuch der Lokalisierung ganz unterschiedlicher Menschen diese sich nicht nur eine gemeinsame neue Heimat in der Fremde aufbauen, sondern, dass es einen »therapeutischen Wert haben kann, Heimat als dynamisches Konzept zu begreifen, das auch die, die sie gewaltsam verloren haben, neu konzipieren können.« (Müller 1999, S. 16–17)

Protect the Local, Globally! (Colin Hines)

»Schützen wir das Lokale, global!« Das ist der Slogan, den Colin Hines geprägt hat, um seine Alternative zum herrschenden, konzerngesteuerten Freihandelssystem auszudrücken. Colin Hines ist Autor des Buches *Localization – A Global Manifesto* (Hines 2000). Seine Ideen wurden im Mai 2000 bei einem Round-Table-Gespräch in Straßburg diskutiert, zu dem die Grünen im Europäischen Parlament eingeladen hatten. Hines sieht eine Chance in der Situation nach Seattle, um grundsätzlich neu über eine andere Wirtschaftskonzeption nachzudenken. Dies sei heute, so Hines, angesichts der Verhandlungen um die Osterweiterung der Europäischen Union besonders notwendig.

Wie schon erwähnt, reicht das Spektrum der Alternativvorstellungen zum globalen kapitalistischen System von kurzfristigen Reformvorschlägen der wichtigsten globalen Institutionen bis zur radikalen Infragestellung des kapitalistischen Weltsystems.

Was Colin Hines in dem Slogan »Schützen wir das Lokale, global!« zusammengefasst hat, gehört zu den Perspektiven am radikaleren Ende des Spektrums. Im Folgenden fasse ich die wichtigsten Punkte seiner Lokalisierungsstrategie zusammen.

Hines geht aus von einer Kritik des Neoliberalismus. Sein Hauptangriffsziel ist dabei die »Theorie der komparativen Kostenvorteile«, die seit David Ricardo (1817) den internationalen Freihandel theoretisch begründet. Kern dieses Dogmas von den komparativen Kostenvorteilen ist, wie wir sahen, dass alle Länder wirtschaftlich angeblich am besten fahren, wenn sie nicht versuchen, alles was sie brauchen, selbst zu produzieren, sondern wenn sie sich auf die Produkte spezialisieren, bei denen sie einen vergleichsweisen (komparativen) Kostenvorteil gegenüber anderen Ländern haben (s.o.).

Diese globale Freihandelspolitik kann aber nur funktionieren, wenn die einzelnen Staaten keine Handelsschranken in Form von Zöllen, Einfuhrquoten oder anderen Hemmnissen aufbauen, um ihre eigene Wirtschaft vor der Konkurrenz aus »billigeren« Ländern zu schützen. Das Hauptziel aller neoliberalen Politik ist daher der Abbau jeglicher Form von Protektionismus, von *self-reliance*[6] und die Durchsetzung einer unbeschränkten, universalen Konkurrenz aller gegen alle.

Hines sieht das größte Übel dieser inzwischen weltweit durchgesetzten Freihandelsdoktrin vor allem in diesem ökonomischen Zwang zur *Konkurrenz*, dem sich kein Land, keine Person und keine Firma entziehen könne. Diese universale Konkurrenz führe nicht nur dazu, dass größere Firmen sich mit anderen großen Firmen zusammenschlössen, was schließlich zu Monopolen führe, sondern würde auch kleinere, lokal gebundene Firmen wegkonkurrieren. Dieser Prozess führt, wie inzwischen bekannt ist, nicht nur zu einer immer größeren Kapitalkonzentration in der Hand von immer weniger Konzernen, zu immer kapitalintensiveren Technologien, sondern auch zu immer mehr Arbeitslosigkeit, zu immer mehr Armut auf der Seite der Verlierer und zu immer mehr Ungleichheit zwischen den und innerhalb der Nationen (s. o.). Die Bretton Woods-Institutionen und alle bisherigen Freihandelsverträge haben kein anderes Ziel als diese ungebremste Freiheit der Konzerne, die komparativen Kostenvorteile und die universale Konkurrenz überall und auf Dauer durch ihre Regeln politisch und juristisch abzusichern.

Von der Globalisierung zur Lokalisierung

Nach Hines kann man diesem globalen Moloch, genannt »Freihandel«, nicht mit einzelnen Verbesserungen, Reformen von Einzelverträgen und länderspezifischen Initiativen zu Leibe rücken. Die einzige Lösung sei eine fundamentale Umstrukturierung der Wirtschaft, weg von der Globalisierung und hin zur Lokalisierung.

Unter »Lokalisierung« versteht Hines »einen Prozess, der den

Trend zur Globalisierung umkehrt und zugunsten des Lokalen diskriminiert. Das ›Lokale‹ kann, je nach Kontext, als Teil eines Nationalstaates definiert werden, kann aber auch der Nationalstaat oder bisweilen auch eine regionale Gruppierung von Nationalstaaten sein.« (Hines 2000, S. 27)

Lokalisierung bedeute *nicht* die Abschottung von der Außenwelt, sondern, »dass lokale Unternehmen gefördert werden, die lokale Ressourcen in nachhaltiger Weise nutzen, lokale Arbeitskräfte zu anständigen Löhnen beschäftigen und vor allem für lokale Konsumenten produzieren. Lokalisierung bedeutet, dass ein Gemeinwesen sich stärker selbst versorgt und weniger von Importen abhängt. Die Kontrolle (über die Wirtschaft, M. M.) kehrt von den Aufsichtratsräumen weit entfernter Konzerne zurück in die Gemeinwesen, wo sie hingehört.« (Shuman, zit. in: Hines 2000, S. 28)

Lokalisierung bedeutet also, dass Nationen, lokale Regierungen und Gemeinden wieder die Kontrolle über ihre eigene Ökonomie in die Hand bekommen.

Das bedeutet keineswegs eine Rückkehr zu einer »überwältigenden Staatskontrolle«. Der Staat soll lediglich die Rahmenbedingungen schaffen, innerhalb derer lokale Gemeinwesen die Kontrolle über ihre Wirtschaft wiedererlangen können.

Die Vorteile der Lokalisierung sieht Hines in folgenden Bereichen:

- Politische Macht und demokratische Rechenschaftspflicht werden wieder in die lokalen Gemeinwesen zurück verlagert. Die Einzelnen werden stärker am politischen Leben teilnehmen, genuine Demokratie, Offenheit und Transparenz können in die lokale Politik zurückkehren. Eine ökonomische Monokultur, wie die durch die heutigen Fusionen entstandene, wird unmöglich.
- Die politische Kontrolle der Ökonomie wird wieder in die Lokalität (Nationalstaat – Provinz – Gemeinde) zurückkehren. Wenn Güter und Dienstleistungen überall wieder lokal produziert und konsumiert werden, haben die TNKs und andere keine Chance mehr, damit zu drohen, ihre Produktion in Billiglohnländer zu verlagern, denn dann werden sie auch den

eigenen Markt verlieren. Das wird es leichter machen, die riesigen TNKs aufzubrechen und die so entstehenden kleineren Firmen der Kontrolle der »stakeholders« (der von ihrem Tun Betroffenen) zu unterwerfen. Diese müssen nicht nur für lokale Bedürfnisse produzieren, sondern auch auf die lokalen ArbeiterInnen und Gemeinwesen Rücksicht nehmen. Dies wird auch den lokalen nationalen Regierungen wieder erlauben, die notwendigen Steuern von diesen Betrieben einzuziehen.

- Ökologische Steuern auf Energie- und Ressourcenverbrauch werden helfen, diese radikale Umwandlung zu finanzieren. Sie wären zum Vorteil der Ökologie und könnten dazu beitragen, die Besteuerung der Arbeit zu senken. Lange Transportwege werden reduziert werden. Außerdem wird der Übergang zu lokalen Ökonomien eine Menge von neuen Arbeitsplätzen schaffen, z.B. bei der Umstellung auf erneuerbare Energien, auf mehr öffentlichen Verkehr, auf biologische Landwirtschaft. Dort vor allem, aber auch allgemein, müssen kapitalintensive durch arbeitsintensive Prozesse ersetzt werden.
- Natürlich wird dies alles zunächst zu höheren Preisen führen. Wenn aber die heutigen billigen Preise, die ein Resultat von Globalisierung, Nichtbeachtung von Umwelt und Arbeitsrechten, vor allem in den so genannten Billiglohnländern, sind, dadurch unmöglich gemacht werden, dass regionale Blöcke, z.B. die EU, die Lokalisierungspolitik akzeptieren, dann kann das gesamte lokale Potenzial zur Verbilligung der Produktion ausgeschöpft werden. Die hohen, unnötigen Kosten der ruinösen Konkurrenz werden genauso reduziert werden wie die Kosten für Arbeitslosigkeit, für Armutsbekämpfung, für sozialen Ausschluss und Kriminalität. Der stärkere soziale Zusammenhalt in lokalen Ökonomien und, dadurch bedingt, ein höherer Grad an sozialer Sicherheit sind selbst auch kostensenkende Faktoren. Zudem werden natürlich auch in neuen lokalen Ökonomien die neuen computergesteuerten Technologien eingesetzt. Diese werden mit einem geringeren Ressourcen-Durchsatz billigere Produkte ermöglichen.
- In lokalen Ökonomien werden neue Firmen ermutigt, für den lokalen Markt bessere Produkte herzustellen. Auf diese Weise soll der gesunde Wettbewerb erhalten und ermutigt werden, um

eine Vielfalt guter und umweltfreundlicher Güter auf den Markt zu bringen. Aber jeder ruinöse Wettbewerb muss gestoppt werden.

- Diese Umstrukturierung lokaler Ökonomien muss begleitet sein von einer totalen Umkehrung der multilateralen Abkommen und Institutionen wie GATT und WTO. Diese Institutionen haben keinen anderen Sinn, als den Schutz der lokalen Ökonomien überall zugunsten der Freiheit der TNKs aufzuheben. Aus GATT und WTO müsste ein »General Agreement for Sustainable Trade« (GAST) gemacht werden, ein Allgemeines Abkommen für nachhaltigen Handel. Das GAST müsste sicherstellen, dass Technologietransfer, Handel, Information usw. auf der ganzen Welt so eingesetzt würden, dass sich selbst erhaltende (sustainable) lokale Ökonomien gefördert werden. Statt globalem Freihandel wäre das Ziel, möglichst viele Arbeitsplätze durch nachhaltige, regionale *self-reliance* zu schaffen. (Hines 2000, S. 33–36)

Der Prozess der Lokalisierung fängt mit der Erneuerung lokaler Gemeinwesen (communities) an

Die Alternative der Lokalisierung muss notwendigerweise zu einer Wiederbelebung, Stärkung und Konsolidierung lokaler Gemeinwesen führen. Denn dort leben die Menschen, dort erfahren sie die Folgen jeder Wirtschaftspolitik.

Die ökonomische Erneuerung beginnt dort, wo Menschen nicht mehr nur als unverbundene, egoistische gesellschaftliche Atome gesehen werden, wie es der Neoliberalismus predigt, sondern als ein durch viele soziale, kulturelle, politische und vor allem ökonomische Bande miteinander verknüpftes Gemeinwesen, in dem sich die einen um die anderen kümmern.

»Es gibt keinen besseren Ausdruck des Sich-um-andere-Kümmerns (caring), als eine lokale Ökonomie zu schaffen, durch die die Grundbedürfnisse aller unserer Nachbarn befriedigt werden und durch die anderen lokalen Ökonomien in der ganzen Welt geholfen werden kann, dasselbe zu tun.« (Mayo in: Hines 2000, S. 38)

An diesem Zitat wird klar, dass die Erneuerung lokaler Gemeinden/Gemeinwesen nicht eine Art sozialer Freizeitbeschäftigung ist, sondern materiell verwurzelt ist in der Produktion und Verteilung der Güter und Dienstleistungen, die zur Befriedigung unserer Grundbedürfnisse notwenig sind. Diese sind u. a. Nahrung, Wohnen, Transport, Wasser, Luft, Bildung, Gesundheit, politische Partizipation, Kultur, Altersversorgung.

Hines zählt eine ganze Reihe von neuen ökonomischen Aktivitäten von englischen Gemeinwesen auf, die teils aus lokalen Initiativen hervorgegangen sind, teils aber auch aus nationalen, aus EU-Fonds, oder durch freiwillige Arbeit gefördert wurden und werden. Dazu gehören u. a. Hausbesitzer- und Mietergruppen, die das Management von Wohnungen organisieren, freiwillige Hilfe bei Schul- und Gesundheitsprogrammen, Jugendarbeit, Arbeit mit Senioren, Wiederaufbau verkommenen Wohnraums, Verbesserung der Umwelt, kulturelle Aktivitäten der Gemeinden und vor allem die Förderung einer lokalen Ökonomie.

Die *New Economics Foundation* (NEF) hat ein breites Spektrum solcher Gemeinwesen-Aktivitäten in Großbritannien ausgemacht. Sie sollen bereits 1,5 Millionen Menschen umfassen. Sie reichen von Gemeindeunternehmen über Entwicklungstrusts, Kreditvereinigungen, Recycle-Programmen, lokalen Kompostierungsprojekten und lokalen Transportinitiativen bis zu den *Local Employment and Trading Systems* (LETS) oder Tauschbörsen und lokalen Kooperativen zwischen Biobauern und Verbrauchern.

Eines der wichtigsten neuen (alten) Prinzipien der lokalen Ökonomie ist das der Gegenseitigkeit. In England sind nach einer Studie etwa 30 Millionen Menschen Mitglieder in solchen Organisationen der Gegenseitigkeit. Diese haben einen Umsatz von 25 Milliarden engl. Pfund. Ein großer Teil der Nahrung kommt aus 550 landwirtschaftlichen Kooperativen mit einem Umatz von 7,4 Milliarden Pfund und einer Million Mitgliedern. Die »Workers Education Association« ist eine der größten Erwachsenenbildungseinrichtungen, die von 116 000 Menschen genutzt wird. Ähnliche Einrichtungen auf Gegenseitigkeit bieten Versicherungen an, die auch Kreditvereinigungen geschaffen haben (Hines 2000, S. 51).

Alle diese Organisationen sind dadurch charakterisiert, dass sie den lokalen Zusammenhang fördern, die Menschen in die Lösung der eigenen Probleme der Gemeinde einbeziehen, sich weder – hauptsächlich – auf den Staat noch auf den privaten Sektor verlassen.

Hines macht jedoch sehr deutlich, dass der Slogan »Schützen wir das Lokale, global!« nur dann Erfolg haben kann, wenn diese vielen Einzelinitiativen zu einem allgemeinen ökonomischen Programm werden, das nicht nur von der nationalen Regierung, sondern auch z.B. in Europa von der EU und global von einer »umgedrehten« WTO anerkannt und unterstützt wird.

Hier ist weder der Raum, die Gesamtheit der Hines'schen Vorschläge darzustellen, noch kann ich auf die verschiedenen Einwände gegen eine solche Lokalisierungsthese eingehen, die Hines selbst diskutiert. Doch auf ein Problem möchte ich hinweisen: Um die Regierungen der EU-Länder, der USA und die Bretton Woods-Institutionen, einschließlich der WTO, zu einer wirklichen Konversion zugunsten der lokalen Ökonomie zu bringen, wären soziale Bewegungen und Prozesse des Umdenkens notwendig, die quantitativ und qualitativ weit über das hinausgehen, was die Globalisierung von unten bis jetzt hervorgebracht hat. Diese Bewegung müsste weltweit wesentlich mehr Menschen mobilisieren, als das bis jetzt der Fall ist, und sie müsste sehr viel mehr und sehr viel radikaleren Druck auf die Herrschenden ausüben, um sie zu dieser Umkehr zu bringen. Vor allem müsste sie die Mehrzahl der Menschen dazu bringen, das Konsummodell, das die *global players* anbieten, abzulehnen. Der Prozess der Lokalisierung müsste begleitet sein von einem Prozess der *Konsumbefreiung* (Mies 1988, 1995).

Allerdings halte ich den Ansatz, ökonomisch zu beginnen durch den Aufbau von selbstständigen lokalen Ökonomien, deren Ziel *self-reliance* ist, für realistisch und der fortgesetzten Herrschaft der Konzerne für sehr abträglich. Denn nichts ist wichtiger für die Fortsetzung des globalen Freihandelsmodells als die Zerstörung lokaler und regionaler Selbstversorgung und *self-reliance*.

Dem Einwand, der Schutz lokaler Ökonomien weltweit würde *rechte und nationalistische Tendenzen* fördern oder könnte von solchen Gruppierungen für ihre ausländerfeindliche Politik genutzt werden, hält Hines entgegen, dass der wachsende Rechtsradikalismus gerade ein Resultat der durch die Globalisierung verursachten Zerstörung lokaler Ökonomien, lokaler Sicherheitssysteme, lokaler, familialer und gesellschaftlicher Zusammenhänge ist. Die solcherart entstandene Unsicherheit werde zwar von rechten Organisationen für ihre rassistische, ausländerfeindliche, chauvinistische Propaganda missbraucht, die progressiven Linken aber, aus Angst, mit den Rechten assoziiert zu werden, drückten sich vor einer offenen und kritischen Diskussion um Alternativen zum Globalismus (Hines 2000, S. 33).

Die Vorschläge von Colin Hines, den Kurs des »Supertankers Globalisierung« durch eine klare Politik der Lokalisierung umzudrehen, wurden von den englischen Grünen aufgegriffen. Die Grünen Jean Lambert und Caroline Lucas wurden bei den letzten Wahlen aufgrund des Programms »Schützen wir das Lokale, global!« sogar ins Europäische Parlament gewählt. Unter ihrer Führung wurde dort die Debatte um die Lokalisierung der europäischen Wirtschaft aufgenommen.

Nach Seattle sind Colin Hines, die englischen Europa-Grünen und andere der Meinung, dass der Protest, der in Seattle gegen die Globalisierung sichtbar wurde, genutzt werden müsse, um auch eine grundsätzliche Veränderung der EU einzufordern.

Hines hält den Moment der Verhandlungen über die Osterweiterung für günstig, um eine Debatte über die Lokalisierung zu beginnen, denn weder die BürgerInnen im Osten noch im Westen wissen, was diese Expansion unter der Ägide der Konzerne ihnen bringen wird.

Die Abgeordnete der englischen Grünen im Europäischen Parlament, Caroline Lucas (MEP), und Colin Hines bereiteten ein Dokument vor, das den EU-Staatsoberhäuptern bei der »Intergovernmental Conference« (IGC) im Dezember 2000 in Nizza vorgelegt wurde. Dieses Dokument behandelte u. a. folgende Fragen und Positionen:

- Welche Konsequenzen hat die Handelsliberalisierung Osteuropas in Bezug auf Nahrung und Landwirtschaft, Arbeitsplätze, Umwelt, Transport und Verkehr und die Beziehungen zur Dritten Welt?
- Welche Auswirkungen werden diese und zukünftige negative Trends auf die Entstehung eines extrem rechten, fremdenfeindlichen Nationalismus haben? Dies betont die Dringlichkeit, eine Alternative auszuarbeiten, die diesen Trends dadurch zuvorkommt, dass den Menschen wieder die Kontrolle über ihre lokale Wirtschaft zurückgegeben wird.
- Diese negativen Trends durch einen fundamentalen Wandel umzukehren, soll Ziel eines neuen EU-Vertrages sein. Er soll eine internationalistische Strategie formulieren, durch die lokale Ökonomien in ganz Europa und überall geschützt und wiederaufgebaut werden sollen. Der Globalisierungspolitik, die nur zum Nutzen der Konzerne und zum Schaden der europäischen Arbeiter, Bauern und der Umwelt sein kann, soll eine konsequente Lokalisierungspolitik entgegengestellt werden. Statt eines Europas der Konzerne soll ein internationalistisches, umweltfreundliches, gerechtes, auf dem Prinzip nationaler und kommunaler *self-reliance* basierendes Europa geschaffen werden, das nicht durch interne und externe Konkurrenz zu einer Gefährdung für die Welt werden kann (vgl. Hines 2000).

Colin Hines ist keineswegs der Einzige, der der konzerngesteuerten, neoliberalen Globalisierung mit einem klaren Programm der bewussten Lokalisierung der Wirtschaft entgegentritt. Vor allem GlobalisierungsgegnerInnen aus dem Süden propagieren die Rückkehr zu *self-reliance* und den Vorrang lokaler und regionaler Ökonomien vor der globalen Handelsfreiheit.

Einer dieser »Lokalisten« ist Walden Bello, Soziologieprofessor von den Philippinen und Direktor des *Focus on The Global South* (Thailand). In seinem Essay *From Melbourne to Prague: The Struggle for a Deglobalized World* zeichnet er die Konturen einer neuen pluralen Wirtschaft, die auf ganz anderen Prinzipien beruht als denen, die von Weltbank, IWF und WTO vertreten werden. Vor allem lehnt er alle Versuche ab, zentrale, globale Institutionen mit globalen Regeln zu schaffen, die dann den nationalen, regionalen und lokalen Ökonomien aufgezwungen werden. Was heute notwendig sei, sei das genaue Gegenteil: Dezentralisation, Entglobalisierung und die Schaffung einer Vielfalt von pluralen Organisationen und Institutionen in verschiedenen Ländern und verschiedenen Gemeinwesen, die miteinander kooperieren. Wie Hines sieht er in einer ökonomischen *Pax romana* unter der Herrschaft des Weltbank-IWF-WTO-Systems die tiefste Ursache nicht nur für Natur-, Menschen- und Kulturzerstörung, sondern auch für *zunehmende Rechtstendenzen*.

Mit John Gray, der sich gegen die Entwurzelung der Menschen durch globalen Markt und Technologieentwicklung wehrt, fordert Bello den Respekt vor und den Schutz lokaler und nationaler Kulturen. »Machen wir ein Ende mit dem arroganten globalistischen System, das die Welt in ein künstliches Gebilde isolierter Atome verwandelt, die aller Kultur und Gemeinschaft entblößt sind. Verkünden wir stattdessen einen Internationalismus, der auf der Diversität menschlicher Gemeinschaften und der Vielfalt des Lebens aufbaut, sie toleriert, respektiert und fördert.«[7]

Ich halte diese Analysen des Zusammenhangs zwischen einer ungebremsten Globalisierung und der Zerstörung aller sozialen, nationalen, familialen und kulturellen Sicherheitssysteme und zunehmenden Rechtstendenzen auf der ganzen Welt für äußerst wichtig. Dieser Aspekt wird bei allen Aufrufen und Demonstrationen gegen Ausländerfeindlichkeit und neue faschistische Gewalt in Deutschland so gut wie nicht erwähnt. Ich stimme Birgit Mahnkopf zu, wenn sie schreibt: »Es muss doch einen humanen Anspruch geben auf ein Stückchen Sicherheit, ein Stückchen Dauerhaftigkeit von Lebensformen, von Arbeitsverhältnissen, von Qualifikationen und sozialen Beziehungen. Das grundlegende Prinzip der Globalisierung lautet: permanente Unsicherheit.« (Mahnkopf 1996, S. 19)

Wenn sich rechtsgerichtete junge Männer in neuen faschistischen Männerbünden zusammenschließen und gegen Ausländer oder Juden zu Felde ziehen, dann suchen sie in diesen Männerbünden jene Sicherheit, die ihnen die globalisierte Gesellschaft nicht mehr bieten kann. Der Männerbund ist ihre Ersatzfamilie und ihre neue *Heimat*.

Bei Linken und Progressiven in Deutschland wird kaum ein Begriff so tabuisiert und denunziert wie der Begriff »Heimat« (Mies 1988, S. 183 ff.). Diese Tabuisierung führt dazu, dass nicht verstanden wird, dass nicht nur die Rechten ein tiefes Bedürfnis nach Heimat haben, das sie durch Nationalchauvinismus und Gewalt gegen Fremde ausleben, sondern auch die »Anständigen«. Nur können auch sie dieses Bedürfnis in der globalisierten Welt nicht mehr befriedigen. Denn mit dem Wunsch nach Heimat verbindet sich nach Schmieder auch »das Bedürfnis nach einer nicht in erzwungener Mobilität zerstückelten Biographie«, nach einer Identität, »eben auch verstanden als Widerstand des Individuums gegen die gesellschaftliche Zurichtung zur Momentpersönlichkeit.« (Schmieder 1993, S. 81)

Die positiven Aspekte von Heimat können jedoch so lange nicht realisiert werden, solange der Konkurrenzkapitalismus jeden im Hobbes'schen Sinne zum Feind eines jeden macht. Jeder »andere« ist dann eine Bedrohung des Eigenen.

Mit einem bloßen »Nazis raus!« auf der einen oder »Ausländer raus!« auf der anderen Seite wird man der herrschenden Unsicherheit und Heimatlosigkeit jedoch nicht adäquat begegnen können. Man muss die Rechtstendenzen auf eine andere Weise stoppen.

Die von Helena Norberg-Hodge, Colin Hines und anderen vorgeschlagene Strategie einer Lokalisierung, Dezentralisierung und Regionalisierung könnte die materiellen Voraussetzungen dafür schaffen, dass auch junge Neonazis kein äußeres Feindbild mehr brauchten, um eine sinnvolle Lebensperspektive in lokalen Ökonomien zu entwickeln. Das setzt allerdings voraus, dass Lokalisieren nicht als Abschotten nach außen und als bornierter Provinzialismus oder Nationalchauvinismus verstanden wird, sondern dass er gekoppelt wird an einen neuen, offenen Internationalismus. Die folgenden Ausführungen zeigen, dass eine so verstandene Strategie der Lokalisierung der Wirtschaft geradezu die Voraussetzung für diesen neuen Internationalismus ist.

Die Subsistenzperspektive (Veronika Bennholdt-Thomsen, Maria Mies, Claudia von Werlhof)

Was Colin Hines und die britischen Grünen im EU-Parlament in dem Programm des Wiederaufbaus lokaler und regionaler Ökonomien fordern, kommt dem nahe, was wir, Veronika Bennholdt-Thomsen, Claudia von Werlhof und ich, seit mehr als 20 Jahren die *Subsistenzperspektive* nennen (Bennholdt-Thomsen/Mies 1997). Während Hines seine Hoffnung vor allem auf den Aufbau alternativer, selbstbestimmter ökonomischer Strukturen und Institutionen im Rahmen vernetzter lokaler Gemeinwesen setzt, bedeutet die Subsistenzperspektive vor allem eine Neubestimmung des Ziels von Wirtschaften überhaupt und eine Neudefinition dessen, was unter »gutem Leben« zu verstehen ist.

Unter dem Diktat der neoliberalen Globalisierung haben nicht nur die Gewinner, die großen transnationalen Konzerne und andere Profiteure, das Credo von Globalisierung, Liberalisierung und Privatisierung akzeptiert, sondern auch die weltweit größte Mehrheit der Verlierer, die durch die GLP-Politik in Arbeitslosigkeit, Armut, Hunger, sozialen Ausschluss, soziale Konflikte und in Perspektivlosigkeit gestürzt worden sind. Trotz gegenteiliger Erfahrungen wirkt der Neoliberalismus wie eine Religion weiter, vor allem durch seinen Mythos des »Trickle-Down-Effekts« – des angeblichen Heruntersickerns des Wohlstandes von den Reichen zu den Armen – und der »nachholenden Entwicklung«. Dahinter verbirgt sich die Vorstellung, dass mit mehr »freiem Markt« Entwicklung so weit gefördert werden kann, dass alle Verlierer innerhalb eines Landes, aber auch in der globalen Wirtschaft, irgendwann das Niveau eines deutschen, skandinavischen oder US-amerikanischen männlichen weißen Facharbeiters erreicht haben werden.

Ich habe schon vor Jahren nachgewiesen, dass der Mythos der »nachholenden Entwicklung« ein großer Betrug ist. Denn in einer kapitalistisch-patriarchalen Weltwirtschaft können die einen sich nur dadurch »entwickeln, wachsen, reich werden«, dass sie andere kolonisieren, hinunterentwickeln, berauben und ausbeuten (Mies 1988, Shiva/Mies 1995). Die »anderen« sind nicht nur die so genannte Dritte Welt, sondern auch Subsistenzbauern, Handwerker, Menschen im so genannten »Informellen Sektor«, vor allem aber Frauen weltweit und nicht zuletzt die Natur.

Wir haben diese »anderen« seinerzeit die »Kolonien des weißen Mannes« genannt (v. Werlhof/Bennholdt-Thomsen/Mies 1983). Unsere Vorstellungen über eine andere Wirtschaft und Gesellschaft unterscheiden sich von allen anderen bisher beschriebenen dadurch, dass wir die Ausbeutung, Unterdrückung und Kolonisierung von Frauen und Frauenarbeit weltweit ins Zentrum unserer Analyse gestellt haben. »Wer die Frauenarbeit verstanden hat, hat die Wirtschaft verstanden«, schrieb Claudia von Werlhof bereits 1983 (v. Werlhof/Bennholdt-Thomsen/Mies, 1983). Außerdem unterscheidet sich unser Ansatz von anderen dadurch, dass wir das, was Kapitalismus genannt wird, von Anfang an auf die gesamte Weltwirtschaft beziehen, einschließlich der von vielen so genannten nicht-kapitalistischen, vor-kapitalistischen, peripheren Wirtschaften im Süden. Mit Wallerstein (1974) sahen wir den Kapitalismus von Anfang an als Weltsystem, als globales System, das sich nur durch stets neue Kolonisierungen aufrechterhalten kann. Nicht nur zu seiner Entstehung braucht es das, was Marx die »ursprüngliche Akkumulation« nennt, sondern es braucht immer eine »fortgesetzte ursprüngliche Akkumulation«. Diese beruht nicht auf geregelten, gesetzlich geschützten Verhältnissen zwischen Lohnarbeit und Kapital, also auf dem, was man das »Normalarbeitsverhältnis« nennt, sondern auf ungeregelten, ungeschützten Verhältnissen, von denen viele durch direkte und indirekte Gewalt dem Prozess der Kapitalakkumulation unterworfen werden. Wesentlich ist, dass diese Formen der ursprünglichen Akkumulation mit der Entwicklung des Kapitalismus nicht verschwinden – wie Marx glaubte –, sondern sogar ausgedehnt werden.

1983 sprach man noch nicht von Globalisierung, doch Claudia v. Werlhof schrieb schon damals in ihrem Aufsatz »Der Proletarier ist tot, lang lebe die Hausfrau«, dass nicht nur die weibliche Lohnarbeit *nicht* dem Modell der männlichen, geschützten, geregelten Lohnarbeit angeglichen werden würde, sondern dass umgekehrt die unbezahlte Hausarbeit der Frauen das Muster abgeben würde für die zukünftige Umstrukturierung der Arbeit insgesamt.

Zehn bis fünfzehn Jahre später kann man diesen Prozess im Rahmen der Globalisierung überall beobachten. Auch Männer werden »hausfrauisiert«, d. h. sie fallen aus festen, geschützten Arbeitsverhältnissen heraus und müssen, wie Frauen, verschiedene »flexibilisierte«, »atypische« Arbeitsverhältnisse akzeptieren, quasi, als hätten sie zu Hause noch einen anderen »Ernährer«.

Von einer solchen Analyse her stellt sich die patriarchalisch-kapitalistische Weltwirtschaft anders dar, als sie die Ökonomen (auch die marxistischen) bisher beschrieben haben. Ich habe sie als *Eisberg-Ökonomie* beschrieben, bei der nur die Spitze des aus dem Wasser ragenden Eisbergs als Ökonomie gilt, nämlich Kapital und (meist männliche) Lohnarbeit. Die verschiedenen Schichten unter der Wasseroberfläche, informelle Arbeitsverhältnisse, Subsistenzarbeit von Bauern und Handwerkern, Hausarbeit, Arbeit in den (ehemaligen) Kolonien – heute nennt man sie je nach Gusto »Entwicklungsländer«, »Süden« oder »Dritte Welt« – und die Produktion der Natur, zählen nicht zur »Wirtschaft«, sondern gelten als »freie Güter« und Bereiche, die der direkten Ausbeutung unterworfen werden können (Bennholdt-Thomsen/Mies 1997, S. 30–55).

Ausgehend von der Erkenntnis, dass der »Aufstieg« an die Spitze des Eisbergs weder für alle Menschen dieser Welt möglich noch, nach allem was wir inzwischen über die Grenzen des Wachstums wissen, wünschenswert ist, berichten wir in unserem Buch über eine Reihe von Bewegungen, Projekten und Initiativen, sowohl im Süden wie im Norden, auf dem Land und in den Städten, wo Menschen bereits das »gute Leben« anders als die Teilhabe am globalen Supermarkt definieren, nämlich im Sinne dessen, was wir die Subsistenzperspektive nennen. Diesen Menschen geht es nicht um mehr Geld oder um eine bessere Verteilung von Geld, sondern um die Produktion des unmittelbaren »Lebens«, seine Reproduktion und direkten Genuss.

Ich habe »Subsistenzproduktion« 1983 definiert als »alle Arbeit, die bei der Herstellung und Erhaltung des unmittelbaren Lebens verausgabt wird und auch diesen Zweck hat. Damit steht der Begriff der Subsistenzproduktion im Gegensatz zur Waren- und Mehrwertproduktion. Bei der Subsistenzproduktion ist das Ziel

›Leben‹. Bei der Warenproduktion ist das Ziel Geld, das immer mehr Geld ›produziert‹ oder die Akkumulation von Kapital. Leben fällt gewissermaßen nur als Nebeneffekt an.« (Mies 1983, zit. in: Bennholdt-Thomsen/Mies 1997, S. 26–27)

Neben diesem neuen Ziel des Wirtschaftens und Arbeitens bedeutet »Subsistenz« auch Selbstständigkeit (self-reliance), Eigenständigkeit im Sinne von Autonomie (nicht im Sinne von Autarkie), Absage an Expansionismus und die Wachstumslogik des Kapitals, Erhalt der Geschichte und einer kulturellen Identität. Subsistenz bedeutet vor allem Lebensgenuss in direkten, herrschaftsfreien Beziehungen und herrschaftsfreier Kooperation zwischen Mensch und Mensch, Mensch und Natur, Frauen und Männern, verschiedenen Kulturen und Völkern.

Im Gegensatz zur landläufigen Meinung bedeutet Subsistenz für uns nicht Armut und Rückständigkeit, sondern ein *Leben in Fülle*. Doch dieses Leben in Fülle wird nicht durch die »Überwindung des Reiches der Notwendigkeit« ermöglicht, sondern innerhalb desselben (Mies 1988, Bennholdt-Thomsen/Mies 1997).

Die Realisierung dieser Subsistenzperspektive wird auch nicht in eine ferne, utopische Zukunft verschoben, sondern findet in vielfältigen Formen, teils als Reaktion auf die private Tyrannei des globalisierten Kapitals im Süden wie im Norden, bereits jetzt statt.

Land und Landwirtschaft bilden die Basis aller Subsistenz, denn alle Menschen müssen essen. Darum findet der Kampf um die Wiedergewinnung der Subsistenzfähigkeit zunächst im Bereich der Landwirtschaft und des Essens statt (s.o.).

Die in Seattle versammelten, in der internationalen Organisation *Via Campesina* vereinigten oppositionellen Kleinbauern- und Landarbeiterverbände stellen daher den Kampf um »Nahrungssouveränität« ins Zentrum ihrer weltweiten Strategie. Das entspricht weitgehend dem, was wir Subsistenzperspektive nennen.

Ferner weisen wir nach, dass der Markt nicht immer schon ein kapitalistischer Markt war und bleiben muss, sondern dass Subsistenzmärkte die menschlichen Bedürfnisse besser, nachhaltiger, herrschaftsfreier, natur- und frauenfreundlicher befriedigen, vor allem, wenn solche Märkte in Frauenhand bleiben (Bennholdt-

Thomsen u. a., 1994). Die Subsistenzperspektive heißt nicht, dass alle aufs Land ziehen müssen, sondern sie kann ebenfalls in Städten realisiert werden. Das geschieht bereits heute in vielfältigen Formen, angefangen bei der Bewegung des kommunalen »Urban Gardening« in Kanada und den USA bis zu der Kleinlandwirtschaft und den Gärten, die viele Städter in der ehemaligen Sowjetunion außerhalb der Städte anlegen, weil der kapitalistische Markt ihre Nahrungssicherheit nicht garantiert (Meyer-Renschhausen u. a., 2000). Auch Tauschringe, LETS-Systeme (*Local Employment and Trading Systems*), Lebensmittel- und Handwerkerkooperativen, Car-Sharing-Systeme, Initiativen neuer Nachbarschaftshilfe und neue Gemeinwesenprojekte enthalten Elemente der Subsistenzorientierung. Trotz aller Unterschiedlichkeit haben alle diese Initiativen gemeinsam, dass ihr Ziel nicht die Kapitalakkumulation ist, sondern ein besseres Leben in direkter Kooperation mit anderen und mit der Natur.

Subsistenzorientierung bedeutet außerdem die Absage an den Wachstumsfetischismus (vgl. Douthwaite 1992). Dieser Zwang zum Immer Mehr, Immer Größer, Immer Potenter ist sozialpsychologisch nichts weiter als patriarchaler Potenzwahn. Männern würde es gut tun, ihn abzulegen. Subsistenzperspektive bedeutet auch die Weigerung, entweder die Hegemonie des Privateigentums anzuerkennen, wie sie der Neoliberalismus predigt, oder die des Staatseigentums, wie es der real existierende Sozialismus praktizierte. Stattdessen favorisiert die Subsistenzperspektive verschiedene Eigentumsformen, vor allem aber die des Erhaltens, des Verteidigens und der Wiedereroberung der Allmende. Ohne kommunales Eigentum kann eine eigenständige, kommunale Wirtschaft nicht erhalten werden (Bennholdt-Thomsen/Mies 1997, S. 59).

Wenn die Subsistenzorientierung ins Zentrum des Wirtschaftens gestellt wird, dann verliert die Lohnarbeit ihre Dominanz, ihre zentrale Stelle für die Sicherung des Lebens und auch für den Erhalt des sozialen Zusammenhangs. Mit anderen Worten, das Geld verliert seine Rolle als sozialer Kitt. Lohnarbeit und Geld werden nicht verschwinden, aber sie werden der Lebensproduktion, der Subsistenzproduktion untergeordnet werden.

Eine Neudefinition und gesellschaftliche Neuverortung von

Arbeit und Geld und die Durchsetzung eines anderen lebens-, natur-, frauen- und kinderfreundlichen Ziels von Wirtschaften kann nicht von oben erfolgen, sondern muss von unten und von innen ausgehen. Sie ist gleichzeitig Vorbedingung und Resultat für ausbeutungs- und herrschaftsfreie Verhältnisse. Als Ökofeministinnen sehen wir die Transformation des Frau-Mann-Verhältnisses allerdings als den Kern dieser Veränderungen an. Im Geschlechterverhältnis werden alle anderen unterdrückerischen, ausbeuterischen, kolonialen, klassenmäßigen, rassistischen, hierarchischen Verhältnisse vorweggenommen und weiter aktualisiert. Ich spreche daher von *kapitalistischem Patriarchat* (Mies 1988). Im Geschlechterverhältnis wird nicht nur das Mensch-Mensch-Verhältnis, sondern vor allem auch das Mensch-Natur-Verhältnis ausgedrückt. Darum ist m. E. jede neue gesellschaftlich-ökonomische Alternative unvollständig, wenn sie die Umwandlung der herrschenden Geschlechterverhältnisse nicht wenigstens mitbedenkt. Dabei reicht das bekannte Rezept *Add Gender and Stir!* (Fügen Sie »Gender« (Geschlecht) hinzu, und rühren Sie um!) nicht aus. Das bloße Hinzufügen der Geschlechterfrage zu Analysen und alternativen Entwürfen, die nach wie vor auf patriarchalen Grundannahmen beruhen, läuft letztlich auf eine Art nachholender Entwicklung für Frauen hinaus. Dabei steht immer noch der omnipotente »rationale«, patriarchalisch/kriegerisch konstruierte Mann/Mensch als Zukunftsbild auch für Frauen im Vordergrund.

In einer neuen Subsistenzorientierung könnte ein solches Männer-/Menschenbild nicht lange überleben. Denn alle Männer müssten sich genauso an der meist unbezahlten Lebens- oder Subsistenzproduktion beteiligen, wie das bisher von Frauen verlangt wurde (Mies 1988, Bennholdt-Thomsen/Mies 1997).

Für uns ist die Subsistenzorientierung keineswegs der Rückzug in eine neue, selbstgenügsame Autarkie im Sinne eines neuen Provinzialismus. Im Gegenteil: Die Subsistenzperspektive eröffnet erst die Möglichkeit zu einer wirklich offenen, solidarischen und egalitären Globalisierung, einer Globalisierung, in der sich die Kreativität und die Vielfalt der Natur, der Menschen und Kulturen gegenseitig bereichern können.

Die Subsistenzperspektive bedeutet ja nicht nur das Ende aller

Kolonisierungen, sondern auch »ein Leben in Fülle« oder ANANDA-Glück, wie die folgende Zusammenfassung eines Berichts von Farida Akhter über eine neue Bauernbewegung in Bangladesch belegt. Mehr als theoretische Ausführungen das könnten, zeigt dieser Bericht, dass Lokalisierung und Subsistenz nur dann eine wirkliche Alternative sind, wenn alle Aspekte des Lebens und alle Verhältnisse berücksichtigt werden, wenn sie eine internationale Perspektive verfolgt und wenn ihr Ziel Glück – ANANDA – ist.

Nayakrishi Andolon – Eine neue Bauernbewegung in Bangladesch (Farida Akhter)

Auf dem Treffen der *Diverse Women for Diversity* (DWD) anlässlich der UN-Konferenz über Biodiversität in Bratislava (1997) trug Farida Akhter die Entstehungsgeschichte der »neuen Bauernbewegung in Bangladesch gegen Gift und für ein glückliches Leben« vor.

Diese Bewegung war entstanden aus dem Zorn der Landfrauen über die »Grüne Revolution«, die mit ihrem *beesh* (Gift) nicht nur Land und Grundwasser vergiftete, die kleinen Fische in den Reisfeldern – die kostenlose Proteinquelle der Armen – vernichtete, sondern auch immer mehr Frauen in den Selbstmord trieb. Die Landfrauen hatten vor der *Grünen Revolution* einen notwendigen und respektierten Platz im Agrarsystem der Bauern. Sie waren die Hüterinnen des Saatguts, sie wählten es aus, trockneten es, bewahrten es in Tonkrügen auf, teilten es untereinander und sorgten so für den Erhalt einer riesigen Vielfalt von Reissorten. Vor der *Grünen Revolution* gab es z.B. 15 000 verschiedene Reissorten in Bangladesch. Doch nachdem mit Hilfe der *Rockefeller Foundation* und des *International Rice Research Instituts* (IRRI) auf den Philippinen die neuen hochertragreichen Reissorten – die *High Yielding Varieties* (HYV) – zusammen mit Kunstdünger, Pestiziden, Herbiziden und Tiefbohrbrunnen als *die* Wunderwaffen gegen Hunger angepriesen worden waren, verloren die Frauen ihre notwendige Funktion im Agrarzyklus. Sie wurden zu bloßen »Hausfrauen« degradiert, die außerdem, so die Meinung vieler – besonders der Weltbank –, zu viele Kinder in die Welt setzten. Die Folge dieser Entwicklung war eine Zunahme von Gewalt gegen Frauen. Viele, die das alles nicht mehr aushielten, vergifteten sich mit denselben Pestiziden und Herbiziden, mit denen auch die Felder und das Wasser vergiftet worden waren.

Um diese Situation zu ändern, forderten diese Frauen die Leute von UBINIG[8] auf, ihnen zu helfen, dieses Gift in ihren Körpern und im Körper des Landes wieder loszuwerden. Nach mehreren Workshops mit UBINIG wurde die Bewegung *Nayakrishi Andolon* gegründet. Ihr Hauptziel war und ist der Kampf um eine giftfreie Umwelt.

Die Bewegung gab eine Charta von zehn Regeln heraus, die jeder Bauernhaushalt einhalten muss, wenn er zu dieser Bewegung gehören will. Diese sind:

1. Absolut keine Benutzung von Pestiziden.
2. Nach und nach Verzicht auf chemischen Dünger.
3. Keine Monokultur! Stattdessen Mischkulturen – Rotation der Pflanzen, Wiederherstellen der Land- und Forstwirtschaft, um die Fruchtbarkeit des Bodens wiederherzustellen und die Produktivität zu erhöhen.
4. Verbindung von Agro-Forstkulturen (für Brennholz, Früchte u.a.) mit dem Anbau von Reis und Gemüse.
5. Den Gesamtertrag des Systems kalkulieren anstatt nur den einer Sorte.
6. Alle gezähmten und halb gezähmten Tiere sind Mitglieder des Bauernhaushalts.
7. Agrikultur ist gleichzeitig Aquakultur.
8. Saatgut und genetische Ressourcen sind das Gemeineigentum (Allmende) der ländlichen Gemeinden. Sie müssen auf der Ebene des Haushalts und der Gemeinde aufbewahrt und konserviert werden.
9. Wasser bedeutet Reichtum. Das Regen- und Flusswasser ist kostbar. Die Eindämmung der Flüsse ist keine Lösung.
10. Schluss mit Tiefbohrbrunnen und der Bewässerung der Felder mit Grundwasser.

Im Februar 2000 hatten schon 50 000 Bauernhaushalte diese Erklärung akzeptiert und ihre Dörfer zu »giftfreien Dörfern« erklärt. Sie hatten festgestellt, dass sie mit der Einhaltung dieser Regeln nicht nur die Vergiftung der Natur und der Frauen und ihrer aller Körper stoppen konnten, sondern dass ihre Landwirtschaft auch produktiver und sie insgesamt »glücklicher« wurden. Farida Akhter berichtet: »Wenn du eine Frau fragst, warum sie in ihrem Haushalt die Nayakrishi-Regeln akzeptiert, dann sagt sie: ›Ich will glücklich sein, das ist alles.‹« (Faltblatt: *Nayakrishi Andolon:* Initiatives of Farming Communities For a Happy Life. UBINIG, Dhaka, ohne Datum).

Ananda – das bengalische Wort für Glück, Glückseligkeit – ist das eigentliche Ziel dieser Bewegung. Um *Ananda* zu erreichen, mussten die Bauern freilich weiter gehen, als nur auf *beesh* zu verzichten. Ich konnte bei einem Besuch in Bangladesch feststellen, wie sie durch ihre Regeln das ganze Agrarsystem in ihren Dörfern revolutionieren. Sie stellen wirklich eine lokale Wirtschaft auf der Grundlage ökologischer Prinzipien her. Dabei spielen der Erhalt der Biodiversität, die Kontrolle über das eigene Saatgut und der verantwortungsvolle Umgang mit gemeinsamen Ressourcen wie Wasser, Boden und Luft die entscheidende Rolle.

Doch *Nayakrishi* ändert auch die sozialen Beziehungen in den Dörfern. Während das Paket der *Grünen Revolution* überall noch bestehende Reste von Allmende durch eine rigorose kapitalistische Privatisierungspolitik vernichtete, stellen die *Nayakrishi*-Bauern das Recht der Armen auf den Zugang zu freien Ressourcen wieder her. Dazu gehören zum Beispiel die Wildpflanzen – das, was man normalerweise Unkraut nennt – an den Feldrändern und auf den Feldern. Vor der *Grünen Revolution* hatten die Armen das Recht, diese Wildpflanzen, darunter viele sehr gesunde Blattgemüse und Heilpflanzen, zu ernten. Während der *Grünen Revolution* wurden diese Wildpflanzen als »Unkräuter« vernichtet, und die Armen wurden von den Feldern vertrieben, weil die Bauern sich nun als Privateigentümer von allem, was da wuchs, aufspielten.

Nayakrishi hat nicht nur tausende dieser alten Wildpflanzen wieder rekultiviert, sondern auch erklärt, dass alle Armen und Landlosen das Recht haben, diese Wildpflanzen auch auf den Feldern der Bauern zu ernten.

Da zu den *Nayakrishi*-Haushalten nicht nur die Menschen gehören, sondern auch die Haustiere sowie die Vögel, die Insekten und alle Wild- und Kulturpflanzen, kann das *Leben* in seiner Vielfalt, seinem Reichtum und seiner Schönheit sich wieder entfalten.

Das bedeutet, dass *Nayakrishi* die gesamte Wirtschaft auch auf eine andere philosophische und ethische Grundlage stellt. Diese Grundlage illustriert Farida Akhter mit dem Beispiel von Ratten und Katzen: Ein westlicher Experte fragte einmal eine Bäuerin: »Was für Probleme habt ihr beim Aufbewahren des Getreides?« Sie antwortete: »Die Ratten fressen eine Menge des Getreides.« Er: »Und was macht ihr, um die Ratten zu töten?« Sie: »Wir halten Katzen!« Auch bei Nachfragen weigerte sich die Frau zu sagen: »Wir töten die Ratten.« Das Wort »töten«, so Farida Akhter, kommt in der Sprache der Bauern nicht vor. Die Ratten bedeuten Nahrung für die Katzen. »Töten« bedeutet aber etwas anderes, als sich Nahrung zu beschaffen. *Nayakrishi* bedeutet also gleichzeitig eine andere Ethik als die, die auf dem »Töten« basiert.

»Nayakrishi betrachtet die Rekonstruktion einer ethischen Welt, in der das ›Töten‹ moralisch sanktioniert wird, als absolut grundlegend für den Aufbau eines neuen Typs von Gemeinwesen. Es reicht nicht, dass Nahrung ökologisch produziert wird, es ist genauso wichtig, wie sie produziert wird und auf welchen ethischen Grundlagen das ganze Produktionssystem basiert.«

Die Integrität und die Vielfalt des Lebens verteidigen

Die *Nayakrishi*-Bauern haben den Zusammenhang zwischen der Gesundheit ihres Körpers und der Gesundheit und Vielfalt allen Lebens erkannt. Die Frauen haben ihre angestammte Rolle als Hüterinnen des Saatguts wieder eingenommen. Inzwischen haben sie schon wieder 200 alte Reissorten »wiedererweckt«. Mehr noch, sie erhalten und vergrößern diese Diversität, indem sie bei großen Frühlingsfesten oder *Melas* das eigene Saatgut mit dem Saatgut von Frauen aus anderen Dörfern und Gegenden *tauschen*. Dies ist entscheidend: Saatgut ist Leben. Und Leben ist keine Handelsware. Es kann nur frei geteilt werden. Mit den Saatgut-Tausch-

Ritualen wird nicht nur die Biodiversität erhöht, sondern es werden auch positive soziale Beziehungen zu »anderen« Dörfern auf eine solide materielle Basis gestellt. In Zeiten von Not, etwa bei Überflutungen, sind diese guten Beziehungen absolut notwendig zum Überleben. Das Saatgut-Netzwerk der *Nayakrishi*-Bäuerinnen umfasst jetzt schon zehntausende von Dörfern.

Die *Nayakrishi*-Bauern beschränken sich jedoch nicht nur auf die Wiedererfindung traditionellen, lokalen Produktionswissens. Anders als Städter romantisieren sie ihre Traditionen nicht. Sie experimentieren ebenfalls mit neuen ökologischen Agrarmethoden und sind offen für kreative Ideen, egal, woher sie kommen; aber ihre eigene Erfahrung ist ihr Maßstab für ihre Beurteilung.

Die *Nayakrishi*-Bewegung begnügt sich indessen nicht mit einer ökologischen, »giftfreien Nische« in Bangladesch. Von Anfang an kämpfen die Bauern gegen die Chemie-Multis und besonders gegen *Monsanto*, *Cargill*, *Agrevo*, *Shell*, *Hoechst* und andere. Sie nahmen teil an den Kampagnen gegen GATT, vor allem gegen die TRIPs und den Versuch der Patentierung ihres indigenen Wissens und ihrer Genressourcen durch ausländische Konzerne. Auf einem großen Biodiversitätsfestival im Februar 2000 erklärten über 55 000 Bauern, Fischer und Handwerker, dass sie die genetischen Ressourcen ihres Landes, besonders die Biodiversität des Saatguts, vor jeder Art von Bio-Piraterie schützen werden.

Inzwischen hat die *Nayakrishi*-Bewegung Kontakte zu anderen Bauernorganisationen in Südasien geknüpft. Gemeinsam haben sie das *Südasiatische Netzwerk für Nahrung, Ökologie und Kultur* (SANFEC) gegründet. *Nayakrishi-Andolon* ist auch Mitglied der *Via Campesina*. Auf diese Weise versuchen die Bauern der Region gemeinsam, der konzerngesteuerten Globalisierung eine umfassende lokale, regionale und globale Alternative entgegenzusetzen.

Die neueste Aktion, an der die *Nayakrishi Andolon* maßgeblich beteiligt ist, ist die »People's Caravan 2000«, die im Herbst 2000 durch mehrere südasiatische Länder zog und überall gegen die Einführung des genmanipulierten sogenannten »Golden Rice« protestierte.

People's Caravan 2000 gegen »Golden Rice«

Seit Anfang November 2000 protestiert eine Koalition von 150 Bauernorganisationen aus 18 asiatischen Ländern gegen die Einführung einer genmanipulierten Reissorte, der ein Vitamin A eingebaut wurde. Die Bio-Tech-Firmen, die diesen »Goldenen Reis« auf den asiatischen Markt bringen wollen, argumentieren, dass durch diesen Wunderreis Augenkrankheiten vermieden werden könnten, die durch Vitamin-A-Mangel verursacht würden. Sie preisen ihn besonders für arme und marginalisierte Bauern an.

Um sich ein besonders soziales Image zu geben, wollen sie ihren Reis zunächst gratis verteilen. Wiederum, wie schon bei der *Grünen Revolution*, versprechen sie mit ihrem genmanipulierten Reis einen Durchbruch bei der Bekämpfung von Armut und Krankheit für Milliarden von Menschen in Asien.

Doch einer der Organisatoren der People's Caravan 2000, Sarojeni Rengam vom Pesticide Network Asia and the Pacific (PAN), sagte: »Wenn wir der Agrochemie-Industrie erlauben, unsere Reisproduktionssysteme zu übernehmen, dann wird nicht nur unsere Ernährungssicherheit von diesen profitgierigen Transnationalen Konzernen abhängen, sondern auch unsere Kultur, unser Land und unser Lebensunterhalt ... Reis ist nicht nur ein Nahrungsmittel, sondern ist Teil der lokalen Kultur in ganz Asien.«

Der Vorsitzende der philippinischen Bauernbewegung KMP (Kilusang Magbubukid Ng Philipinas) verglich den »Goldenen Reis« mit dem »Wunderreis«, den Hochertragssorten der gescheiterten *Grünen Revolution*: »Forschung und Entwicklung von gentechnisch manipuliertem Reis ist wieder in der Hand von IRRI ... und wird zum Teil finanziert von der *Rockefeller Foundation*, die schon den ominösen und erfolglosen ›Wunderreis‹ der sechziger Jahre finanziell unterstützt hat.«

Die People's Caravan 2000 zog vom 13.–30. November 2000 durch verschiedene asiatische Länder, z.B. durch Indien, Bangladesch, die Philippinen, Indonesien und Japan. Sie hat das Motto: »Citizens on the Move for Land and Food without Poison« (BürgerInnen in Bewegung für Land und Nahrung ohne Gift). Ihr Ziel ist die Aufklärung der Menschen über die Vorzüge der lokalen Reissorten, sodass sie an ihren traditionellen Sorten festhalten und so jeden Versuch einer erneuten Kolonisierung durch die TNKs abwehren.[9]

Eine andere Ökonomie erfordert eine andere Politik

Weltweit kritisieren die Menschen, dass sie mit zunehmender Globalisierung und Zentralisierung von politischen Entscheidungen ausgeschlossen werden, die doch ihr unmittelbares Leben radikal verändern. Sie fordern mehr Partizipation und mehr Demokratie.

Ich bin mit Colin Hines der Meinung, dass eine solche Demokratie jedoch nur in lokalen Ökonomien zu realisieren ist, wo die von ökonomischen Entscheidungen Betroffenen selbst an diesen Entscheidungen mitwirken können. Eine globale Ökonomie kann nicht demokratisch kontrolliert werden. Genauere Vorstellungen darüber, wie eine »andere« Politik und Demokratie aussehen sollte, gibt es jedoch nur in Ansätzen.

Am weitesten sind die Ideen über eine »andere Politik« und eine »andere Demokratie« als Alternative zu undemokratischen Prozessen der neoliberalen Globalisierung meines Wissens in Indien gediehen. Dort wurde im Zusammenhang der Bewegung gegen GATT, die TRIPs, die WTO und gegen TNKs wie *Monsanto*, *Cargill*, *Agrevo* und andere die gandhianische Vorstellung wieder neu belebt, dass alle politische Herrschaft von der Selbstregierung (*Swaraj*) der Dorfgemeinden (*Gramswaraj*) ausgehen müsse. Alle anderen Regierungsebenen auf Distrikt- über die Länder- bis hin zur nationalen Ebene ziehen ihre Berechtigung aus der Erfüllung der Bedürfnisse der Millionen von Menschen in den lokalen *Gramswaraj*-Einheiten. Nur so könne sich eine nationale Regierung demokratisch legitimieren.

Gandhis Konzept der *Gramswaraj* – die Dorfselbstregierung – fordert statt ökonomischer Globalisierung ökonomische Lokalisierung. Vandana Shiva und die RFSTE gehören zu den wichtigsten BefürworterInnen einer anderen Politik und einer anderen Demokratie.

Self-reliance (ökonomische Unabhängigkeit) und *self-rule* (Selbstregierung) lokaler Gemeinschaften waren nach der Auffassung Gandhis die besten Mittel, sowohl die Umwelt als auch das Überleben der Menschen zu schützen: »Wenn Globalisierung die Agenda der Konzerne ist, ihre Kontrolle überall zu etablieren, dann ist Lokalisierung die entgegengesetzte Agenda der BürgerInnen, um die Umwelt und das Überleben und den Lebensunterhalt der Menschen zu schützen ... Wenn schon die Regierungen nicht mehr die Interessen der Mehrzahl der BürgerInnen schützen, dann müssen diese selbst eine neue Politik schaffen, um ökologische Grenzen einzuführen, um Kontrolle über die lokalen Ressourcen zurückzugewinnen, Kontrolle auch über die Entscheidungsprozesse, durch die der Zerstörung der lokalen Ökonomie durch die globale Ökonomie und internationalen Handel Einhalt geboten wird.« (Shiva et al. 1997, S. 83)

Gandhis Ideen einer direkten Demokratie von unten gingen von der alten indischen Tradition der Selbstregierung der Dörfer aus, der *Gramswaraj* – der Selbstregierung. Indiens Demokratie hat nach Gandhi ihre Wurzeln in der Dorfdemokratie, durch die die Subsistenz der ganzen Dorfgemeinschaft garantiert war. Die ökonomische Grundlage dieser Dorfdemokratie war die Erhaltung und Pflege der Allmende, der Wälder, des Landes, der Gewässer, aber auch die Biodiversität und das traditionelle medizinische Wissen, wie es in den Gesundheitssystemen *Ayurveda, Unani* oder *Siddha* enthalten ist. Dieses Wissen konnte nicht von Privatpersonen monopolisiert werden, sondern musste für alle frei zur Verfügung stehen.

Diese Strukturen einer direkten lokalen Demokratie wurden zunächst durch die Kolonialherren geschwächt, die, wie in Europa, die Ordnung der Allmende durch Einfriedung, Privatisierung und Monopolisierung aller Ressourcen für die private Ausbeutung und Kommerzialisierung öffneten. Durch diesen Prozess wurden nicht nur die Wälder zerstört, die biologische Vielfalt reduziert, die lokalen Gemeinschaften ihrer Lebensgrundlagen beraubt, sondern auch die alten demokratischen Rechte der Dorfgemeinschaften über ihr Gemeineigentum aufgehoben.

Nach Meinung der AutorInnen der Zeitschrift BIJA wurden diese Zerstörung der Allmende und die politische Entrechtung der indischen Dorfgemeinschaften nach der politischen Unabhängigkeit 1947 fortgesetzt. Denn entgegen den Vorstellungen Gandhis hatte sich Nehru durchgesetzt, der aus Indien einen prosperierenden, modernen Wohlfahrtsstaat nach europäischem Vorbild machen wollte.

Die von GATT und WTO vorangetriebene Globalisierung hat inzwischen zwar den Wohlfahrtsstaat so gut wie liquidiert, setzt aber gleichzeitig den Prozess der Entmachtung und Enteignung der Menschen von ihren gemeinsamen lokalen Ressourcen weiter fort. Die Staaten, die GATT/WTO unterschrieben haben – Indien gehört dazu –, haben die Zentralmacht des Staates an die Großkonzerne und die globalen Marktmechanismen abgegeben. Sie verabschieden sich von ihrer Pflicht der Daseinsvorsorge für alle und geben den transnationalen Konzernen freien Zugang zu den Ressourcen der lokalen Gemeinden. Diese verlieren damit sowohl den Schutz der Zentralregierung, so prekär dieser auch gewesen sein mag, als auch die Kontrolle über ihre eigenen politischen und ökonomischen Institutionen. Dies wurde besonders deutlich am Neem-Fall (s. o.).

Viele Bewegungen in Indien sind wegen dieses Raubs an den eigenen kommunalen Rechten über die Biodiversität entstanden. Anders als bisher im Westen fordern die lokalen Bewegungen jedoch nicht nur, dass die Zentralregierung den Zugriff der TNKs auf die lokalen Ressourcen stoppt, sondern sie verlangen die eigene ökonomische und politische Kontrolle über diese Ressourcen zurück.

Im Abwehrkampf gegen die transnationale Bioindustrie, die heute überall in den Tropen versucht, die genetischen Ressourcen der Welt durch Patente zu ihrem Privateigentum zu machen, wurde in Indien meines Wissens zum ersten Mal der Begriff der Demokratie auch auf die *nichtmenschliche Natur* ausgedehnt. Pflanzen, Tiere, d. h. alle Lebewesen, sind nach dieser Auffassung nicht einfach Ressourcen, die von auswärtigen oder inländischen Konzernen für ihre Profitmacherei genutzt werden können. Sie haben vielmehr einen unabhängigen Platz in der lokalen, lebenden Demokratie, der *Jaiv Panchayat*[10], und müssen von den Menschen einer bestimmten Gegend, einer Region in ihrer lokalen Wirtschaft, so geschützt und genutzt werden, dass sie in der »Familie der Lebewesen«, zu denen auch die Menschen gehören, auch in Zukunft noch zu finden sind. Die Menschen sind nicht die Herren über diese lebendige lokale Demokratie, sondern lediglich ihre Treuhänder.

Jaiv Panchayat: Die Bewegung der »Lebens-Demokratie«

Diese Lebens-Demokratie oder einfach »Demokratie alles Lebendigen« wurde am 5. Juni 1999 im Dorf Agastyamuni im Distrikt Rudraprayag, Garhwal im Bundesstaat Uttar Pradesh ins Leben gerufen. Etwa 1000 Leute aus 192 Dörfern waren zusammengekommen, um ihr fundamentales Recht an den biologischen Ressourcen ihrer Region zu erklären. In ihrer Schlusserklärung, der *Mandakini Milan Declaration*, heißt es u. a.:

»Von unseren Vorvätern haben wir das Recht geerbt, die Biodiversität unserer Himalaja-Region zu schützen; das bedeutet gleichzeitig die Pflicht, diese biologischen Ressourcen für das Wohl aller Menschen zu nutzen. *Darum verpflichten wir uns durch diese Erklärung, dass wir nicht zulassen werden, dass zerstörerische Elemente diese kostbaren Ressourcen in unrechtmäßiger, illegaler Weise ausbeuten und monopolisieren. Wir wollen in unseren Gemeinden und in unserem Land eine wirklich lebendige Volks-Demokratie errichten, in der jedes Individuum sich um die Konservierung und den nachhaltigen und gerechten Gebrauch dieser biologischen Ressourcen in ihrer/seiner Alltagspraxis kümmern kann.* Diese Tradition des Teilens soll durch den *Jaiv Panchayat*, die ›lebendige Demokratie‹, am Leben erhalten werden. Der *Jaiv Panchayat* wird über alle Angelegenheiten entscheiden, die mit der Biodiversität zu tun haben. Durch diesen dezentralen, demokratischen Entscheidungsprozess werden wir die *Demokratie für das Leben* Wirklichkeit werden lassen.

Alle Lebewesen, ob Kühe, Büffel, Ziegen, Schafe, Löwen, Tiger, ja, alle Tiere, Vögel, Pflanzen, Bäume, kostbare medizinische Pflanzen und Dung, Wasser, Erde, Samen, sind unsere biologischen Ressourcen, *und wir werden nicht zulassen, dass irgendein Auswärtiger sie durch Patente unter seine Kontrolle bringt oder sie durch Gentechnik zerstört.*«

Am 10. September, am Vorabend des Treffens des *World Economic Forums* (WEF) in Melbourne/Australien, berichtete Vandana Shiva über den Fortgang der *Jaiv-Panchayat*-Bewegung im Vorgebirge des Himalaja.

Seit Juni 2000 hatten sich bereits 4000 Dörfer der *Jaiv-Panchayat*-Bewegung angeschlossen und die *Mandakini Milan Declaration* unterschrieben. AktivistInnen wie Vandana Shiva hatten den Text des *Trade Related Intellectual Property Rights* (TRIPs)-Abkommens in einfache Worte und in Hindi übersetzt. Außerdem hatten sie den Menschen Listen aller Fälle von Bio-Piraterie ausgehändigt. Dann hatten sie ihnen gesagt: »Jetzt liegt es an euch. Wenn ihr wirklich glaubt, dass ihr diese Rechte an den biologischen Ressourcen in eurer Gegend habt, dann schreibt dem Premierminister und dem Generaldirektor der WTO, dass sie den Rahmen ihrer Jurisdiktion überschritten hätten.«

Danach, so Shiva, wurde der indische Premierminister mit wunderschönen Briefen der Leute aus der *Jaiv-Panchayat*-Bewegung überschüttet. Die Kampagne hatte Erfolg. Als die indische Regierung später eine neue Stellungnahme zu den TRIPs bei der WTO abgab – das TRIPs-Abkommen wird derzeit neu überprüft –, schrieb sie: Wir haben diese Briefe von den Gemeinden bekommen. Sie sagen, die biologischen Ressourcen gehören ihnen, nicht uns. Sie gehören nicht dem Staat.«

Vandana Shiva weist darauf hin, dass die umstrittensten Abkommen in der WTO – das TRIPs und das Abkommen über Agrarhandel (AoA) – faktisch von den Multis *Monsanto* und *Cargill* entworfen und in der WTO durchgesetzt worden sind. Jetzt wollen die größten Mächte der Welt alle Lebensformen zu ihrem Eigentum erklären.

Die Bewegung der »Lebens-Demokratie« jedoch akzeptiert diese Fiktionen der Konzerne und des Finanzkapitals nicht mehr. Die wirkliche und nicht die virtuelle Demokratie umfasst alle Lebewesen dieser Erde. Sie wird diese globalen Fiktionen wie einen Luftballon zerplatzen lassen. Diese neue Demokratie »ist pluralistisch. In ihr wird das Lokale zur Veränderung des Globalen führen. Denn das ist die einzige Möglichkeit, das Globale zu ändern, dass alle, die bisher marginalisiert waren, ihre kreativen Energien entfalten und neue Freiheiten für alle schaffen werden.«[11]

In Deutschland sind wir noch weit von einem solchen alternativen Wirtschafts-, Demokratie- und Politikbegriff entfernt. Doch er zeigt auf, dass auch die Menschen in den reichen Ländern des Nordens wohlberaten wären, wenn sie denn eine ökologisch und menschlich wünschenswerte Zukunft für sich und ihre Kinder wollten, wenn sie sich von Margaret Thatchers TINA-Syndrom verabschiedeten und gemeinsam mit den Basisbewegungen des Südens nach besseren lokalen und globalen Alternativen suchen würden.

Colin Hines beendet sein Buch mit dem Slogan: »LOCALISTS OF THE WORLD UNITE – THERE IS AN ALTERNATIVE!«

Ich hoffe, dass dieses Buch einen Beitrag leistet zur Suche nach dieser Alternative.

Anmerkungen

1 Interessanterweise geht es bei mehreren großen internationalen Treffen der Globalisierungsgegner am Ende des Jahres 2000 und am Anfang von 2001 auch nicht mehr hauptsächlich um Kritik am bestehenden System, sondern um die Suche nach Alternativen. Dies war z.B. der Fall beim »1. Jahrestag nach Seattle«, vom 30. November – 3. Dezember 2000 in Paris und beim *World Social Forum* in Porto Allegre (Brasilien) am 25.1.2001, das bewusst jährlich als Gegenveranstaltung zum *World Economic Forum* (WEF) in Davos organisiert wird.

2 *The UN Commission on Global Governance*, Zusammenfassung ihres Berichts »Our Global Neighbourhood« vom 3.3.1998, Commission on Global Governance Homepage.

3 *Stiftung Bauhaus und Europäisches Netzwerk für ökonomische Selbsthilfe und lokale Entwicklung* (Hg.) 1996.

4 Vgl. Norberg-Hodge 1993, Norberg-Hodge/Goering/Page 1993, Norberg-Hodge/Merrifield/Gorelick 2000, Norberg-Hodge 2000.

5 Z. B. Ulrich Grober 1998, *Ausstieg in die Zukunft: Eine Reise zu Ökosiedlungen, Energiewerkstätten und Denkfabriken*, Berlin: Ch. Links; Douthwaite, Richard/Hans Diefenbacher 1998, *Jenseits der Globalisierung. Handbuch für lokales Wirtschaften*, Mainz: Grünewald Verlag; Müller, Christa 1997, *Von der lokalen Ökonomie zum globalisierten Dorf: Bäuerliche Überlebensstrategien zwischen Weltmarktintegration und Regionalisierung*, Frankfurt: Campus; Heckmann, Friedrich/Eckart Spoo (Hg.) 1997: *Wirtschaft von unten. Selbsthilfe und Kooperation*, Heilbronn: Distel Verlag.

6 Es gibt keine gute deutsche Übersetzung für den ökonomischen Begriff »self-reliance«. Er bedeutet in etwa Selbständigkeit im Sinne von ökonomischer Unabhängigkeit, aber nicht im Sinne von Autarkie. Ich benutze ihn darum weiterhin in der englischen Form.

7 Bello, Walden 2000, *From Melbourne to Prague: The Struggle for a Deglobalized World*, e-mail von: stop-wb-imf@550years.org2000

8 UBINIG, Dhaka/Bangladesch (Exekutiv-Direktorin: Farida Akhter) ist ein Zentrum zur Erforschung von Alternativen zum herrschenden Entwicklungs-Paradigma. Seit Mitte der 80er Jahre unterstützt UBINIG Bewegungen von Bauern und Fischern, die sich bewusst vom Weltmarkt abkoppeln wollen. Diese Bewegungen verbinden einen lokalen mit einem globalen Ansatz.

9 Quelle: Presseerklärung der People's Caravan 2000. Kontakt: People's Caravan 2000, E-Mail: pcaravan@tm.net.my P.O. Box 1170, 10850 Penang, Malaysia.

10 *Jaiv* heißt »Leben«, das »Lebendige«. *Panchayat* heißt wörtlich: Fünferrat. Die Panchayats sind die indischen Dorf-Gemeinderäte. Die indische Verfassung wurde 1992 und 1996 so verändert, dass diese Panchayats weiter demokratisiert wurden. Das Panchayat-Gesetz von 1996 verlangt z.B., dass 30 Prozent aller Sitze in den Panchayats mit Frauen besetzt werden müssen.

11 Shiva, Vandana: Plenarvortrag an der Universität von Melbourne am 10.11.2000. Aufgezeichnet und versandt von Diverse Women for Diversity: http:www.abc.net.au/specials/shiva/shiva.htm

Literatur/Quellen

Arbeitsgruppe Kleinstlandwirtschaft (Hg.) 2001, *Die Gärten der Frauen – Zur sozialen Notwendigkeit von Kleinstlandwirtschaft in Stadt und Land*, Herboldsheim: Centaurus.

Balanyá, Belen, Doherty, Ann, Hoedeman, Olivier, Ma'anit, Adam und Erik Wesselius, 2000, *Europe Inc., Regional & Global Restructuring and the Rise of Corporate Power*, London: Pluto Press.

Barker, Debi & Jerry Mander 1999, »Unsichtbare Regierung. Die Welthandelsorganisation (WTO): Weltweite Regierung für das neue Jahrtausend? Eine Einführung«, englisch: *Invisible Government. The World Trade Organisation. Global Government for the New Millennium.* International Forum on Globalisation (IFG) (Hg.), San Francisco (Übersetzung: Bruno Kern).

Bello, Walden 2000, *The Prague Post*, 27. September.

Bello, Walden 2000, From Melbourne to Prague: The Struggle for a Deglobalized World, e-mail von: stop-wb-imf@50years.org

Bennholdt-Thomsen, Veronika et. al. 1994, *Juchitán – Stadt der Frauen. Vom Leben im Matriarchat.* Reinbek: Rowohlt.

Bennholdt-Thomsen, Veronika, Maria Mies 1997 *Eine Kuh für Hillary: Die Subsistenzperspektive*, München: Frauenoffensive.

Bennholdt-Thomsen, Veronika, Maria Mies, Claudia von Werlhof 1983, *Frauen, die letzte Kolonie. Zur Hausfrauisierung der Arbeit*, Reinbek: Rowohlt, Neuauflage 1992, Zürich: Rotpunktverlag.

BIJA, 1.6.1993, Neemkampagne.

Bullard, Nicola 2000, »Es ist Zeit, dass die unzivile Gesellschaft handelt«, Papier, vorgetragen auf dem Kongress »Nuove Regole Per Il Nuovo Millennio« Florenz, 18.–20. März 2000, Deutsche Übersetzung in: *Infobrief* Nr. 3 des Netzwerks gegen Konzernherrschaft und neoliberale Politik, Köln 2000.

Cassens, Bernard 2000, »Neoliberale Zwangsjacke für Europa« in: *Le Monde Diplomatique*, Nr. 6168 vom 16.6.

Cavanagh, John, Carol Welch, Simon Retallack 2000, »The IMF Formula: Generating Poverty« in: *Globalising Poverty: The World Bank, IMF and WTO, their policies exposed, The Ecologist-Report*, September.

Chapman, Peter 2000 »Treaty Reformers Target Services Veto« in: *European Voice*, Vol. 6, No. 43, 23. November.

Chossudovsky, Michel 1998, »›Financial Warfare‹ Triggers Global Economic Crisis« in: *Third World Resurgence,* Issue No. 98.

Clarke, Tony & Maude Barlow 1997, *MAI – The Multilateral Agreement on Investment and the Threat to Canadian Society,* Toronto: Stoddard.

Clean Clothes Campaign, Nr. 1, November 1993.

Cummins, Ronny, *Kölner Stadtanzeiger* 17.01.2000

Dokumentation 2000: *Offene Weltkonferenz der ArbeitnehmerInnen für die Verteidigung der Gewerkschaftsunabhängigkeit und der demokratischen Freiheiten in San Francisco,* c/o Carla Boulboullé, Postfach 12 07 55, D-10597 Berlin)

Douthwaite, Richard 1992, *The Growth Illusion: How Economic Growth has Enriched the Few, Impoverished the Many and Endangered the Planet,* Dublin: Green Books.

Esteva, Gustavo 1992, »Development« in: W. Sachs (Hg.) *The Development Dictionary,* London: Zed Books.

Eurobarometer, Europ. Commission, No. 46. 1, 1997, zit. in *The Ecologist*; Vol. 28, No. 5, 1997.

Farmer's Rights 1993, Flugblatt.

Federici, Silvia 1999 »War, Globalization and Reproduction«, unveröffentlichtes Papier.

Finnegan, William 2000, »Hi, Guys, Let's Destroy Capitalism« in: *The Sunday Times*, 30. April.

Fröbel, F., J. Kreye, O. Heinrichs 1977, *Die neue internationale Arbeitsteilung: strukturelle Arbeitslosigkeit in den Industrieländern und die Industrialisierung der Entwicklungsländer*, Reinbek: Rowohlt.

Gardner, Ellen 1998, »The Gathering Storm: A US-Multinational is Privatising Health Care in Saskatchewan, but Union Members and the Community are Fighting back« in: *Briarpatch*, November.

George, Susan 1999, *The Lugano Report: On Preserving Capitalism in the Twenty-first Century,* London: Pluto Press. Deutsche Übersetzung: Der Lugano Report. Oder: Ist der Kapitalismus noch zu retten? Rowohlt 2000.

George, Susan, 1999 »Eine kurze Geschichte des Neoliberalismus: Zwanzig Jahre einer elitären Volkswirtschaftslehre und Chancen für einen Strukturwandel« Vortrag auf der Konferenz über wirtschaftliche Souveränität in einer globalisierenden Welt, 24.–26. März 1999 in Bangkok, übersetzt von Hannes Helmers, abgedruckt in: *Infobrief* Nr. 1 des *Netzwerks gegen Konzernherrschaft und neoliberale Politik*, Köln, Oktober 1999. Der vollständige englische Text ist abzurufen unter: www.tni.org/george

Globalization Challenge Initiative 2000 »Structural Adjustment Program« (SAP) Information Alert: International Monetary Fund and Worldbank Lending to Tanzania« Tides Centre, 9703 Hedin Drive, Silver Spring, MD 20903 USA.

Gorelick, Steven 1998, *Small is Beautiful. Big Gets Subsidized. How Our Taxes Contribute to Social and Environmental Breakdown*, International Society for Ecology & Culture (ISEC), Dartington: Devonshire Press.

Gray, John 1999, *False Dawn: The Delusions of Global Capitalism*, London: Granta Books, deutsch: *Die falsche Verheißung. Der globale Kapitalismus und seine Folgen,* Berlin: Alexander Fest Verlag.

Greenfield, Gerard 2000, in: Robert A. Senser (Ed.), *Human Rights for Workers:* Bulletin No. V, 15. Dezember 6, http:www.senser.com

Grossmann, Richard L., Frank T. Adams 1993, *Taking Care of Business. Citizenship and The Charter of Incorporation* (Selbstverlag).

Hauff, Volker (Hg.) 1987 *Brundtlandt Bericht 1987: Unsere gemeinsame Zukunft. Bericht der Weltkommission für Umwelt und Entwicklung*, Greven: Eggenkamp Verlag.

Hines, Colin 2000, »From Seattle to the European Union's Intergovernmental Conference (IGC)«, 29. März 2000, Papier vorgelegt bei der Konferenz: *Seattle to Brussels*, Mai 2000.

Julien, Peter 2000, »Council of Canadians« in: *Le Monde*, Paris, Les municipalités canadiens tirent la sonnette d' alarme (Die kanadischen Gemeinden schlagen Alarm zum GATS), 2. Oktober 2000.

Kein Patent auf Leben 1993, Faltblatt »Patente, Gentechnologie und Medizin«

Khor, Martin 1998, »Myth of Perfect Market Shattered« in: *Third World Resurgence*, No. 99.

Khor, Martin 2000, »The Revolt of the Developing Nations« in: *Third World Resurgence*, No. 112/113.

Khor, Martin 2000, »Havanna Summit Citizens Globalization« in: *Third World Resurgence*, No. 117.

Kingsworth, Paul 1998 in: *The Ecologist*, Vol. 28, No. 5.

Kingsworth, Paul 2000, »What's the Big Idea?« in: *The Ecologist,* Vol. 30, No. 2, April.

Krönig Jürgen, Thomas Fischermann, »Herren der Schöpfung – gescheitert« in: *Die Zeit*, 27. Juli 2000.

Kurbjuweit, Dirk, »Die Zukunft der Rebellion«, in: *Spiegel Reporter* 08/2000.

Kurz, Heinz D. 1993, »Eigenliebe tut gut« in: *Zeit-Punkte*, Beilage zu: *Die Zeit*, 11. Juni.

Living Democracy Movement, Jaiv Panchayat, 2000, in: BIJA, *The Seed,* No. 25/26, 2000.

Luttwak 1999, »Der Kapitalismus macht ungleich. Wenige Gewinner, viele Verlierer«, in: *Die Zeit*, Nr. 50, 9. Dezember.

Lynas, Mark 2000, »People are Dying«, in: *Third World Resurgence*, No. 118/119, September.

Mahnkopf, Birgit 1996, in: *Die Tageszeitung*, 4. September.

Mayo, E. 1999, »Local Loans Bake Hackney's Cakes« in: *New Statesman*, Special Supplement, 19. März.

Meyer Renschhausen, Elisabeth, Anne Holl 2000 (Hg.), *Wiederkehr der Gärten, Kleinlandwirtschaft im Zeitalter der Globalisierung*, Innsbruck: Studienverlag,

Mies, Maria 1978, »Methodische Postulate zur Frauenforschung« in: *Beiträge zur feministischen Theorie und Praxis*, Nr. 1, München: Frauenoffensive.

Mies, Maria 1982, *The Lace Makers of Narsapur. Indian Housewives Produce for the World Market*, London: Zed Books

Mies, Maria 1988, *Patriarchat und Kapital. Frauen in der internationalen Arbeitsteilung*, Zürich: Rotpunktverlag.

Mies, Maria, Vandana Shiva 1995, *Ökofeminismus*, Zürich: Rotpunktverlag.

Mies, Maria 1996, *Frauen, Nahrung und globaler Handel: Eine ökofeministische Analyse zum Welternährungsgipfel, Rom, 13.–17. November*, Bielefeld: Institut für Theorie und Praxis der Subsistenz (ITPS).

Mies, Maria 1997, Stichwort »Hausfrauisierung« in: Albrecht, U. & H. Volger: Lexikon der internationalen Politik, München: Oldenburg Verlag.

Mies, Maria, Claudia von Werlhof 1998 *Lizenz zum Plündern*, Hamburg: Rotbuch Verlag.

Mies, Maria 1999, »Globalisierung der Wirtschaft und Gewalt gegen Frauen« in: *Bundesverband der KAB (Hg.) Frauenfrust – Frauenlust. Beiträge zu einer Ökonomie aus feministischer Sicht*, Bornheim: Ketteler Verlag.

Monbiot, George 2000, *Captive State: The Corporate Takeover of Britain*, London: Macmillan.

Mooney, Pat 1999, »Sewing the Seeds of Discontent« in: *Briarpatch*, Kanada, Nov.

Moore, Mike 2000, »Open Trade and Care for the Environment Can Go Together«, in: *International Herald Tribune*, 25. Oktober.

Müller, Christa 1999, »Wurzeln schlagen in der Migration« in: *Anstiftung*, gemeinnützige Forschungsgesellschaft, Jahresbericht 1999.

Neusüss, Christel 1985, *Die Kopfgeburten der Arbeiterbewegung oder: Die Genossin Luxemburg bringt alles durcheinander*, Hamburg: Rasch u. Röhring.

Norberg-Hodge, Helena 1993, *Leben in Ladakh*, Freiburg: Herder.

Norberg-Hodge, Helena, Peter Goering, John Page 1993, *From the Ground Up. Rethinking Industrial Agriculture*, London: Zed Books.

Norberg-Hodge, Helena, Todd Merrifield, Steven Gorelick 2000, *Bringing the Food Economy Home: The Social, Ecological and Economic Benefits of Local Food*, ISEC-Publikation, Foxhole, Dartington, Devon TQ9 6EB, UK.

Norberg-Hodge, Helena 2000, »Is Organic Enough?« in: *The Ecologist* No. 7, Vol. 30.

Phillips, Kevin 1990, *Politics of Rich and Poor: Wealth and the American Electorate in the Reagan Aftermath*, New York: Harper-Collins.

Raghavan, Chakravarthi 2000, »WTO: North-South Differences Continue after Seattle« in: *Third World Resurgence*, Nr 114/115.

Rengam, Sarojeni 2000, *Pesticide Action Network* (PAN) Pressemitteilung 3. November.

Research Foundation for Science, Technology and Natural Resource Policy (Hrsg.) 1993, »Cargill: The New East India Company«, Dehra Dun.

Research Foundation for Science, Technology and Ecology 1998, »Basmati Piracy«, New Delhi.

Roppel, Carla 2000, »Citizens Reclaim Economic and Political Power. A Story Worth Repeating« in: *The Union Farmer Quarterly*, Frühjahr.

Rowell, A. 1999, »Faceless in Seattle« in: *The Guardian Weekly*, 14-20 Oktober.

Sarkar, Saral 2001, *Ökokapitalismus oder Ökosozialismus*, Zürich: Rotpunktverlag.

Schmieder, Arnold 1993, »Radikale Sehnsucht: Heimat« in: *Psychologie- und Gesellschaftskritik* H. 1, 17. Jg.

Shiva, Vandana 1993, *Monocultures of the Mind. Biodiversity, Biotechnology and the Third World*, Penang, Malaysia: Third World Network.

Shiva, Vandana 1997, *Biopiracy: The Plunder of Nature and Knowledge*, Boston: South End Press.

Shiva, Vandana, A.H. Jafri, G. Bedi 1997, *Ecological Costs of Economic Globalisation: The Indian Experience,* Research Foundation for Science, Technology and Ecology, A-60 Hauz Khas, New Delhi 11 00 16. Prepared for UN General Assembly Special Session on Rio + 5 (UNGASS), New Delhi.

Shiva, Vandana 2000, »Die historische Bedeutung von Seattle« in: *Netzwerk gegen Konzernherrschaft und neoliberale Politik*, Infobrief Nr. 2. Bestellungen: J. Crummeuerl, Richard Wagner-Str. 14, D-50674 Köln.

Shiva, Vandana 2000, in: *The Hindustan Times*, New Delhi, 9. Juni.

Sievers, Markus, 1999, in: *Frankfurter Rundschau* 9. Oktober.

Starhawk 2000, »So legten wir die WTO lahm. Widerstandsformen für die Feier des Lebens« in: *Schlangenbrut* Nr. 68, 18. Jg.

Steinbrecher, Mooney 1998 »The Terminator Technology« in: *The Ecologist,* Vol. 28, No. 5.

Stiftung Bauhaus und Europäisches Netzwerk für ökonomische Selbsthilfe und lokale Entwicklung (Hg.) 1996, *Wirtschaft von unten: People's Economy: Beiträge für eine soziale Ökonomie in Europa*, Dessau.

UBINIG (Hg.) Nayakrishi Andolon: *Initiatives of Farming Communities For a Happy Life.* Faltblatt, Dhaka, ohne Datum.

Uchatius, Wolfgang 2000 »Der Krieg der Pazifisten« in: *Die Zeit*, Dossier, 21. September.

von Werlhof, Claudia 1983, »Der Proletarier ist tot. Es lebe die Hausfrau.« in: Bennholdt-Thomsen et al. 1983.

Wan Ho, Mae 1997, »The Unholy Alliance« in: *The Ecologist,* Vol. 27, No. 4, July-August.

Wallerstein, Immanuel 1974, *The Modern World System: Capitalist Agriculture and the Origin of the European World Economy in the Sixteenth Century,* New York, San Francisco, London: Academic Press.

Wiener, Antje 1988, »Gewerkschaftliche Organisation in der mexikanischen Bekleidungsindustrie« in: *Peripherie* Nr. 30/31, 8. Jg.

Wolfwood, Terry 1999, »On Globalization, Democracy, MAI and Alternatives: A Conversation with Maria Mies« in: *Canadian Dimension*, Januar/Februar.

Wolfwood, Terry 2000, »Seattle, eine Konvergenz von Globalisierung und Militarisierung«, in: *The Wohle Circle*, Juli, *The Journal of the Barnard Booker Centre Foundation*, 1022 McGregor Ave, Victoria BC V853T9 Kanada, S. 14–17.

Anhang

Kalender Internationaler Treffen und Aktionen 2000–2001

20. – 25. Januar 2000	**Davos**, Schweiz. Aktionen gegen das Treffen des World Economic Forum (WEF).
16. April 2000	**Washington**, USA. Aktionen gegen das Frühjahrstreffen von Weltbank und IWF.
1. Mai 2000	**London**, England. Zehntausende demonstrieren in London gegen die Globalisierung und die Macht der Banken.
18. – 19. Mai 2000	**Straßburg**, Frankreich. Runder Tisch der Grünen im Europaparlament zu: WTO, wohin geht Europa nach Seattle?
26. Mai 2000	**Genua**, Italien. Zehntausend Demonstranten blockieren mit Erfolg die Eröffnung einer weltweiten Ausstellung über Biotechnologie. Mehr als 400 Basisgruppen sind beteiligt.
9. – 11. Juni 2000	**Brüssel**, Belgien. Gegengipfel gegen das Treffen des Europäischen Unternehmerverbandes UNICE, organisiert von zahlreichen europäischen Organisatoren.
22. – 25. Juni 2000	**Genf**, Schweiz. Gegenveranstaltung von sozialen Bewegungen, Gewerkschaften und Bürgerinitiativen gegen den UNO-Weltsozialgipfel (Kopenhagen + 5). Organisator: Schweizer Komitee des »Appells von Bangkok«.
25. – 27. Juni 2000	**Bratislava**, Slowakische Republik. Ökonomische Globalisierung. Warum es Zeit ist zu handeln. Training für Bürgerorganisationen aus den osteuropäischen Ländern zu Fragen des Handels und der Finanzen. Organisiert von Friends of the Earth International.
29. Juni 2000	**Millau**, Frankreich. Kundgebung anlässlich des Prozesses gegen den französischen Bauernführer José Bové; Treffen des europaweiten Netzwerks »From Seattle to Brussels, SOS – WTO – EU«. 40 000 UnterstützerInnen waren in Millau.

August 2000	**Bangalore**, Indien. VIA CAMPESINA-Konferenz.
10. September 2000	**Melbourne**, Australien. Zehntausende blockieren mit Erfolg das Treffen des World Economic Forum (WEF).
26. – 28. September 2000	**Prag**. Jahrestreffen von Weltbank und IWF in Prag. Internationale Proteste und Gegenveranstaltungen.
Oktober 2000	**Seoul**, Süd-Korea. Proteste gegen die Verhandlungen der EU mit den ASEAN-Staaten über ein neues Freihandelsabkommen.
13. – 30. Nov. 2000	Peoples' Caravan 2000: Citizens On The Move For Food And Land Without Poison. Organisiert von PAN, Malaysia, P. O. Box 1170, 10850 Penang, Malaysia, e-mail: pcaravan@tm.net.my
30. Nov. – 4. Dez. 2000	Internationaler Jahrestag der »Battle of Seattle« in Seattle, Paris und vielen anderen Städten, e-mail: mstrand@citizen.org
2. – 4. Dezember 2000	**Paris**, Frankreich. Versammlung der Arbeitslosenkollektive der Euromärsche in La Vilette, Paris.
6. – 9. Dezember 2000	**Nizza**, Frankreich. Gegengipfel und Proteste gegen den EU-Gipfel in Nizza. Protestveranstaltungen wurden organisiert von Gewerkschaften, der EU-Koordination gegen WTO »Von Seattle nach Brüssel«, den Euromärschen, ATTAC u. v. a.
11. – 15. Dezember 2000	**Dakar**, Senegal. Treffen »Dakar 2000« über den Schuldenerlass.
20. – 30. Dezember 2000	**Sao Paulo**, Brasilien. Welttreffen der Revolutionären Jugend, Internet: www.revolucao.org
20. – 30. Januar 2001	**Porto Alegre**, Brasilien. World Social Forum. Als Gegenveranstaltung der G77 (Gruppe der 77 ärmsten Länder) gegen das WEF in Davos zur selben Zeit. Das WSF koordiniert seine Aktionen und Diskussionen per Internet mit den Anti-WEF AktivistInnen in Davos. e-mail: fsm2001@uol.com.br
25. – 30. Januar 2001	**Davos**, Schweiz. Gegengipfel und Aktionen gegen das World Economic Forum (WEF). Infos: Anti-WTO-Koordination, Postfach 7611, CH-3001 Bern. e-mail: Anti-WTO@reitschule.ch

29. Jan. – 2. Feb. 2001	**Havanna**, Kuba. 3. Internationales Treffen von Ökonomen zum Thema: »Globalisierung und Entwicklung«, e-mail: anec@.get.cma.net
13. – 17. Februar 2001	**Quito**, Ecuador. Forum der NGOs aus Nord-, Zentral- und Südamerika.
April 2001	**Quebec**, Kanada. Treffen der Regierungschefs des amerikanischen Kontinents (außer Kuba) im Hinblick auf die Gründung einer Amerika-weiten Freihandelszone (Free Trade Area of the Americas – FTAA), e-mail: lombrenoire@tao.ca
letzte Aprilwoche	**Washington**, USA. Frühjahrstreffen von Weltbank und Internationalem Währungsfonds (IWF).
28. – 31. Mai 2001	**Genf**, Schweiz. Treffen des Rates für Welt-Ernährungssicherheit.
Mai 2001	**Nairobi**, Kenia. Treffen des UN-Komitees für die Innovation lokaler Autoritäten.
Mai 2001	**Göteborg**, Schweden. UN-Konferenz der am wenigsten entwickelten Nationen, EU-Kommission.
7.-10. Juni 2001	**Jakarta,** Indonesien. Asia Pacific People's Solidarity Conference: »Fighting Neoliberalism in the Asia-Pacific Region«. Kontakt: asiet@asiet.org.au
21. – 30. Juni 2001	Kontinentale Versammlung der Allianz für eine verantwortliche, plurale und solidarische Welt, e-mail: gustavo@fph.fr
Juni 2001	**Genf**, Schweiz. Internationale Konferenz der Internationalen Arbeitsorganisation (IAO) (89. Session).
28. August – 1. Sept. 2001	**Durban**, Südafrika. Weltforum der NGOs, e-mail: ddhh@alainet.org
August 2001	**Bolivien**, 3. Konferenz von Peoples Global Action (PGA), e-mail: pgasec@gmx.net
31. August – 7. Sept. 2001	**Durban**, Südafrika. Weltkonferenz gegen Rassismus, rassistische Diskriminierung, Fremdenhass und andere Formen der Intoleranz, e-mail: ddhh@alainet.org
September 2001	**Washington**, USA. Jahrestreffen von Weltbank/IWF.
Oktober 2001	48. Treffen der UNCED (Rat für Handel und Entwicklung).

1.–7. Dezember 2001	**Lille**, Frankreich. Weltversammlung der Allianz für eine verantwortliche, plurale und solidarische Welt, e-mail: gustavo@fph.fr.

Protesterklärungen

1. Erklärung der Mitglieder der Internationalen Zivilgesellschaft gegen eine Millennium-Runde bei den Handels-Verhandlungen

Keine Millennium-Runde in der WTO!

Im November 1999 werden sich die Regierungen der Welt in Seattle zur 3. Ministerkonferenz der Welthandelsorganisation WTO treffen. Wir, die unterzeichnenden Mitglieder der internationalen Zivilgesellschaft, bekämpfen jegliche Anstrengung, die Macht der WTO durch eine umfassende Runde der Handelsliberalisierung auszuweiten. Stattdessen sollten die Regierungen die Mangelhaftigkeit des Systems und des WTO-Regimes an sich überprüfen und berichtigen.

Das Uruguay-Abkommen sowie die Gründung der WTO wurden als Mittel zur Steigerung des weltweiten Wohlstandes und zur Förderung des »guten Lebens« aller Menschen in allen Mitgliedsstaaten begründet. In Wirklichkeit aber hat die WTO in den letzten 5 Jahren zur Konzentration des Wohlstandes in der Hand einiger weniger Reicher, zur zunehmenden Verarmung der Mehrheit der Weltbevölkerung und nicht nachhaltigen Mustern der Produktion und des Konsums beigetragen.

Die Abkommen der Uruguay-Runde haben grundsätzlich so funktioniert, dass sie zum Wohle der Transnationalen Konzerne und auf Kosten der nationalen Wirtschaften, der ArbeiterInnen, Bauern und Bäuerinnen und anderer Leute sowie der Umwelt nationale Märkte geöffnet haben. Zusätzlich sind das WTO-System, seine Gesetze und Verfahren undemokratisch, undurchsichtig und nicht berechenbar. Sie haben zur Marginalisierung der Mehrheit der Weltbevölkerung beigetragen.

All dies hat im Zusammenhang von wachsenden wirtschaftlichen Instabilitäten, dem Zusammenbruch nationaler Wirtschaftskreisläufe und einer wachsenden ökologischen und sozialen Degradierung und als Ergebnis eines sich beschleunigenden Prozesses der Globalisierung stattgefunden.

Die Regierungen, die die WTO dominieren, und die Transnationalen Konzerne, die vom WTO-System profitieren, haben sich geweigert, diese Probleme zur Kenntnis zu nehmen und anzusprechen. Stattdessen machen sie durch die Hereinnahme neuer Bereiche zur Anpassung an die WTO Druck in

Richtung einer weiteren Liberalisierung. Dies wird zu einer Verschlimmerung der Krise führen, die mit dem Prozess der Globalisierung und der WTO zusammenhängt.

Wir bekämpfen alle Versuche zu einer weiteren Liberalisierungsrunde, insbesondere solche, die neue Bereiche – wie z.B. Investitionen, Wettbewerbspolitik und öffentliches Beschaffungswesen – in das Regelwerk der WTO einführen wollen. Wir verpflichten uns, Druck zu machen, dass all diese Vorschläge zurückgezogen werden. Insbesondere bekämpfen wir das Trade Related Intellectual Property Rights Agreement (TRIPs), das Abkommen zum Schutz des geistigen Eigentums.

Wir fordern ein Moratorium in Bezug auf alle neuen Bereiche bzw. alle weiteren Verhandlungen, die die Reichweite und die Macht der WTO vergrößern. Während dieses Moratoriums muss es eine ausführliche und grundlegende Überprüfung der und einen Stillstand bei den bestehenden Abkommen geben. Danach sollten effektive Schritte zur Änderung dieser Abkommen unternommen werden. Solch eine Überprüfung soll die Wirkungen der WTO auf marginalisierte Gemeinschaften, auf Entwicklung, Demokratie, Umwelt, Gesundheit, Menschenrechte, Arbeitsrechte und Frauen- und Kinderrechte betreffen. Die Überprüfung muss unter voller Beteiligung der Zivilgesellschaft erfolgen.

Der Fehlschlag der OECD mit ihrem Multilateralen Abkommen über Investitionen (MAI) zeigt eine breite öffentliche Opposition gegen die Deregulierung der weltweiten Wirtschaft, gegen die zunehmende Dominanz der Transnationalen Konzerne, den steigenden Rohstoffverbrauch und die zunehmende Verwüstung der Umwelt.

Eine Überprüfung des Systems wird der Gesellschaft die Gelegenheit bieten, den Kurs zu ändern und ein alternatives, humanes und nachhaltiges internationales System der Handels- und Investitionsbeziehungen zu entwickeln.

2. DIE BOSTON-ERKLÄRUNG: »Die WTO soll schrumpfen oder verschwinden!« (WTO – Shrink or Sink! The Turn Around Agenda)

Nachdem im vergangenen Jahr die Zivilgesellschaft und AktivistInnen aus der ganzen Welt den phantastischen Sieg gegen die Welthandelsorganisation (World Trade Organisation – WTO) errungen hatten, war die Frage, die uns alle beschäftigte: »Wohin gehen wir von hier aus weiter?« Wie verstärken und erweitern wir den Schwung, der uns bewegt, wie bauen wir auf ihm auf, wie weiten wir die Bewegung aus, und wie beziehen wir mehr Menschen und Organisationen in sie ein?

Im letzten Jahr kamen wir unter dem Slogan »No New Round – Turn Around« (»Keine neue Runde – Kehrt um!«) zusammen. Die internationale Unterschriftenliste, die ein Moratorium für weitere Handels- und Investitions-Verhandlungen durch die WTO forderte, war bis zur Ministerkonferenz in Seattle von mehr als 1500 Gruppen unterschrieben worden. Menschen aus der ganzen Welt, die eine Vielzahl von in ihren Ländern verankerten Kampagnen vertraten, sind im März 2000 zusammengekommen, um Strategien zu planen und über nächste Schritte zu diskutieren ...

Angeregt durch den Erfolg der »Keine neue Runde – Kehrt um!«-Erklärung des Jahres 1999 wurde bei diesem Strategietreffen in Boston ein gemeinsames Papier verabschiedet, das das Ziel hatte, eine neue internationale Kampagne der Nichtregierungsorganisationen (NROs) zu initiieren. Das Papier, das dieser e-mail beigefügt ist, heißt »WTO – Shrink or Sink! The Turn Around Agenda.« (»Die WTO soll schrumpfen oder verschwinden! Die Umkehr-Agenda«).

Wie die erfolgreiche internationale Kampagne des vergangenen Jahres zielt auch diese Kampagne darauf, die Anliegen und Themen einer Vielzahl von Organisationen und Netzwerken einzubeziehen. Sie formuliert eine grundlegende Kritik an der WTO und an dem System des von den Transnationalen Konzernen gesteuerten Handels, sie richtet eine Reihe von Forderungen an unsere Regierungen, die Macht und die Befugnisse der WTO einzuschränken. Der Grundgedanke ist, dieses Papier zu verbreiten und eine noch längere und noch breiter gefächerte Liste an Unterzeichnern als bei den früheren Erklärungen zusammenzubringen. Mit Dank an die »Friends of the Earth International« dafür, dass sie diese Aufgabe letztes Mal übernommen haben, hat »Public Citizen's Global Trade Watch« sich bereit erklärt (zumindest für den Augenblick), die Verantwortung für das Sammeln der Namen jener Gruppen zu übernehmen, die unterschreiben wollen. Einige der Gruppen, die halfen, die Erklärung zu entwerfen, haben sie bereits unterschrieben, und wir hoffen auf viele, viele mehr! Alles, was wir tun, ist, die Namen festzuhalten. Es liegt bei jeder/m Einzelnen, die/der diese e-mail bekommt, sie weiter zu verbreiten und Gruppen zu finden, die sie ebenfalls unterschreiben.

Wir sollten einen internationalen Aktionstag festlegen (im späten Frühjahr oder Sommer 2000), um die Kampagne mit medienwirksamen Aktionen, Teach-ins, Demonstrationen usw. in größeren Städten und Hauptstädten in der ganzen Welt zu starten, ähnlich dem 15. September 1999, dem weltweiten Aktionstag gegen die WTO.

Nachfolgend Einzelheiten darüber, wie eine Organisation das Papier unterzeichnen kann:

1. Dies ist eine Unterschriftenliste ausschließlich für Organisationen. Wir werden keine Einzelpersonen darin aufnehmen.

2. Schreiben Sie in die Titelzeile »Shrink or Sink signatory«.
3. Im Text der e-mail führen Sie die Organisation und das Land auf (bitte auch Kontaktinformationen wie Adresse, Telefon- und Fax-Nummern), für die Sie zeichnen.
4. Schicken Sie die e-mail an: mstrand@citizen.org
5. Sie können das Papier auch unterzeichnen, indem Sie www.tradewatch.org anwählen; klicken Sie auf »WTO on the globe«.
6. Wir werden regelmäßig aktualisierte Situationsberichte mit den Namen der Mitunterzeichner verteilen. Bitte bringen Sie diese unter Ihren Kollegen und Netzwerken in Umlauf.

Die WTO soll schrumpfen oder verschwinden – die Umkehr-Agenda.

Es ist an der Zeit umzukehren. Im Angesicht des beispiellosen Protestes von Menschen und Regierungen der ganzen Welt scheiterte das Dritte Ministertreffen der Welthandelsorganisation im November 1999 in Seattle in spektakulärer Weise. Wir glauben, dass es lebenswichtig ist, diesen Augenblick als eine Chance zu nutzen, den Kurs zu ändern und ein alternatives, humanes, demokratisch verantwortbares und nachhaltiges Handelssystem zu entwickeln, das allen Menschen Nutzen bringt. Dieser Prozeß bedeutet eine Zurücknahme der Macht und Befugnisse der WTO.

Die Vereinbarungen der GATT-Uruguay-Runde und die Gründung der WTO wurden als Mittel gepriesen, die Schaffung weltweiten Reichtums und Wohlstands zu beschleunigen und das Wohl aller Menschen in allen Mitgliedsstaaten zu fördern. In der Realität hat die WTO jedoch zur Ansammlung des Reichtums in den Händen von wenigen Reichen beigetragen, die WTO hat die Armut der Mehrheit der Weltbevölkerung besonders in Dritte-Welt-Ländern verstärkt und hat gleichzeitig nichtnachhaltige Produktions- und Konsummuster verbreitet. Die Vereinbarungen der WTO und der GATT-Uruguay-Runde dienten in erster Linie dazu, (noch geschützte) Märkte zum Nutzen der transnationalen Konzerne aufzubrechen – auf Kosten der nationalen und lokalen Wirtschaftssysteme, der Arbeiter, der Bauern, der einheimischen Bevölkerung, der Frauen und anderer sozialer Gruppen, auf Kosten der Gesundheit und der Sicherheit, der Umwelt und dem Wohl der Tiere. Darüber hinaus ist das WTO-System, seine Regeln und Verfahrensweisen, undemokratisch, undurchsichtig und ohne Rechenschaftspflicht. Diese Regeln haben sich dahingehend ausgewirkt, dass die Mehrheit der Weltbevölkerung marginalisiert wurde.

All dies fand statt im Rahmen zunehmender weltweiter Instabilität, des Zusammenbruchs nationaler Wirtschaftssysteme, sich ausweitender Ungleichheit sowohl zwischen als auch innerhalb von Nationen und einer wachsenden ökologischen und sozialen Verschlechterung – als Ergebnisse der Beschleunigung des Prozesses der Globalisierung der Konzerne. Die Regierungen, die in der WTO den Ton angeben, besonders die Vereinigten Staaten, die Europäische Union, Japan und Kanada und die transnationalen Konzerne, die aus dem WTO-System Nutzen gezogen haben, haben sich geweigert, diese Probleme anzuerkennen und anzugehen. Sie sind noch immer auf weitere Liberalisierung versessen, die durch die Erweiterung der WTO die Förderung des freien Handels als Selbstzweck beinhaltet. In Wirklichkeit ist jedoch freier Handel alles andere als »frei«.

Der Zeitpunkt ist gekommen, die Krisen des internationalen Handelssystems und seiner wichtigsten Verwaltungseinrichtung, der WTO, offen zu legen. Wir müssen dieses alte, ungerechte und unterdrückerische Handelssystem durch eine neue, sozial gerechte und nachhaltige Struktur für den Handel des 21. Jahrhunderts ersetzen. Wir müssen die kulturelle, biologische, ökonomische und soziale Vielfalt schützen. Wir brauchen eine fortschrittliche Politik, um der lokalen Wirtschaft und dem lokalen Handel Priorität einzuräumen, um international anerkannte, wirtschaftliche, kulturelle, soziale und Arbeitnehmer-Rechte zu sichern und die Souveränität der Völker sowie die nationalen und sub-nationalen demokratischen Entscheidungsprozesse wiederherzustellen. Um dies zu erreichen, brauchen wir neue Regeln, die auf den Prinzipien der demokratischen Kontrolle der Ressourcen, der ökologischen Nachhaltigkeit, der Gerechtigkeit, der Kooperation und auf dem Vorsorgeprinzip beruhen.

Deshalb fordern wir von unseren Regierungen: Keine Ausweitung der WTO!

Wir wiederholen unsere Ablehnung der fortgesetzten Versuche, eine neue Verhandlungsrunde zu beginnen oder die WTO auszuweiten durch Einbringung neuer Themen wie Investitionen, Wettbewerb, staatliches Beschaffungswesen, Biotechnologie und die beschleunigte Liberalisierung von Zolltarifen.

WTO: Hände weg! Schutz der sozialen Grundrechte und Grundbedürfnisse!

Es ist ungerechtfertigt und nicht hinnehmbar, dass soziale Rechte und Grundbedürfnisse durch WTO-Regeln eingeengt werden. So dürfen WTO-Vereinbarungen nicht auf Themen angewendet werden, die das Wohl der Menschen oder unseres Planeten gefährden, wie Nahrung oder Wasser oder grundlegende soziale Dienstleistungen im Bereich von Gesundheit, Sicherheit und dem Schutz der Tiere. Unangemessene Übergriffe durch Handelsregulierungen auf solchen Gebieten haben bereits zu Widerstandsaktionen geführt gegen genetisch veränderte Organismen, zum Schutz von uralten Wäldern, Kampagnen zur Aufrechterhaltung von Gesetzen, die bestimmte Waren in einem Land verbieten und die sich gegen die beutegierige Tabakvermarktung richten.

Abschaffung von GATS: Schutz der sozialen Grundrechte!

Ganz besonders Gebiete wie Gesundheit, Bildung, Energie und andere fundamentale menschliche Dienstleistungen dürfen nicht den Regeln des internationalen freien Handels unterworfen sein. Das WTO General Agreement on Services

(GATS – »Allgemeine Vereinbarung über Dienstleistungen« der WTO), das Prinzip der »progressiven Liberalisierung« und die Anwendung der Regeln für ausländische Investitionen auf den Dienstleistungssektor hat bereits zu schwerwiegenden Problemen geführt.

Ziehen Sie TRIPs zurück: Stellen Sie die nationalen Patentschutz-Systeme wieder her!

Wir fordern die Zurückziehung des Trade Related Intellectual Property Rights Agreement (TRIPs – der Vereinbarung über die den Handel betreffenden Rechte auf geistiges Eigentum) der WTO. Es gibt keine Grundlage für die Einbeziehung der Ansprüche auf geistiges Eigentum in eine Handelsvereinbarung. Außerdem fördert die TRIPs-Vereinbarung Monopole transnationaler Konzerne, behindert den Zugang zu lebensnotwendigen Medikamenten und anderen Gütern, führt zur privaten Aneignung von Wissen und Lebensformen, untergräbt die biologische Vielfalt und hindert ärmere Länder daran, ihren sozialen und wirtschaftlichen Standard zu erhöhen und ihre technologischen Kapazitäten zu entwickeln.

Keine Patente auf Leben!

Die Erteilung von Patenten auf Lebensformen muss in allen nationalen und internationalen Regelwerken verboten werden.

Nahrung ist ein Grundrecht der Menschen!

Maßnahmen, die getroffen wurden, um Nahrungssicherheit und Nahrungssouveränität zu fördern, Subsistenzlandwirtschaft, humane landwirtschaftliche Bewirtschaftungspraktiken und nachhaltige Landwirtschaft, müssen von den Regeln des internationalen freien Handels ausgenommen werden. Es muss ein Verbot von Exportsubventionen und anderer Formen des Dumpings landwirtschaftlicher Produkte vor allem in die Länder der »Dritten Welt« erlassen werden. Das (globale) Handelssystem darf nicht die Lebensgrundlagen von Landarbeitern, Kleinbauern, Fischern und indigenen Völker untergraben.

Keine Liberalisierung von Investitionen!

Das WTO Trade Related Investment Measures Agreement (TRIMs-Vereinbarung über mit dem Handel verbundene Investitionen) muss aufgehoben werden. Alle Länder und besonders die Dritte-Welt-Länder müssen das Recht haben, ihre eigene Wirtschaftspolitik zu bestimmen, (wie z.B. das Recht, »lokale Anteile« bei ausländischen Investitionen festzulegen, um die Leistungsfähigkeit ihrer eigenen produktiven Sektoren, besonders kleiner und mittlerer Unternehmen, zu verbessern. Es ist offenkundig, dass TRIMs nicht angewendet werden darf, um in der WTO das Thema Investitionen auszuweiten.

Fairer Handel: Besondere und unterschiedliche Behandlung!

Im Welt-Handelssystem müssen besondere und unterschiedliche Rechte für Dritte-Welt-Länder anerkannt, ausgeweitet und in Kraft gesetzt werden. Dies muss geschehen, um die schwache Position der Dritte-Welt-Länder im internationalen Handelssystem zu berücksichtigen. Ohne die Durchsetzung besonderer und unterschiedlicher Rechte kann es keine Möglichkeit geben, dass Dritte-Welt-Länder aus dem Welthandel Nutzen ziehen.

Den Vereinbarungen über soziale Rechte und die Umwelt muss Priorität zuerkannt werden!

Maßnahmen zur Umsetzung multilateraler Vereinbarungen über Umwelt, Gesundheit, Entwicklung, Menschenrechte, Sicherheit, Rechte indigener Völker, Nahrungssicherheit, Frauenrechte, Arbeitnehmerrechte und Tierschutz dürfen durch die WTO nicht in Frage gestellt oder untergraben werden.

Demokratisieren der Beschlussfassungsprozesse!

Die Völker und die Menschen müssen das Recht auf Selbstbestimmung besitzen. Sie müssen das Recht auf Kenntnis der internationalen Handelsabkommen und auf Mitentscheidung haben. Unter anderem erfordert dies, dass die Beschlussfassungsprozesse in Verhandlungen und die Durchsetzung in internationalen Handelsgremien demokratisch, transparent und unter Beteiligung aller stattfinden müssen. Die WTO verfährt auf eine geheimniskrämerische und diskriminierende Weise, die die meisten Mitglieder aus der Dritten Welt und die Öffentlichkeit von den Verhandlungen ausschließt. Sie wird von wenigen mächtigen Regierungen dominiert, die zu Gunsten ihrer Konzerneliten handeln.

Das WTO-Streitschlichtungssystem.

Das Streitschlichtungssystem der WTO ist unakzeptabel. Es erzwingt ein illegitimes System ungerechter Regeln und bedient sich undemokratischer Verfahrensweisen. Es eignet sich außerdem widerrechtlich die legislative und exekutive Rolle souveräner Nationen und lokaler Regierungen an.

Ein sozial gerechtes internationales Handelssystem macht auch Veränderungen außerhalb der WTO erforderlich. In Anbetracht der Angriffe der multinationalen Unternehmen und der Regierungen auf die Grundrechte der ArbeiterInnen, der Aufhebung der Errungenschaften der Kämpfe der ArbeiterInnen, der Aushöhlung der Sicherheit der Arbeitsplätze und der tödlichen Konkurrenz um die niedrigsten Löhne müssen die Rechte der ArbeiterInnen weltweit gestärkt werden.

Ebenso müssen der Internationale Währungsfonds – IWF (International Monetary Fund – IMF), die Weltbank und die regionalen Entwicklungsbanken 100% der Schulden streichen, die ihnen die armen Länder schulden. Die Nutzung der Konditionalitäten der Strukturanpassungsprogramme, um Drittweltländer, aber auch andere Länder zu zwingen, Handelsliberalisierungen durchzuführen, muss aufhören. Die Regierungen müssen, mit Hilfe des UNO-Systems und unter voller demokratischer Teilhabe, eine bindende Vereinbarung aushandeln, die sicherstellt, dass das Verhalten der Konzerne sozial und ökologisch verantwortungsbewußt ist und einer demokratischen Rechenschaftspflicht unterliegt.

Schlussfolgerungen und Konsequenzen

Wir kämpfen für ein nachhaltiges, sozial gerechtes und demokratisch rechenschaftspflichtiges Handelssystem. Daher fordern wir, als ersten Schritt, dass unsere Regierungen die in diesem Dokument angeführten Veränderungen einführen, um die Macht und die Befugnisse der WTO zu beschneiden und die Handelsvereinbarungen umzukehren.

Wir verpflichten uns, die Menschen in unseren Ländern dazu zu mobilisieren, für diese Forderungen zu streiten und sich den ungerechten Vorgehensweisen der WTO zu widersetzen. Wir werden auch andere Menschen und Länder, die dies tun, durch internationale Solidaritäts-Kampagnen unterstützen.

Wir fühlen uns verpflichtet, den Geist von Seattle in der ganzen Welt zu verbreiten.

3. DIE BRÜSSEL-ERKLÄRUNG: Von Seattle nach Brüssel

Wir, die Mitglieder der »Zivilgesellschaft« aus vielen europäischen Ländern, stimmen der Entscheidung des NGO-Treffens in Brüssel im Mai 2000 zu, den Widerstand gegen die von den Konzernen gesteuerte Globalisierung fortzusetzen, so wie er sich in den vorausgegangenen Protesten, z.B. in Seattle, manifestiert hat. Wir sind davon überzeugt, dass es entscheidend ist, den jetzigen Moment als Chance zu nützen, um den Kurs zu ändern und ein alternatives, humanes, demokratisch legitimiertes und ökologisch nachhaltiges Handelssystem zu schaffen, das allen Menschen zum Vorteil gereicht.

Wir stimmen vorbehaltlos der »Bostoner Erklärung« – »WTO: Shrink or Sink!« – zu, und wir werden uns dafür einsetzen, dass die dort formulierten Forderungen eine zentrale Rolle in der europäischen Handelspolitik spielen werden.

Wir sind zutiefst besorgt, und wir fordern eine Umkehrung folgender Tatbestände, nämlich dass:

- die Europäische Union eine zunehmend neoliberale Agenda verfolgt, indem sie eine umfassende neue WTO-Verhandlungsrunde vorantreibt, allen Vorbehalten der Mehrheit der WTO-Mitgliedsstaaten zum Trotz;
- sowohl unter Leon Brittan als auch unter Pascal Lamy (dem derzeitigen Handelskommissar, d. Ü.) die Europäische Kommission an vorderster Front stand und steht, diesen Prozess auf internationaler Ebene voranzutreiben;
- dies eine Agenda ist, die von den Transnationalen Konzernen vorangetrieben und geformt wird, und zwar durch Lobbygruppen wie den Europäischen Arbeitgeberverband UNICE und den Transatlantic Business Dialogue (TABD). Dieser Prozess wird erleichtert durch das Fehlen von Transparenz und Demokratie innerhalb der europäischen Institutionen;

- die Europäische Kommission versucht, die »Zivilgesellschaft« zu kontrollieren in Form von fälschlicherweise so genannten »Dialogen«. Diese von der EU- Kommission kontrollierten »Dialoge« dienen allein dazu, bessere Bedingungen für eine neue Verhandlungsrunde auszuloten, und haben nichts mit einer breiten und öffentlichen Auseinandersetzung zu tun;
- dass diese Handelspolitik intransparent ist, keiner Rechenschaft unterliegt, außerhalb demokratischer Kontrolle von EU-Bürokraten entwickelt wurde und sich als schädlich für grundlegende Menschenrechte und die Natur erwiesen hat;
- dass der öffentlich nicht zugängliche Ausschuss 133 inzwischen die Zentralinstanz für die Ausarbeitung der Europäischen Handelspolitik ausmacht;
- dass die Europäische Kommission im Rahmen der »Intergovernmental Conference« (ICG) versucht, ihr bisheriges Verhandlungsmandat auszuweiten auf die Bereiche Dienstleistungen, geistige Eigentumsrechte und Investitionen.

Angesichts dieser Situation betrachten wir die EU-Institutionen nicht als Partner, sondern als Zielscheibe (für Kritik und Widerstand, d. Ü.). Wir werden uns auf allen erdenklichen Ebenen bemühen, eine Umkehr dieses neoliberalen Kurses zu erreichen, in Richtung auf ein alternatives Wirtschaftssystem, welches die Grundrechte von Mensch und Natur schützt.

Brüssel, 7. Juni 2000

4. DIE ERKLÄRUNG VON PRAG, 28. September 2000

Wir, die Mitglieder von Nichtregierungs- und Basisorganisationen, die aus verschiedenen Teilen der Welt in Prag zusammengekommen sind, unterschreiben folgende Erklärung:

Wir stellen fest, dass der Internationale Währungsfonds (IWF) und die Weltbank ihre Jahreskonferenz 2000 plötzlich vorzeitig abgebrochen haben.

Angesichts der Zahl der geplanten Sitzungen, einschließlich derer mit Nichtregierungsorganisationen, die nun natürlich gestrichen werden, klingt die Behauptung, sie hätten ihre Arbeit beendet, ziemlich hohl.

Wir sind der Meinung, dass die Tatsache, dass der letzte Tag des Treffens einfach gestrichen wurde, die Einsicht dieser Institutionen in den Verlust ihrer eigenen Glaubwürdigkeit widerspiegelt. Diese Institutionen sahen sich konfrontiert mit dem starken Protest von Organisationen wie den unseren, die sich weigerten, die leere Rhetorik von »Armutsbekämpfung« und »Schuldenerleichterung« zu akzeptieren, die sie ihnen nach Jahrzehnten ökonomischer

Verbrechen als Antwort anboten, um so ihr angebliches Verantwortungsbewusstsein zu demonstrieren. Nach allem, was vorausgegangen war, haben sie klugerweise das Schweigen weiteren Lügen vorgezogen.

Wir bestreiten das Recht dieser Institutionen und derer, die sie kontrollieren, den verschuldeten Ländern vor allem durch den Hebel illegitimer Schulden ihre Wirtschaftspolitik zu diktieren. Auf diese unsere Herausforderung haben wir bis jetzt keine Antwort bekommen. Unseren Aufruf zur Schaffung einer total neuen, globalen ökonomischen Struktur, einer Struktur, die nicht ein einziges Modell vorschreibt, sondern für die Völker der Welt viele Möglichkeiten offen lässt, können diese Institutionen nicht akzeptieren oder gar verstehen.

Wir haben uns in Prag zu einem außergewöhnlich breiten, umfassenden, internationalen Protest gegen die diskriminatorische und ungerechte Politik von IWF und Weltbank versammelt. Wir protestieren gegen den undemokratischen und elitären Charakter beider Institutionen und der Treffen, die sie abhalten. Unsere Zahl umfasst sehr viele junge AktivistInnen, aber auch Menschen aus Zentral- und Osteuropa, die die Bewegung gegen die konzerngesteuerte Globalisierung jetzt in dieser Region initiiert haben. Unsere Zahl umfasst aber auch die Protestler aus über 30 Ländern, wie Bangladesch, Südafrika, Argentinien, den Vereinigten Staaten, Frankreich und Indien, die in dieser Woche Solidaritätsaktionen durchgeführt haben.

Wir sind nach Prag gekommen, um unsere Solidarität auszudrücken mit den Millionen verarmter Landfrauen in Afrika, den Arbeitern in Asien, die gefeuert wurden, den Bewohnern der pazifischen und karibischen Inseln, denen kein Kredit für ihren Lebensunterhalt gewährt wird, und mit den jungen Frauen, die in lateinamerikanischen Macquiladoras arbeiten müssen

Wir haben unsere Zeit in Prag jedoch nicht nur mit Protesten verbracht, sondern auch mit Diskussionen über positive, menschenzentrierte Alternativen zur Schuldenkrise, zu den Strukturanpassungsprogrammen, Alternativen zu korrupten und umweltzerstörenden Infrastrukturprojekten und zu einer ökonomischen Philosophie der Entwicklung, die auf der Ausbeutung der Natur und der Mehrzahl der Menschen im Süden und Osten basiert.

Gleichzeitig verurteilen wir den psychologischen Terror und die physische Repression, die durch die tschechischen Polizeikräfte vor und während der IWF- und Weltbankkonferenz praktiziert wurden. Obwohl einige Protestierer ein provokatives Verhalten an den Tag gelegt haben, wurden durch die Polizeiaktionen Dutzende von unschuldigen Menschen verletzt und Hunderte ohne Grund während und nach der im Prinzip friedlichen Demonstration verhaftet. Wir drücken unsere Solidarität mit den Hunderten aus, die noch im Gefängnis sind, und wir fordern, dass alle Festgehaltenen menschlich behandelt und schnellstmöglich entlassen werden. Berichte über die brutale

Behandlung derer, die in tschechischen Gefängnissen festgehaltenen werden, geben uns Anlass zu tiefster Besorgnis.

Wir stellen fest, dass die Weltbank in diesem Monat selbst zugegeben hat, dass ihre Politik versagt hat. Trotz der bankinternen Zensur, der er unterzogen wurde, enthält ihr letzter Weltentwicklungsbericht eine entlarvende Kritik an der wachstumszentrierten Entwicklungsphilosophie, die für lange Zeit die stereotype Antwort der Bank auf alle Fragen war. Und ihr Bericht über die Übergangsökonomien in der früheren Sowjetunion und in Osteuropa gibt offen zu, dass die Armut in diesen Ländern von 2% auf 21% angestiegen ist, ein klarer Beweis dafür, dass das neoliberale Rezept, mit dem IWF und Weltbank überall hausieren gehen, in einer weiteren Weltregion versagt hat.

Auf dem Hintergrund der Beweise, die die Weltbank selbst geliefert hat, schlagen wir vor, dass sie und der IWF und die Kommentatoren, die diese Institutionen immer noch unterstützen, endlich zugeben, dass ihr Ruf nach »mehr von derselben Medizin«, mehr von denselben Bedingungen (conditionalities), nicht mehr angebracht ist. Was wir jetzt brauchen, ist eine Revolution der Wirtschaftstheorie, wir brauchen eine Wirtschaftswissenschaft und -politik, die den Menschen die Kontrolle über die Wirtschaft, in der sie leben, wieder zurückgibt. Die Zeit ist gekommen, die Wirtschaft in den Dienst der Menschen zu stellen, anstatt dass ganze Gesellschaften in den Dienst eines ökonomischen Modells gestellt werden, das seit über 20 Jahren versagt hat.

Unsere Proteste in Prag, die denen von Melbourne, Okinawa, Genf, Chiang Mai, Washington, Seattle und in zahllosen anderen Städten gefolgt sind, haben der Welt erneut die Widersprüche und schlimmen Folgen der konzerngesteuerten Globalisierung sowie der Weltbank und des IWF vorgeführt. Unsere Proteste sind auch ein Echo der Kämpfe, die heute in Bolivien stattfinden (der Krieg ums Wasser, M.M.), einer der vielen Orte, wo Menschen aus allen Bereichen der Gesellschaft gegen die lokale Manifestation der globalen Ökonomie aufgestanden sind. So lange uns dieses Modell weiterhin von den Reichen und Mächtigen aufgezwungen wird, werden Organisationen wie die unsrigen in ihrem Protest nicht nachlassen und alles in unserer Macht stehende tun, um das Versagen dieses Systems aufzudecken. Überall dort, wo diejenigen sich versammeln werden, die sich die Macht angemaßt haben, Entscheidungen für die globale Ökonomie zu treffen, werden wir als ZeugInnen anwesend sein, um sie bloßzustellen und gegen sie zu protestieren.

5. Offener Brief an den Präsidenten der Tschechischen Republik, Herrn Vaclav Havel

Sehr geehrter Herr Präsident,

ich las gestern in der Frankfurter Rundschau, dass Sie gesagt haben sollen: »Es gibt so viele Menschen, die weder wissen, was der IWF und die Weltbank tun, noch von den Argumenten der Kritiker eine Ahnung haben; aber alle Welt ist darüber informiert, wie viele Knüppel und Wasserwerfer der Polizei zur Verfügung stehen.«

Ich kann Ihnen versichern, dass eine ähnliche Ahnungslosigkeit und Ignoranz auch in Deutschland und in den meisten anderen »demokratischen« westlichen Ländern vorherrscht. Aus diesem Grunde bemühe ich mich, zusammen mit vielen anderen Menschen, unsere MitbürgerInnen wenigstens über die Inhalte und negativen Auswirkungen der weltweiten neoliberalen Politik zu informieren, die von Institutionen wie der Weltbank, dem IWF und der WTO zu verantworten sind. Die von Ihnen kritisierte Unwissenheit der BürgerInnen ist jedoch nicht den Menschen selbst zuzuschreiben, sondern ist das direkte Resultat des Versagens unserer demokratischen Institutionen, der Parlamente, der Regierungen und der Medien, die die Bevölkerung nicht über die Folgen jener neoliberalen Politik aufklären. In Deutschland hat es z.B. kaum eine parlamentarische Diskussion über das Multilaterale Abkommen über Investitionen (MAI) oder die WTO-Politik gegeben. In den Mainstream-Medien waren so gut wie keine wirklich informierenden und kritischen Berichte über die bevorstehenden Konferenzen und Abkommen zu finden. Erst der massenhafte internationale und gewaltlose Protest gegen die WTO in Seattle hat dazu geführt, dass die Medien für kurze Zeit über die WTO und den Protest gegen diese Institution berichteten. Doch dieser Protest wurde dann sofort kriminalisiert.

Im Falle der Jahreskonferenz der Weltbank und des IWF in Prag hat Ihre Regierung diese Kriminalisierung jedoch schon Monate vorher betrieben. Schon im Vorfeld wurde vor angeblich bevorstehenden bürgerkriegsähnlichen Zuständen gewarnt. Kinder bekamen eine Woche lang Ferien und fuhren aufs Land. Alte Menschen wurden aufgefordert, die Stadt zu verlassen.

Diese Kriminalisierung der KritikerInnen der Weltbank und des IWF, die in Prag demonstrieren wollen, ist dieses Mal so weit getrieben worden, dass eine künstliche Panikmache die Auseinandersetzung mit den Inhalten der Weltbank- und IWF-Politik gar nicht erst zustande kommen ließ. Eine solche auf Unwissen basierende Panikmache ist das effizienteste Mittel, den Glauben der Menschen an die Demokratie zu zerstören.

Ich gehe davon aus, dass Sie eine solche Entwicklung nicht gutheißen können. Als Staatspräsident können Sie dazu beitragen, dass die tschechische

Bevölkerung besser über die Folgen der Weltbank- und IWF-Politik informiert ist. Nutzen Sie die einmalige Chance der Anwesenheit vieler Menschen aus der ganzen Welt in Prag für eine politische und ökonomische Aufklärung ihrer MitbürgerInnen. Nichts ist wichtiger für den Erhalt der Demokratie als informierte BürgerInnen.

Mit freundlichen Grüßen

Prof. Dr. Maria Mies

6. DIVERSE WOMEN FOR DIVERSITY: Brief aus Prag

An den Generalsekretär der Vereinten Nationen, Kofi Anan, den Genraldirektor der FAO, Herrn Diouf, den Generaldirektor der ILO, Herrn Juan Somavia, den Direktor des Internationalen Währungsfonds, Herrn Köhler, den Präsidenten der Weltbank, Herrn Wolfensohn, den Generaldirektor der World Trade Organisation, Herrn Moore, den Präsidenten der Tschechischen Republik, Herrn Havel, an alle anderen internationalen Organisationen und an alle BürgerInnen der Welt.

Wir, verschiedene Frauen aus unterschiedlichen Gesellschaften, sind in Prag zusammengekommen, um unsere Erfahrungen über die Auswirkungen der Globalisierungspolitik der Bretton Woods-Institutionen, der »Unheiligen Trinität« GATT/WTO, IWF und WB, auszutauschen. Das Thema unseres Treffens war: »DAS LEBEN IST KEINE HANDELSWARE: Alternativen für Frauen, Kinder und die Natur im Gegensatz zur Politik von WTO, WB und IWF«.

Die Polizei versuchte, unsere Zusammenkunft zu verhindern, indem sie das »Nationale Haus«, wo unser Treffen stattfinden sollte, durch weiträumige Polizeiabsperrungen umzingelte. Spezialkräfte der Polizei blockierten den Eingang und schickten unsere eingeladenen Gäste weg. Diese Blockade ist nur ein weiteres Symbol dafür, dass die ökonomische Globalisierung zunehmend zu einem Krieg gegen die Bürger wird. Die Bretton Woods-Institutionen benutzen die Polizeikräfte der verschiedenen Länder, um die demokratischen Rechte der Menschen auf freie Meinungsäußerung und friedliche Versammlung zu unterdrücken.

Wir, die *Diverse Women for Diversity*, haben die Vereinten Nationen immer als die demokratische Alternative zu der Unheiligen Allianz von Bretton Woods angesehen. Wir sind jetzt aber zutiefst beunruhigt über die Tatsache, dass diese Institution, die ja »uns, dem Volk gehört«, von den transnationalen Konzernen gekapert wurde.

Es ist z.B. die ausdrückliche Aufgabe der UN-Organisation für Landwirtschaft und Ernährung (FAO), die Interessen der Kleinbauern in der Dritten Welt zu schützen. Stattdessen unterstützte der FAO-Chef öffentlich die Bio-Tech-Industrie, um Einfluss auf die Entscheidungen der G8-Länder in Okinawa zu nehmen, wo es um genetisch manipulierte Nahrung ging. Außerdem gelangte ein internes Dokument von Monsanto an die Öffentlichkeit, aus dem hervorgeht, dass Monsanto die UN-Organisationen FAO und WHO systematisch beeinflusst hat, was den Vorwurf des »Hijacking« bestätigt. Weiterhin: Das FAO-*World Food Program* (WFP), das eingerichtet wurde, um die Hungernden zu nähren, wird benutzt, um gentechnisch verseuchte Nahrung, die die Konsumenten im Norden zurückweisen, bei Frauen und Kindern der Dritten Welt abzuladen. Die finanziellen Ressourcen, die bestimmt waren, den Armen gesunde, adäquate und kulturell akzeptierte Nahrung zu geben, sind in eine Subvention für die Bio-Tech-Industrie verwandelt worden. Wir rufen die FAO auf, bis zum Welternährungstag am 16. Oktober 2000 damit aufzuhören, WPF-Geld zu benutzen, um ungekennzeichnete, ungetrennte und ungetestete GM-Nahrung zu kaufen und zu verteilen. Wir, die *Diverse Women For Diversity*, kämpfen für biologische und kulturelle Vielfalt, ökonomischen und politischen Pluralismus, für Frieden und Demokratie. Wir rufen die Vereinten Nationen auf, die Praxis der Konzerne zu stoppen, die UN-Organisationen für ihre Interessen einzuspannen. Die Vereinten Nationen sollen vielmehr die Führung übernehmen bei einer Umstrukturierung des IWF, der Weltbank und der WTO, sodass diese Institutionen tatsächlich dem friedlichen und gerechten Zusammenleben aller Menschen auf diesem Planeten dienen können – dem zukünftigen Planeten der Freundschaft.

Sekretariat A-60 Hauz Khas, New Delhi, 110 016 Indien. E-Mail:
divwomen@ndf.vsnl.net.in

7. Offener Brief an die Mitglieder des Rates der Stadt Köln

Sehr geehrte Damen und Herren,
wenn man Sie im normalen Leben fragen würde, ob Sie das Nutzungsrecht an den Kölner Klärwerken und am Kanalnetz an eine Briefkastenfirma auf den Cayman Islands in der Karibik übertragen wollen, dann würden Sie vermutlich über solchen Unsinn lachen. Doch in der Ratssitzung am 29.02.2000 sollen Sie – wohlabgeschirmt in nichtöffentlicher Sitzung – eben dies beschließen.

Wissen Sie eigentlich genau, worüber Sie abstimmen sollen?

Nach unseren Informationen hat Ihnen die Verwaltung eine unverbindliche Zusammenfassung des Projekts durch die Deutsche Bank vorgelegt. Danach sollen die Kölner Klärwerke und Kanäle im Wert von 1,2 Mrd. DM für ca. 25 Jahre an eine Briefkastenfirma vermietet und wieder zurückgemietet werden. Diese »Mietvorgänge« sind fiktiv, da alle Zahlungen in den ersten Wochen abgewickelt werden sollen. Die Briefkastenfirma soll die 1,2 Mrd. DM bei einem »Investor« in den USA aufnehmen, wobei weitere Banken beteiligt sind. Dadurch soll in den USA ein Abschreibungsvorteil entstehen, an dem die Stadt Köln mit 54 Mio. DM beteiligt sein soll.

Das klingt clever und gut. Wie hoch die Risiken sind, wie die tatsächliche Nutzungsübertragung aussieht, welche Transaktionen in den USA während der ca. 25-jährigen Laufzeit tatsächlich ablaufen können, wissen Sie nicht, weil man Ihnen die vollständigen Vertragsunterlagen vorenthält. Das umfangreiche Vertragswerk, das – wie wir gehört haben – der Deutschen Bank ein Honorar in zweistelliger Millionenhöhe einbringen soll, sollen Sie nach dem Willen von OB Blum (CDU) und Stadtkämmerer Böllinger (SPD) nicht sehen. Sie sollen lediglich einer Mandatserteilung an die Deutsche Bank zustimmen.

Auch das eingeholte Gutachten der Rechtsanwaltskanzlei Allen & Overy ist keine ausreichende Entscheidungsgrundlage und benennt die vorhandenen Risiken ungenau.

Damit unterschreiben Sie einen Blankoscheck über 1,2 Mrd. DM. Ein solcher Beschluss ist angesichts einer Laufzeit von ca. 25 Jahren unverantwortlich!

Wer die gemeinschaftliche Daseinsvorsorge unter heutigen Bedingungen sichern will, muss neue kommunale Strukturen aufbauen, anstatt sie vertrauensvoll in die Hände von internationalen Banken zu legen.

Fordern Sie die Offenlegung des gesamten Vertragswerks!

Treten Sie in die öffentliche Diskussion mit den Bürgerinnen und Bürgern über die Zukunft von Wasserversorgung und Abwasserentsorgung ein!

Fordern Sie die Verschiebung der Abstimmung über dieses Projekt, bis Sie voll informiert wurden!

Mit freundlichen Grüßen

Kurt Werner Pick, Pfarrer; Prof. Dr. Maria Mies (Netzwerk gegen Konzernherrschaft und neoliberale Politik); Dr. Werner Rügemer, Journalist; Jürgen Crummenerl, Rechtsanwalt; Dr. Uta Schultze und Ingrid Bischofs (Kölner Friedensarbeitskreis Pax An); SAV; Linksruck.

Wichtige Kontaktadressen

Deutschland:

ATTAC-Hamburg
c/o Markus Krajewski
e-mail: Markus Krajewski@public.uni-hamburg.de

BUKO-Weltwirtschaft
Geschäftsstelle Hamburg
Nernstweg 32–34
D – 22765 Hamburg
Tel.: 040-22765

Der Rabe Ralf, Grüne Liga
Prenzlauer Allee 230
D – 10405 Berlin
Tel.: 030-443391-47
Fax: 030-443391-33

Euromärsche Deutschland
e-mail: owner-euromarsch-l@mail.comlink.apc.org

Freier Zusammenschluss von Studierenden (fzs)
Reuterstr. 44
D – 53113 Bonn
Tel.: 0228-262119
e-mail: fzs@studis.de

Greenpeace Deutschland
c/o Jürgen Knirsch, Hamburg
e-mail: juergen.Knirsch@greenpeace.de

Iz3W/Aktion Dritte Welt e.V.
Postfach 79 02 0
D – 79100 Freiburg
Tel.: 0761 79020

Kritische Ökologie
c/o Axel Goldau
Malteserstr. 99k
D – 12249 Berlin
Tel.: 030-76703498
Fax: 030-76703499
e-mail: kritische.oekologie@berlin.de

medico International e. V.
c/o Dr. Thomas Seibert
Obermainanlage 7
D – 60314 Frankfurt/Main
Tel.: 069-94438-36
e-mail: Th.Seibert@t-online.de

Netzwerk gegen Konzernherrschaft und neoliberale Politik
c/o Jürgen Crummenerl
Richard-Wagner-Str. 14
D – 50674 Köln
Tel.: 0221-2336485
Fax: 0221-2336482
e-mail: netzwerk-gegen-neoliberalismus@gmx.net

Netzwerk zur demokratischen Kontrolle der Internationalen Finanzmärkte (ATTAC Deutschland)
c/o Kairos Europa (Anja Osterhaus)
Hegenichstr. 22
D – 69124 Heidelberg
e-mail: kairoshd@aol.com

Netzwerk »Unser Wasser«
c/o Michael Bender, Grüne Liga, Berlin
e-mail: wasser@grueneliga.de

Politisches Samstagsgebet München gegen den Ausverkauf des Lebens an die Kapitalinteressen (alle zwei Monate)
c/o Renate Börger
Waldhornstr. 1
D – 82110 Germering
Tel.: 089–8414960
Fax: 089-59003513

Projekt Interkonti
c/o FDCL
Gneisenaustr. 2a
D – 10961 Berlin
e-mail: inter@mail.nadir.org
homepage: http//www.freespeech.org/inter

Andreas Rockstein
Schumannstr. 23
D – 66111 Saarbrücken
Tel.: 0681-374106
e-mail: anro0002@stud.uni-sb.de, Andreas.Rockstein@t-online.de

WEED, in: AG Handel, Forum Umwelt und Entwicklung
Bertha-von-Suttner-Platz 13
D – 53111 Bonn
Tel.: 0228-76613-0
Fax: 0228-696470
e-mail: weedbonn@.org

Europa:

Die Grünen im Europaparlament
c/o Gabi Kueppers
Rue Wiertz, Bâtiment Spaak
B – 1047 Bruxelles
Tel.: 0032–2 – 284 3392
e-mail: gkuppers@europarl.eu.int

Coordination Paysanne Européenne (CPE)
e-mail: cpe@cpefarmers.org

Europaparlament
c/o Dr. Caroline Lucas & Colin Hines (GB)
e-mail: clucas@europarl.eu.int

Friends of the Earth (foe)
c/o Alexandra Wandel, Brüssel
e-mail: alexandra.wandel@foeeurope.org

Netzwerk »Seattle to Brussels: SOS-WTO-EU«
e-mail: SoS-WTO-EU@egroups.com

Oxfam Solidarity, Brüssel
c/o Raoul Jennar
e-mail: raoul.jennar@oxfamsol.be

Via Campesina, Europäische Koordination:
c/o Nico Verhagen, Brüssel
Tel.: 0032–2-3438444
e-mail: nicoverhagen@pi.be

England:

Anti-Globalisation-Network
c/o Chris Keene, London
e-mail: chris.keene@which.net

Friends of the Earth (UK)
c/o Ronnie Hall
e-mail: ronnieh@cwcom.net

International Society on Environment and Culture (ISEC)
Direktorin: Helena Norberg-Hodge
Apple Barn Week, Dartington, Totnes Devon
TQ96IP, UK
Tel.: 0044-1803-868650
e-mail: isecca@igc.apc.org

The GREENS, U.K.
c/o Colin Hines
e-mail: chines@dial.pipex.com

World Development Movement
c/o Barry Coates
25 Beehive Place
London SW97QR, UK
Tel.: 0044-171-737-6215
Fax: 0044-171-274-8232
e-mail: wdm@gn.apc.org

Frankreich:

ATTAC (Frankreich)
Coordination:
9 bis rue de Valence
F 75005 Paris
Tel.: 0033-1-43363054
e-mail: inter@attac.org
homepage: http://attac.org

ECOROPA
c/o Etienne Fernet
e-mail: ecoropa@magic.fr

Observatoire de la Mondialisation
Direktorin: Susan George
40 rue de Malte
F 75011 Paris
Tel.: 0033-1-43383817
e-mail: susangeorge@wanadoo.fr

Österreich:

Universität Innsbruck
c/o Prof. Dr. Claudia v. Werlhof
e-mail: Claudia.von-Werlhof@uibk.ac.at

Begegnungszentrum für aktive Gewaltlosigkeit
c/o Mathias Reichl
e-mail: mareichl@ping.at

Holland:

Corporate Europe Observatory (CEO)
c/o Olivier Hoedeman, Amsterdam
e-mail: paxaran@antenna.nl

Schweiz:

Anti-WTO-Koordination Schweiz
Postfach 76 11
CH – 3001 Bern
e-mail: ANTI-WTO@reitschule.ch
homepage: http//www.UNDER.CH

NO CONTROL ON LIFE!
c/o Florianne Koechlin
Blauenstr. 15
CH – 4142 Münchenstein
e-mail: fKoechlin@datacomm.ch

Kanada:

Barnard Booker Center Foundation
Direktorin: Theresia Wolfwood
1022 McGregor Ave, Victoria BC, Kanada
Tel.: 001-250-595-7519
Fax: 001-250-595-7519
e-mail: bbcf@islandnet.com

Polaris Institute
Direktor: Tony Clarke
4 Jeffrey Ave, Ottawa, Ontario/Canada, KIKOE2
Tel.: 001-613-746-8374
Fax: 001-613-746-8914
e-mail: tclarke@web.net

USA:

Friends of the Earth (USA)
c/o Mark Vallianatos
e-mail: Mvalli@aol.com

Global Exchange
San Francisco
Tel.: 001-415-558-9486

International Forum on Globalization (IFG)
Direktor: Jerry Mander
1555 Pacific Avenue, San Francisco
CA 94109, USA
Tel.: 001-415-771-3394
Fax: 001-415-771-1121
homepage: www.ifg.org

Public Citizens' Global Trade Watch (Public Citizen)
Margrete Strand-Rangnes, Project Coordinator
e-mail: mstrand@citizen.org

Asien:

Focus on the Global South, Bangkok/Thailand
Co-Direktor: Prof. Walden Bello
c/o CUSRI Wisit Prachuabmoh Building, Chulalonkorn University, Bangkok/Thailand
Tel.: 0066-2-2187363
Fax: 0066-2-2559976
e-mail: W.Bello@focusweb.org

Research Foundation for Science, Technology and Ecology
Direktorin: Vandana Shiva
A-60 Hauz Khas
New Delhi 110016, Indien
Tel.: 0091-11-6561868
Fax: 0091-11-6562093
e-mail: rfst@del6.vsnl.net.in

Third World Network, Penang/Malaysia
Direktor: Martin Khor
228 Macalister Road
10400 Penang, Malaysia
Tel.: 0060-4-2266728
Fax: 0060-4-2264505
e-mail: twn@igc.apc.org

UBINIG, Dhaka/Bangladesch
Executive Director: Farida Akhter

5/3 Barabo Mahanpur, Ring Road, Dhaka 1207 Bangladesch
Tel.: 0088-02-811465
e-mail: ubinig@citechco.net

International:

Diverse Women for Diversity (DWD)
Sekretariat:
A-60 Hauz Khas
Neu-Delhi 110016, Indien
Tel.: 0091-11-656-1868
Fax: 0091-11-656-2093
e-mail: divwomen@ndf.vsnl.net.in
homepage: www.vshiva.org